汇率机制的基础特征
汇率制度的发展
汇率稳定机制研究
汇率制度的演进与未来
人民币汇率研究
汇率波动的影响效应研究
人民币汇率改革的探讨
人民币汇率波动对我国经济的影响
"一带一路"发展与人民币国际化

汇率机制与波动分析研究

HUILV JIZHI YU BODONG FENXI YANJIU

杨向荣 ◇著

甘肃人民出版社

甘肃·兰州

图书在版编目（CIP）数据

汇率机制与波动分析研究 / 杨向荣著． -- 兰州：甘肃人民出版社，2024. 10. -- ISBN 978-7-226-06180-0

Ⅰ．F830.73

中国国家版本馆CIP数据核字第20246863PR号

责任编辑：李依璇
封面设计：韩国伟

汇率机制与波动分析研究
HUILV JIZHI YU BODONG FENXI YANJIU

杨向荣　著

甘肃人民出版社出版发行

（730030　兰州市读者大道568号）

兰州万易印务有限责任公司印刷

开本710毫米×1020毫米　1/16　印张17.25　插页2　字数260千

2024年10月第1版　2024年10月第1次印刷

印数：1~500

ISBN 978-7-226-06180-0　　定价：48.00元

前　言

汇率，作为国家货币之间的兑换比率，直接影响着国际贸易、资本流动、投资决策及整个国家的经济健康。它不仅是经济活动中的一个关键参数，也是国家间经济力量对比的一个重要标志。在全球化的背景下，汇率机制的选择和汇率波动的分析成为预测和指导经济走向的重要工具。不同的汇率制度，如浮动汇率、固定汇率和管理浮动汇率，各有其特点与适用范围，影响着经济政策的制定和实施。此外，汇率波动分析帮助政策制定者、投资者和企业家理解和预测货币价值的变化，进而做出更为合理的经济决策。因此，深入研究汇率机制与波动分析对于理解和引导全球经济发展具有重要意义。

近年来，汇率机制与波动分析的研究已经成为国际经济学和金融学领域的热点。随着全球化的深入发展，汇率波动对国家经济的稳定性和国际贸易的平衡产生了更加显著的影响。但是，汇率机制与波动分析的研究也面临着诸多挑战和问题。首先，汇率的波动受到多种因素的影响，如国际政治局势、经济政策变化、市场心理等，这些因素的复杂性和不可预测性给准确分析带来了巨大挑战。其次，不同国家和地区的经济结构、政策选择及其在全球经济中的地位差异，使得汇率机制的选择和调整更加复杂。此外，国际金融市场的快速发展和创新金融工具的出现，也为汇率波动分析带来了新的变量。因此，对汇率机制与波动的深入研究不仅需要结合较多学科的知识，还需对国际经济环境具备敏锐洞察和持续关注。本书旨在探讨这些复杂问题，并提供一种系统性的分析框架，帮助读者更好地理解和应对汇率波动所带来的挑战。同时，我们也认识到，鉴于汇率领域的不断变化和发展，本书的内容可能无法涵盖所有新兴的问题和观点。汇率机制与波动分析研究，涉及众多因素和细节，由于时间和水平的限制，书中可能存在一些疏漏之处。因此，我们欢迎广大读者对本书提出批评和指正，以帮助我们改进和完善内容。

目 录

第一章 汇率机制的基础特征 /001
 第一节 汇率基础概述 ……………………………………001
 第二节 汇率波动及其自动调节机制 ……………………013
 第三节 人民币汇率形成的机制探讨 ……………………019

第二章 汇率制度的发展 /029
 第一节 汇率制度的分类 …………………………………029
 第二节 汇率制度的发展脉络 ……………………………036
 第三节 各国汇率制度的选择与研究 ……………………048

第三章 汇率稳定机制研究 /056
 第一节 汇率制度选择的演变和原因 ……………………056
 第二节 汇率制度选择理论 ………………………………061
 第三节 汇率双重智能和稳定汇率基础 …………………068
 第四节 实际汇率错位及宏观经济关系 …………………072
 第五节 稳定汇率的手段及建议 …………………………078

第四章 汇率制度的演进与未来 /085
 第一节 汇率制度变迁的历史进程 ………………………085
 第二节 人民币汇率制度的演进及特点 …………………103
 第三节 货币国际化与资本项目开放 ……………………112
 第四节 发达国家的汇率制度变迁与新兴经济体的探讨 ………124

第五章 人民币汇率研究 /131
 第一节 人民币汇率管理机制的特征和趋势 ……………131

第二节　有效汇率制度及人民币汇率分析 …………………… 137

第六章　汇率波动的影响效应研究 /144

第一节　汇率波动对消费的影响 …………………………… 144

第二节　汇率波动对利率的影响 …………………………… 149

第三节　汇率波动对投资的影响 …………………………… 155

第四节　汇率波动对经济增长的影响 ……………………… 159

第七章　人民币汇率改革的探讨 /166

第一节　人民币自由兑换 …………………………………… 166

第二节　汇率政策与货币政策 ……………………………… 180

第三节　人民币可兑换与利率政策 ………………………… 185

第四节　汇率政策与对外贸易 ……………………………… 189

第八章　人民币汇率波动对我国经济的影响 /198

第一节　人民币汇率波动对经济的影响 …………………… 198

第二节　人民币汇率波动对物价的影响 …………………… 205

第三节　人民币汇率波动对进出口的影响 ………………… 210

第四节　人民币汇率波动对就业的影响 …………………… 215

第九章　"一带一路"发展与人民币国际化 /220

第一节　人民币国际化区域经贸合作 ……………………… 220

第二节　人民币国际化与中国企业"走出去" …………… 225

第三节　人民币国际化与"一带一路"金融合作 ………… 232

第四节　人民币国际化的目标与国际化战略 ……………… 241

第五节　人民币国际化进程中的风险防范 ………………… 254

结束语 /268

参考文献 /269

第一章 汇率机制的基础特征

第一节 汇率基础概述

一、汇率

（一）汇率的定义

外汇，即国际汇兑，根据国际货币基金组织的广义定义，是由货币管理当局（如中央银行或财政部等）保存的，在国际收支逆差时用作债权的资产。这些资产可以是银行存款、政府债券等。我国《外汇管理条例》则将外汇定义为以外币表示的、可用于国际清算的支付手段和资产，具体包括以下几种形态：

①外币现金，如纸币和硬币；

②外币支付凭据或工具，例如银行存款凭证、票据、银行卡等；

③外币有价证券，如股票、债券；

④特别提款权；

⑤其他类型的外汇资产。

狭义上的外汇，通常指可用于国际债务清偿的流通支付手段，在实际业务中，这主要指外币有价证券。其他类型的资产由于在国内不具备普遍的流通性和接受度，因此并不符合狭义外汇的定义。在日常业务中，提到的外汇多指狭义范畴内的定义。

考虑到国际业务的需求，为了促进有效的交流，国际标准化组织对外汇符号实行了三字母缩写的统一标准。以人民币为例，其国际化的符号被定为CNY。外汇的可兑换性因国家或地区而异，不是所有货币都能在特定国家或地区自由兑换和流通。在国际层面，美元、英镑、欧元和日元等的接受度相对广泛一些。

以上外汇的定义是静态的，但实际上，外汇更多地体现在"兑换"的动态过程中。通常，外币无法直接在国内流通，因此，在结算中需要将本币与外币进行兑换。

两国货币间的兑换比率即为外汇汇率，或称汇价，这实际上反映了资产之间的相对价值。汇率是指一国货币兑换另一国货币的比率，它是国际金融市场上最基本的经济指标之一。汇率的变动反映了不同国家货币之间的相对价值。这种比率可以用来计算将一国的货币换成另一国货币所需的单位数量。汇率分为两种主要类型：浮动汇率和固定汇率。浮动汇率是由外汇市场的供求关系决定的，这种汇率会随着外汇市场的变化而波动。相对地，固定汇率是由政府或中央银行设定并维持在一定水平的，这通常需要政府通过买卖自己的货币来干预市场。

（二）汇率标价方法

1.直接标价法

直接标价法是以特定单位的外币作为基准，用相应的本币数量来表示两种货币之间的相对价格。在这种情况下，单位通常可以选择1、100或1000等。例如，根据这种标价法，在中国市场，可能会以一定数量的人民币表示1美元的价值。除英、美、欧元区等少数地区外，全球大部分国家和地区都普遍采用此种标价方式。当用更多的本币兑换同样数量的外币时，这说明了外币的价值较高，即本币相对外币在贬值；反之，如需要更少的本币，则表明本币价值在相对于外币升值。

2.间接标价法

间接标价法是以特定单位的本币为基准，通过可兑换的外币数量来表示两种货币间的相对价格。这里的单位选择也可以是1、100或1000等。例如，在间接标价法下，可能会用一定数量的美元来表示1元人民币的价值。在这种表示方式下，若兑换同等数量的外币所需的本币减少,则说明本币相对于外币升值;反之,若所需本币数量增加,则表示本币相对于外币贬值。

3. 美元标价法

美元标价法,是指以美元为基准单位,通过反映其能够兑换的其他货币数量来表达其他货币与美元资产价格的相对价值。实际上,这种计价方法是将美元视为一种具有普遍价值等量的物质。美元之所以被选定为这种等量物,是因为它在国际贸易和金融领域中具有独特的地位。换句话说,美元是一种被广泛接受和使用的货币,因为它在全球范围内普遍流通,且在许多交易和金融活动中被用作等价物。使用美元标价法的优势在于,它能够清楚地展示不同货币之间的升值或贬值情况。例如,如果按照其他计价方式,可能会出现货币对之间相对价格的复杂波动,比如人民币对欧元升值的同时,可能又对日元贬值。这种情况会对具体的经济研究和分析带来难度。但若采用美元标价法,则可以较为明显地观察到不同货币间的价值变动。此外,如果两种货币之间缺乏直接比价,可以通过将美元作为中间货币来进行汇率的计算。

在目前的国际外汇市场上,多数情况下使用的是美元标价法。在这种方式下,除美国采用间接标价法外,其他国家和地区的货币通常采用直接标价法。

二、传统汇率决定主导理论

在探讨汇率决定因素之前,我们必须先深入理解涉及的货币所在国家或地区的汇率制度。历史上,货币制度的发展分为五个阶段:金银复本位、金本位、金块本位、金汇兑本位和纸币本位。其中,金银复本位、金本位、金块本位、金汇兑本位这四个阶段实际上都可以视为金本位制度的不同形式,而纸币本位制度则在本质上与前者有所区别。

金银复本位制度,是一种金币和银币并存作为本位货币的货币体系。在这一体系下,金币和银币都具备合法偿付能力,能够同时流通于市场。16至18世纪,这一制度应特定的经济和技术背景而广泛实施。当时,由于采矿技术的局限,黄金的产出增长速度未能与资本主义初期的经济发展速度相匹配。这导致了对流通货币的需求与供给之间出现了矛盾，而引入银币则成为缓解这一矛盾的手段。但是，在金银复本位制度的实际运作中，经常会出现所谓的"格雷欣法则"，即劣质货币驱逐优质货币的现象。这意味着，尽管金币和银币都具有法定偿付能力，但在实际流通中，往往只有一种货币扮演主要角色。这种主导地位的货币，是由金银之间的相对价值决定的。

随着采矿技术的进步，黄金产量开始增加，金银复本位制度逐渐被金本位制度所取代。金本位制度是一种以黄金直接作为货币流通的体系。但是，随着经济的持续发展，黄金的产量再次成为制约因素。由于黄金的稀缺性，其在日常支付和流通中的角色开始受到限制，取而代之的是与黄金保持固定兑换率的纸币。

在金本位制度的发展过程中，出现了金块本位制度。这一制度下，大额支付和交易主要使用金块，而日常的小额交易则主要依赖纸币。这种安排能够确保大规模交易的稳定性，同时也能够满足市场对于流动性的需求。

随着经济进一步发展，纸币开始承担起几乎所有货币职能，包括价值尺度、流通手段和支付手段。黄金逐渐退出了日常市场流通，更多地作为储备手段存在。金本位制度的后期，发展出了金汇兑本位制度。在这一制度下，各货币发行机构声明并维持纸币的含金量，并负责保持纸币与黄金之间的兑换比率。此外，纸币与黄金之间实现了自由兑换。

上述这些本位制度，虽然各有特点，但都属于金本位的大范畴。19世纪20年代以后，人们对纸币的需求剧增，导致纸币大量发行。这最终破坏了纸币与黄金之间的固定兑换率，从而使金汇兑本位制度名存实亡。此后，世界各国纷纷转向纸币本位制度，开启了一个全新的货币时代。

考虑到篇幅限制，本书着重探讨纸币本位制度下汇率的决定机制。在历史上的金本位制度时期，不同货币之间的汇率是根据各自的含金量比值来确定的，这一过程称为铸币平价。然而，在纸币本位制度下，这种基于物理属性的直接平价关系已不复存在，取而代之的是更加复杂和不可预测的价格波动和差异。尽管汇率理论在纸币本位制度下已取得显著进展，但迄今尚无一种理论能完全概括和阐释汇率决定机制。现有理论的应用和解释能力，通常仅限于特定视角或特定方面。这种局限性源于理论假设的范围，使得理论在实际应用中难以涵盖汇率决定的全貌。因此，纸币本位制度下的汇率决定仍是一个充满挑战和探索的领域。

（一）交易量决定

实际上，自20世纪70年代起，宏观汇率决定模型虽然在理论上占主导地位，但在实证研究中却遭遇难题。这类模型难以说明汇率短期内的过度波动，也无法解释汇率波动与宏观基本面脱节的现象。因此，把日内或短期内汇率的决定和波动的研究放在外汇市场的微观结构框架中进行，就很有必要了。宏观汇率模型，特别是资产市场模型之所以难以解释短中期汇率波动，一定程度上是因为其基于不切实际的假设，如"信息公开透明，市场参与者行为一致，与交易机制无关"。与此相对，微观结构分析方法的关键前提是它放宽了资产市场模型与现实不符的三个假设：

①信息。微观结构模型指出，并非所有与汇率相关的信息都是公开的，信息具有不对称性或私有性。私有信息作为市场微观结构理论的核心概念，有两大显著特点：其一，不为所有人共享；其二，能够比公开信息更准确预测未来价格走势。

②交易者。微观结构理论认为，不同的市场参与者对价格的影响各异，即交易者是异质的。私有信息的存在导致交易者间信息不对称，从而在相同交易中可能出现知情交易者和非知情交易者。

③机制。微观结构理论指出，不同的交易机制对价格具有不一样的影响力。外汇市场作为一个既庞大又复杂的市场，汇集了众多层次和分散的参与者。交易者既可选择直接与银行进行交易，也能通过经纪人进行间接交易，而这两种交易方式对价格的影响是有所区别的。

微观结构理论主要研究在特定交易规则下，资产（如股票或外汇）

交换的流程和结果。这一理论关注的两个关键变量是指令流和差价。指令流是一种衡量交易量的方法，但与传统的交易量概念不同。它具有方向性，即区分买方和卖方。例如，如果交易员（做市商）卖出10单位货币（比如股票或欧元），常规交易量是10，但指令流是-10。这里的"-10"表示交易发起方是卖方，交易量有方向性。指令流衡量的是一段时间内，买方或卖方主动发起的交易总量。如果这个总量是负数，表示在那个时期内，净交易趋势是向卖出方向，是净卖出。差价是买价和卖价之间的差距。在微观结构理论中，差价帮助我们理解市场流动性和交易成本。较小的差价通常意味着更高的流动性和较低的交易成本。

微观结构理论通过这些变量，提供了一个分析和理解资产价格形成以及交易流程的新视角。这与宏观经济模型的方法不同，后者通常不会特别关注这些微观层面的细节。微观结构理论对于理解市场如何反映各种经济信息、交易行为和制度安排至关重要，尤其是在研究如外汇这类高度专业化和细分的市场。

市场中的非交易商参与者（例如共同基金、避险基金、掌握特殊信息的个体等）会对市场基本面进行分析与观察，这是第一阶段。紧接着，第二阶段，即交易商作为价格设定者，对第一阶段的分析成果进行解读。交易商利用指令流的信息，解读这些分析，并据此制定价格。在标准的微观经济模型中，交易商主要通过指令流来获取基本面信息。当然，这一假设有其严苛之处。

外汇交易市场的参与者主要可以分为三类：外汇交易商、经纪人和客户。外汇交易商通常来自主要商业银行的金融部门，他们既与彼此进行交易，也会与大公司或其他金融机构这样的外部客户交易。而经纪人则不会在自己的账户上进行交易，他们的角色是帮助客户或外汇交易员完成所需的交易。

外汇市场可以划分成两个层次。第一个层次，即直接市场，由客户和外汇交易银行或交易商构成。这个市场的特点是分散性，因为交易是通过交易者之间的私人双边交易完成的，不为其他市场参与者所知。因此,直接市场在某种程度上是不透明的,客户的交易指令成为交易商的私有信息。第二层面的外汇市场则由外汇交易银行或交易商与经纪人组成,被称为经纪人市场或间接市场。间接市场交易,是指交易双方未直接进行财务交易,而是通过经纪人执行交易过程。此种交易方式通常被用于较为复杂的金融交易,且需要高度专业的经纪人来确保交易的顺利进行。直接市场确保了所有市场指令的及时执行,而间接市场则使交易者能够按照自己想要的价格进行交易。

(二)购买力平价理论

购买力平价理论,由瑞典经济学家卡塞尔于1922年提出,是研究长期均衡汇率决定因素的重要理论之一。该理论的核心观点是,货币的价值取决于它在购买商品上的能力,而不同国家货币的汇率则是它们各自购买力的比率。这个理论进一步提出,汇率波动主要由两国物价水平的比率变化所决定。也就是说,当一个国家的货币购买力下降时,其货币相对于其他国家的货币就会贬值,反之亦然。

购买力平价理论有两种形式:绝对购买力平价和相对购买力平价。绝对购买力平价是通过比较两国物价水平来确定的,其基本假设是,如果两国的货币能购买等值的商品篮子,那么这两国货币的汇率应当等于这两个商品篮子的价格比。例如,假如美国某一商品篮子的价格为200美元,而在德国同样的商品篮子价格为150欧元,那么根据购买力平价理论,美元兑欧元的汇率应为1.33美元/欧元。这一理论认为,当购买力平价成立时,不同国家的物价水平在换算成同一货币后应该是相同的。

相对购买力平价则更加关注汇率的动态变化,尤其是考虑到通货膨胀的影响。这一理论主张,汇率的波动应该反映出两国物价的相对波动。简而言之,如果一个国家的物价指数上升速度快于另一个国家,那么前者的货币相对于后者的货币将会贬值。长期而言,汇率的走势与购买力平价的趋势大体一致,从而为长期汇率走势提供了参考依据。尽管购买力平价理论为理解和预测长期汇率走势提供了重要视角,但在实际操作中,考虑到准确计算货币汇率的需要,必须将众多复杂因素纳入考虑。这些因素包括但不限于通货膨胀率、货币政策、经济增长情况、政治和经济的风险，以及国际贸易的现状等。因此，进行货币汇率预测时，需要综合运用多种分析方法，充分考虑这些多样化因素，才能得出更为精确的结论。

（三）利率平价理论

利率平价理论被视为外汇市场达到均衡的关键前提之一。这一理论最初由凯恩斯提出并由艾因齐格命名。其核心在于，各类货币存款的收益率需保持一致，以避免套利的出现。换言之，若用同一货币衡量任意两种货币存款的预期收益率，达到的汇市出清均衡状态即构成利率平价的条件。外汇市场的均衡实现依赖于所有外汇持有者对任何货币的预期资产回报率的共识。

随着外汇衍生品的兴起，投资者现在能通过远期外汇市场防范汇率波动风险。这就引入了所谓的抛补利率平价，而未在远期市场采取风险规避措施的均衡状态则称为非抛补利率平价。以美元和英镑为例，假设美元的年化利率为7%，英镑为5%，且汇率采用美元标价法。若当前汇率是1.5，在其他条件不变的情况下，一年后的远期汇率预计为：（0.07-0.05）×1.5+1.5=1.503。

因此，预期一年后的远期汇率为1.503。如果市场价格不符，精明的套利者便可进行套利交易。例如，若远期汇率高于1.503，可即期购买英镑，投资于英国资产，卖出英镑的远期合约并获利。理论上，这类投机活动能推高即期汇率，降低远期汇率，从而恢复利率平价条件。

在现实世界中，这种平价关系并非总是成立。偏离的原因将在后续分析中详细探讨。

（四）国际收支理论

国际收支理论是一种经济学观点，由英国经济学家戈申在1861年提出。该理论认为，汇率的波动主要受外汇供求关系的影响，而这一供求关系，则直接受国际收支状况的制约。简言之，国际收支平衡状况的变化，是影响汇率波动的关键因素。在这一理论框架下，国家的国际收支状况直接影响外汇市场上的供需关系，进而对汇率产生决定性影响。如果一国出现国际收支顺差，通常会导致该国的货币需求增加，从而使该国货币价值上升。

国际收支理论在分析长期汇率波动时具有显著的理论和实践价值。它为理解和预测汇率提供了一个重要的视角。尽管如此，要完整地解释当今复杂多变的经济环境中汇率的波动，仅凭国际收支理论还远远不够。现代经济生活中的汇率波动，受到多种因素的综合作用，包括政治、经济政策、市场预期等诸多因素。因此，虽然国际收支理论在汇率决定论中占据一席之地，但它需要与其他经济理论和实际情况相结合，方能更准确地解释和预测汇率的变化趋势。

（五）货币供给理论

货币供给理论，亦称货币分析法，是20世纪70年代中后期兴起的一种创新性汇率决定理论。区别于传统理论，该理论强调影响汇率的核心是存量因素，而非流量因素。货币分析法内部根据价格弹性的不同假设，进一步细分为弹性价格货币分析法和黏性价格货币分析法。

弹性价格货币分析法着重于货币市场的供求变化对汇率的影响。此方法假设所有商品价格具备完全弹性，即能迅速响应货币供应量的波动。该分析法将货币市场需求函数、货币市场均衡条件及购买力平价等要素融合，构建了一套基本的实证模型。模型指出，本国与外国之间在国民收入、利率及货币供应水平上的差异，通过对各自物价水平的影响，共同决定了汇率的水平。但是，弹性价格货币分析法中商品价格完全弹性的假设并非未受质疑。实际情况显示，许多商品价格的调整过程相对缓慢，并不仅仅由货币供应量变化所决定。这种现实中的差异促使经济学家多恩布什在1976年引入商品价格调整速度缓慢的特征至货币模型，由此诞生了粘性价格分析法，亦称为超调模型。

粘性价格分析法提出商品市场与资本市场的调整速度存在明显差异。资本市场能够迅速完成调整，而商品市场的调整过程则显得较为缓慢。这种差异导致短期内购买力平价难以实现，经济体需要经历由短期平衡向长期平衡的过渡。超调模型进一步指出，由于商品市场价格的粘性，货币供给的突增会造成本币瞬间贬值超过长期贬值水平。粘性价格货币分析法揭示了在资本自由流动和完全自由浮动的汇率制度下，汇率的波动性极大。这种剧烈波动不仅对金融市场构成挑战，还可能对实体经济造成重大影响。因此，政府对资本流动、汇率及整体经济的适当干预与管制显得格外重要。

货币供给理论不仅提供了一种新的视角以理解汇率波动，也对经济政策的制定提出了新的思考。在考虑汇率政策时，理解和分析不同类型的货币分析法及其对经济的影响，对于实现经济稳定和健康发展具有重要意义。无论是弹性价格货币分析法还是粘性价格货币分析法，它们都为经济学者和政策制定者提供了宝贵的理论工具，帮助他们更好地理解和应对全球经济中的复杂变化。

（六）资产市场理论

资产市场理论，亦被称作资产组合平衡分析法，最初由普林斯顿大学的教授布朗森于1975年提出。这一理论是汇率决定理论领域的一项创新性发展。资产市场理论主张，外汇供求关系不仅受商品和服务的进出口影响，金融资产的国际流动同样在其中扮演重要角色。在全球化的国际金融市场中，一国居民不仅可以持有本国货币和债券，还能持有国外的多种资产。

资产市场理论进一步指出，当国内外的利差、投资者偏好或对外汇的预期发生变化时，投资者手中的资产组合可能会出现失衡。这种失衡促使资本在国际流动，寻求新的资产组合平衡，进而对外汇供求产生影响，导致汇率波动。

资产市场理论被视为一种短期汇率决定理论。与购买力平价理论相比，资产重新组合对汇率的影响更为迅速。但是，这一理论在实际应用中也面临一些挑战。一方面，资产市场理论的某些假设较为理想化，例如资本市场的高度发展和对利率、汇率波动的敏感性；不存在外汇管制和货币的自由兑换；以及资本在不同市场间的自由流动等。这些假设与实际经济状况并不总是完全相符。另一方面，该模型的复杂性使得在实证研究中难以得到有效的验证，限制了该理论的广泛应用。

三、影响汇率波动的因素

汇率的波动并非单一因素所决定，而是由多重因素共同影响所致。观察者会发现，汇率的变化有时甚至与既定的汇率决定理论存在冲突。因此，在预测汇率走势时，除了依据主流理论，还需融合各种因素进行全面分析。影响汇率波动的要素可以分为长期和短期两类。长期因素包括国际收支情况、国内生产总值增长率、通货膨胀等；而短期因素则包括相对利率水平、国家的汇率政策、市场干预和投机行为，以及市场预期心理等方面。

（一）国际收支情况

国际货币基金组织将国际收支定义为一种统计报表，这种报表详细记录了在特定时期内，一个国家的经济实体与世界其他地区的所有交易活动。这些交易主要发生在居民与非居民之间。国际收支本质上是一个流量概念，它涵盖了一个国家在特定时期内的全部对外经济交易。当一个国家的国际收支出现逆差，即进口额超过出口额，这表明在国际市场上对该国货币的需求低于其供给，导致本国货币贬值。相反，当国际收支出现顺差，即出口额超过进口额，这则意味着国际市场上对该国货币的需求超过了供给，从而导致本国货币升值。

（二）国内生产总值增长率

国内生产总值增长率对汇率的作用极为复杂，难以直接判断其结果是汇率上涨还是下降。国内生产总值增长率对汇率波动的影响包含多个方面。

当一个国家的经济快速增长时，通常会带来国民收入的上升、消费能力的提升和消费需求的增长。这种情况下，国内对外国商品的进口需求可能会增加，进而引起经常账户赤字，最终可能导致汇率上升和本国货币的贬值。但是，如果该国经济主要以出口推动，经济增长主要源自更多出口产品的生产，那么出口的增长可能会平衡进口的增加，减轻本国货币汇率上升的压力。同时，国内生产总值增长率的提升也可能意味着投资效率的提高，有助于提升本国产品的国际竞争力，从而增加出口、减少进口。高经济增长率还可能使得本国货币在外汇市场上更受青睐，呈现出升值的趋势。

从货币政策的角度看，国内生产总值的增长可能表明中央银行无须实行宽松货币政策来刺激已趋向健康的经济，甚至可能采取紧缩货币政策。因此，随着利率上升，国际资本对本国货币的需求增加，可能导致本国货币升值。

(三) 通货膨胀率

若从购买力平价理论分析通货膨胀与汇率之间的关联，我们可知高通货膨胀率通常导致该国货币贬值。这是因为货币价值取决于其购买商品的能力。但从短期角度来看，汇率的波动并不总是如购买力平价理论所述，原因在于价格变动需要较长时间才能显现，不会短期内立即反应。因此，在现代外汇市场中，分析通货膨胀率时，人们更倾向于从利率的视角出发。当通货膨胀率攀升，一国货币当局往往实施紧缩货币政策，导致利率上升。这一举措提高了资产投资的回报率，吸引外资流入，从而促使本国货币升值。

(四) 利率水平

前文已经多次提及利率对汇率的影响。该模式为：高利率的国家吸引资本流入，外国投资者购买该国货币，进而使得该国货币升值；而低利率的国家则导致资本外流，外国投资者售出该国货币，导致该国货币贬值。但是，这种利率与汇率的关系并不是普遍适用的。如果某国高利率伴随着政治动荡或高通胀，投资者可能对该国货币失去信心，进而撤资，导致该货币贬值。因此，要用利率来解释汇率变化，需满足三个条件：政治稳定，具备吸引外资的成熟金融市场，以及资本流动自由。

(五) 各国汇率政策及对市场的干预

汇率政策是指一国货币管理机构采用汇率作为工具，以实现既定政策目标的一系列行动指导和手段。传统上，根据汇率变化的幅度，汇率制度可以分为浮动汇率制和固定汇率制两种类型。在浮动汇率制下，汇率随着外汇市场的供求变化而自由波动，不受固定平价的约束。而在固定汇率制度下，汇率被限制在一个狭窄的范围内波动，受到平价的制约。不同国家根据其选择的汇率制度，在实现政策目标的过程中，会对外汇市场进行一定程度的干预，这对汇率的形成产生着重要影响。

关于各国选择何种汇率政策、如何介入市场的详细讨论，我们将在后续章节进一步展开。

（六）投机活动与市场预期心理

自从布雷顿森林体系下的固定汇率制瓦解后，外汇市场的投机活动日益增强。具备庞大资本的投机者在市场上游刃有余，致使汇率波动远离其均衡状态。这种过度的投机行为加剧了外汇市场的不稳定，干扰了正常的外汇交易活动，扭曲了货币供求关系。

此外，市场分析人士的判断和交易者对未来汇率走势的预测，均是影响汇率短期波动的关键因素。当市场普遍预期某种货币将贬值时，交易者可能会大量抛售该货币，导致其进一步贬值。相反，如果市场预测某货币将走强，就可能引发大量购买行为，推高其价值。公众对这些预期的投机性和分散性使得汇率的短期波动更加剧烈。

第二节　汇率波动及其自动调节机制

在探讨汇率波动及其自动调节机制的背景下，我们必须认识到，历史上存在多种汇率制度，每种制度都有其独特的特点和运作机制。这些制度包括但不限于金本位制、固定汇率制、浮动汇率制等。每一种汇率制度都有其对应的汇率波动模式和自动调节机制，这些机制在不同的经济背景和政策环境下发挥着重要作用。然而，由于篇幅和研究重点的限制，本节内容将主要聚焦于金本位制度下的汇率波动及其崩溃过程。

金本位制度是一种历史上极为重要的汇率制度，其对全球经济和货币体系产生了深远的影响。在金本位时期，各国货币的价值与一定数量的黄金挂钩，这种制度在一定程度上为国际贸易和汇率稳定提供了基础。在讨论金本位制度的过程中，我们将深入分析在该制度下汇率波动的原因、特点以及该制度如何通过内在的机制自动调节这些波动。同时，我们也将探讨金本位制度最终为何崩溃，以及这一崩溃对后续汇率制度的发展产生了哪些影响。通过对金本位制度的细致研究，我们能够更好地理解汇率制度的演变及其对全球经济的影响，为理解其他汇率制度提供一个坚实的历史和理论基础。

一、金本位制下的汇率波动

在金本位制度的框架下，汇率的确定受到铸币平价的直接影响，被视作外汇的官方标价。由于不同国家对黄金成色的规定各异，这就使得货币的含金量和铸币平价的计算变得颇具挑战性。值得注意的是，金本位制下的汇率并非一成不变，实际上，世界各国货币的汇率在官方价格的基础上有所波动。在国际贸易及债务结算中，这种波动体现在两种不同的处理方式上，这些方式的差异正是汇率与铸币平价波动幅度及实际汇率水平的关键因素：

①使用本国货币购买外汇来偿还国外债务。例如，一家美国公司可能在纽约市场用美元购买等值英镑的支付工具（如汇票），以此来清偿其与英国公司之间的债务。

②通过运送黄金至债权人所在国家的方式来结清债务。比如，假设当时从英国运送黄金到美国的总成本（包括保险费、运输费、保管费等）为每英镑黄金0.03美元，那么英镑与美元之间的汇率将在一个特定的范围内波动，这个范围是4.8665加减0.03美元。

在金本位制度的背景下，对汇率的理解尤为关键。设想这样一个场景：美国对英国的国际收支出现逆差，即美国从英国的进口额超过了对英国的出口额。这一情形下，美国对英镑的需求超过了供给，导致以美元计价的英镑汇率上升。若英镑相对美元的汇率超过4.8965美元（即4.8665美元加上0.03美元），按照金本位制度，此时通过运输黄金来结算的成本低于通过购买英镑的方式。因此，美国人更倾向于选择运输黄金的方式来结算，从而使得英镑对美元的汇率上限定在4.8965美元，这也被称为英镑对美元汇率的"美国黄金输出点"。

反之，如果美国对英国的国际收支出现顺差，意味着英国对美元的需求大于供给，导致英镑相对美元的汇率下跌。当这一汇率跌至4.8365美元（即4.8665美元减去0.03美元）时，英国人为了结算债务，会选择直接运送黄金至美国，而不是在本国市场上购买美元。因此，1英镑对美元的汇率下限被设定为4.8365美元，这也被称作英镑对美元汇率的"美国黄金输入点"。

由此可见，在金本位制度下，如果一个国家的货币汇率波动超出黄金输送点的范围，该货币就可能被视为高估或低估。这种情况下，本国的债务人在使用本币购买外汇来支付债务的成本会超过直接运输黄金的成本，而债权人通过兑换外汇所获得的收益可能低于直接购买并运输黄金回国的收益。结果是，无论是债务人还是债权人，都可能放弃使用该货币来结算，转而选择运输黄金。

金本位制度下汇率波动的上限是官方价格加上黄金运输成本，而下限则是官方价格减去运输成本。汇率就在这两个极限之间，随着两国间国际收支差额的变化而波动。这种受黄金输送点限制的外汇汇率相对稳定，为国际贸易的发展提供了有利条件。在这个框架下，汇率不仅是一种经济指标，更成为影响国际经济关系和贸易平衡的重要因素。

在金本位制度下，汇率是由铸币平价和国际债权债务共同决定的。其中，国际债权通常来源于国际收支的顺差，而国际债务则主要源于国际收支的逆差。在这种体系中，一国的国际收支变化能够引发汇率的波动，同时，汇率的波动也对国际收支起着调节作用，使汇率成为一种国际收支的自动调节机制。具体而言，当某国的国际收支出现逆差，导致对外汇的需求增加至黄金输出点以上时，该国必须使用国际公认的结算工具——黄金，来补足这一差额。这一过程会引起国内货币供应量的减少，从而推动本国物价和成本下降，让本国商品在国际市场上更具价格优势。这有助于提高本国商品的国际竞争力，减少对进口商品的需求，最终促使该国增加出口、减少进口，从而逐步减少国际收支逆差，直到转变为顺差，黄金流回本国。相反，当一个国家的国际收支出现顺差，外汇供应量增加至超过黄金输入点，大量黄金流入国内，这将导致国内货币供应量的大幅增加。若国内商品的生产能力保持不变，这将引起物价和成本上涨，减弱本国出口商品在国际市场的竞争力。结果是，进口增加，出口减少，国际收支的顺差逐渐缩小，直至转变为逆差，黄金流出。

在金本位制度的框架下，各国须维持特定量的黄金作为储备，这些黄金储备具备双重作用：一是为铸币或纸币发行提供支持；二是作为维持国际收支平衡的途径。

这种国际收支的自动调节机制，曾在1918年的康力夫委员会报告中被详细阐述。但这只是金本位制度下汇率机制的理论模型，与现实的情况常常有所出入，存在一些差异。为了有效发挥汇率作为国际收支自动调节器的作用，必须遵守三条规则：一是国家货币与黄金必须保持固定的比例关系，同时保证其自由兑换性；二是黄金必须能够自由进出；三是中央银行发行的钞票应具有相应的黄金储备作为支撑。但是，在国际金本位制的时期，各国通常并不严格遵守这些原则，具体情况如下：

①在金本位制度的背景下，黄金在国际的流通并非常态，大部分时候，国际收支的顺差（或逆差）主要依靠英镑国际借贷来平衡，而不是依赖黄金的进口（或出口）。这意味着，黄金的流动与国际收支的自动调节之间的联系并不密切。

②即便是在黄金流通用于弥补国际收支差额的情况下，国内货币供应量的变动也会影响本国资本市场的供求关系，进而引起利率的波动。这种利率变动可能导致资本的逆向流动，从而抵消黄金流动的经济效应。例如，当某国国际收支顺差，黄金流入导致货币供应量增加，利率下降，可能会促使国内资本流出，货币量减少。如果资本流出的金额与黄金流入额相等，那么黄金流入对国家经济的影响将会是中性的。

③国际收支的自动调节机制还依赖于两国物价水平的相对变化。这种变化通过改变进出口商品的贸易条件，影响进出口数量，进而引发黄金在两国间的流动。根据历史资料，美国和英国的物价变动趋势和幅度相似，很少出现物价先变动，黄金流动后跟的情况。这表明相对价格变动与黄金流动之间的相关性较弱。

④各国中央银行或货币当局很少完全依赖金本位制来自动调节经济，它们经常采取措施来减轻黄金流动对国内货币供应量的影响。例如，当黄金流入导致货币供应量增加时，中央银行会在国内市场上卖出证券，回收流通中的货币。反之，当黄金流出导致货币供应量减少时，中央银行则会大量购买证券，增加流通中的货币。除此之外，中央银行还会通过调整贴现率来影响信贷规模，从而抵消黄金流动对国内货币供应的影响。这种货币政策的执行，常常会打破货币发行与黄金准备之间的法定比例关系，实际上违反了金本位制度规定的第三条规则。

二、金本位制的崩溃

在20世纪初，世界经济的迅猛发展带来了对金本位制度的严峻挑战。这个时代，主要资本主义国家之间的经济发展速度和方式呈现出显著的差异，这种不平衡的发展态势逐步成为影响国际金本位制度稳定性的关键因素。金本位制度的原则是以黄金作为货币的直接或间接标准，但随着全球经济格局的变化，这一制度开始显露出其内在的脆弱性。

到了1913年的年末，英国、美国、法国、德国和俄罗斯这五个西方强国掌握了全球三分之二的黄金储备。黄金资源的这种集中分配，使得其他国家在维持金本位制度时面临更大的压力。尤其对于那些黄金储备有限的国家来说，他们在平衡国际收支时所承担的经济成本显著增加。随着本国黄金储备的减少，用于调节国际收支的黄金比例相对增大，从而增加了维持金本位制度的难度。此外，各国政府为了稳定本国经济和缓解国际收支的压力，开始加强对金融市场的干预。他们采取了一系列措施来限制黄金流动，这些措施直接影响了金本位制度中的核心原则——黄金自由流通。这种政府干预的增加，不仅改变了金融市场的运作方式，也对国际货币体系构成了挑战。金本位制度的瓦解，从根本上反映了全球经济体系的深刻变化，以及各国在适应这种变化过程中的挣扎和调整。在金本位制度下，黄金作为货币价值的锚定，本应保证货币稳定性和国际贸易的顺畅，但随着时代的变迁，这一制度逐渐无法满足日益复杂和多变的全球经济需求。

20世纪20年代，世界各国积极尝试恢复金本位制度，希望通过这种方式重建一个稳固且可靠的国际金融体系。到了1928年年末，许多曾经实行金本位的国家都在不同程度上重启了这一制度。这期间，黄金重新开始在国际市场上自由流动。但是，这一时期的金本位制度与过去相比已有所变化，因此被称为"跛行"的金本位制度。但是，1929年的全球经济危机和1931年的金融危机对金本位制度构成了巨大冲击。这些危机暴露了金本位制度的脆弱之处，最终导致了该制度的崩溃。金本位制度的根本问题在于它与资本主义制度内部的矛盾日益尖锐。资本主义经济体在发展到一定阶段后，政府对经济的干预变得越来越普遍，这与金本位制度所倡导的自由市场经济原则相矛盾。

货币黄金的分配不均和黄金的物理特性及产量限制，使得金本位制度难以适应全球经济的快速发展。随着国际贸易的兴盛和全球经济的持续增长，金本位制度的局限性和不适应性越发显著。在金本位制度下，货币黄金的供应量受限于黄金的产量，而黄金产量主要依赖于自然资源、生产技术和生产能力。黄金资源的有限性决定了其产量无法与世界商品生产的增长速度同步，这一点本身就注定了国际金本位制度最终无法持续，终将被历史所淘汰。

这种制度的崩溃不仅标志着一个时代的结束，也预示着全球金融体系和国际经济关系的重大转变。金本位制度的终结，反映出一个更深层次的全球经济结构和政治力量的转变，它为现代国际金融体系的形成奠定了基础。

第三节 人民币汇率形成的机制探讨

一、20世纪80—90年代人民币汇率机制的特征

(一) 不断调整汇率水平

1981年至1985年9月间，人民币汇率经历了持续的微幅下调。这一过程中，原本过高的人民币价值得以校正。这样做的目标在于促进出口和实现外汇收支的均衡。1985年，我国政府深刻认识到确立合理人民币汇率水平的重要性，因此从1986年7月至1991年4月8日，采纳了与美元挂钩的汇率体系。在此期间，人民币汇率经历了四次调整，尤其是1989年12月和1991年11月的两次较大幅度下调，旨在实现人民币汇率的合理化。

为了达到这一合理的汇率水平，并对人民币的高估价值进行调整，我国采取了多种措施：如贸易内部结算价的运用、持续的微幅人民币汇率下调、不定期的大幅度阶段性下调，以及外汇调剂市场汇率的采用等。

(二) 汇率政策服从于外贸政策

自1979年9月起，我国在多个阶段对外贸体制进行了改革。这些改革中，人民币汇率改革成为其中的关键环节。例如，为配合1979年9月、1984年9月、1988年2月、1990年12月的外贸体制改革，分别在1981年1月1日开始实施了适用于进出口的贸易内部结算价，1985年1月1日，官方汇率与贸易内部结算价实现了并轨，1988年放开了外汇调剂市场汇率，1991年4月则实施了有管理的汇率运行机制。人民币汇率政策的主要目标，实际上是为了促进出口。

从20世纪80年代以来的发展来看，我国采用的汇率政策主要是将名义汇率作为政策工具。通过持续的小幅下浮或不定期的较大幅度调整，增强了产品的国际竞争力，促进了出口增长，改善了贸易收支状况，并增加了外汇储备。

(三)汇率形成机制缺乏灵活性

自1994年起,中国的人民币汇率形成机制经历了一次深刻的变革。此次改革的核心在于实施了一种有管理的浮动汇率制度,这一制度的实施带来了以下重要特点:

①结汇售汇制的推行。这一制度的显著特征在于对出口企业的严格要求:出口企业必须无条件地将其赚取的外汇卖给指定的银行,而不能自行持有。这一规定限制了企业和个人对外汇的自由持有和使用。

②银行间外汇交易市场的管制。在这一市场中,参与者数量受限,且中央银行拥有决定性的定价权。市场准入规则严格,只有得到中央银行批准的成员才能参与。此外,中央银行对各银行的外汇存量进行比例管理,超出或低于特定比例的银行必须进行相应的买卖调整。人民币的汇率是基于银行间市场的加权平均价形成的,而中央银行则根据这一中间价,发布基准汇率。各指定银行根据这一基准汇率,在规定的浮动范围内进行买卖。但是,银行间外汇市场的主要功能仍是调节各指定银行之间的外汇余额,这意味着它与一个真正意义上的自由市场仍有差距。由于市场供需状况无法真实反映,人民币的汇率实质上还是由官方指定的。特别是自亚洲金融危机以来,人民币对美元的汇率几乎保持不变,这反映出的是一种稳定的汇率政策。因此,在1999年4月,国际货币基金组织在其新的汇率制度分类标准中,将中国的汇率制度定性为固定钉住汇率制。

二、人民币完全可兑换下汇率机制的探讨

(一)人民币汇率形成机制的初步改革

在1994年,中国引入了"有管理的浮动汇率政策",这个政策的核心在于企业结售汇、银行外汇头寸限额以及中央银行的市场干预三者相结合的汇率形成机制。但是,这一机制并没有达到预期的"管理"和"浮动"的效果。自那时起,人民币的汇率水平基本保持不变,导致汇率机制陷入一种固化的状态。这种僵化状态在实际运行中呈现出以下几个主要问题:

①对货币政策的制定与实施造成影响。在宏观经济调控中，由于过度重视人民币汇率的稳定性，中央银行在一定程度上失去了货币政策的独立性。为了维持汇率稳定，中央银行不得不无限制地购买外汇，这导致了基础货币的大量投放，增加了货币供给的内生变量，减少了中央银行对货币供给量外生变量的控制力。

②人民币汇率固定于单一货币，缺乏均衡调整依据。由于人民币汇率长期钉住于单一货币，这使得人民币汇率的调整缺乏均衡水平的基本支撑，难以反映真实的市场供需关系。

③对外贸易和国际储备的增长加剧了汇率机制的问题。随着中国国际储备的持续增长和对外贸易，特别是对美国的贸易顺差不断增加，过于僵化的汇率机制引起了国际社会的广泛关注。这种关注进一步转化为对人民币升值的外部压力，不断加大。

结合之前的分析，鉴于中国对于一个独立的货币政策体系的迫切需求，强化汇率的灵活性，对当前的汇率制定机制进行精心改革，对于促进国内外经济平衡及其持续健康发展具有重要意义。特别是在2005年7月21日，中国人民银行采取了具有里程碑意义的措施，对人民币汇率的形成机制进行了初步的、重大的改革。这一改革的主要内容是，人民币汇率的决定机制不再单一依赖美元，而是基于市场的供求状况，并综合参考一篮子货币的表现来进行调解。这一制度被称为有管理的浮动汇率制度。这种方法的采用，使得人民币汇率具有了更大的弹性，能够更灵活地响应国际金融市场的变化。通过这次改革，人民币汇率机制的调整，不仅使中国的货币政策更加独立，而且在国际金融市场中的地位也得以提升。更为重要的是，这一改革的实施，为中国的宏观经济管理提供了更多的空间和工具，有助于经济的长期稳健发展。此举不仅对中国自身的经济发展产生了深远的影响，同时也对全球金融市场和国际货币体系产生了重要的影响，是中国金融改革史上的一个重要里程碑。

自2005年5月18日起，中国外汇市场建设迈入了新的阶段。在这一过程中，上海外汇交易中心开启了美元做市商制度的试点，标志着外汇市场建设的一大步。2005年8月9日，外汇指定银行获准扩大对客户远期结售汇业务范围，并开展人民币与外币掉期业务。此举不仅加强了市场功能，也提高了其服务质量。2005年8月10日，中国人民银行首次宣布将开展银行间远期外汇交易，并在交易中首次引入询价交易方式，这一创新举措为市场带来了更多的灵活性。2005年9月23日，即期外汇市场非美元汇价浮动幅度得到扩大，同时银行对客户现汇买卖价差也有所增加。此外，即期外汇市场的交易主体范围也得到了扩展。这些措施共同构成了建立真正意义上的外汇市场的关键步骤。值得一提的是，实行美元做市商制度后，商业银行能在外汇市场进行双边报价，这一变化降低了中央银行作为外汇市场唯一买家的压力。同时，这也意味着通过各种渠道流入储备的外汇能够部分流入美元做市商手中。这一系列的变革，一方面减轻了中央银行的外汇占款压力，另一方面，为建立起与国际金融市场接轨的真正意义上的外汇市场奠定了坚实的基础。

特别需要指出的是，在人民币汇率形成机制改革初期，市场还存在一些不确定因素。汇率定价不仅需要能够反映市场供求，还要保持在合理均衡的水平上基本稳定。因此，人民币汇率形成机制改革后，中央银行根据国内外经济金融形势的变化，必须对人民币汇率进行有效的管理和调节，以保持其基本稳定。这样的调整对于确保中国经济的健康稳定发展至关重要，同时也是中国融入全球金融体系，实现市场经济现代化的关键步骤。

（二）人民币汇率形成机制改革的原则

人民币汇率机制的改革必须坚持主动性、可控性和渐进性的原则。三原则具有非常丰富的内涵。

1. 主动性原则

主动性原则强调根据国内实际情况来主导汇率机制的改革路径、具体内容和适宜时机。在推进人民币汇率机制改革的过程中，需要综合考量多个重要因素，如宏观经济的稳定性、对经济增长的促进、就业市场的影响、金融体系的现状、金融监管的能力、企业的承受力、外贸状况、对邻国及地区的影响，以及在全球经济金融环境中的作用。汇率机制的选择是国家主权的体现，也是国家经济决策的核心组成部分。因此，为了适应中国特有的国情，选择和优化人民币汇率机制，以及深入推进相关改革，不仅是中国金融改革和发展的重要战略决策，更是维护国家金融安全的重大理论和实践问题。这样的主动性不仅体现在制定策略时的前瞻性和适应性，也体现在对内外各种复杂因素的精准评估和灵活应对上。

通过这样的主动性原则，中国能够更好地掌握汇率机制改革的主动权，确保其符合国家长远利益和实际需求，同时也能有效应对国际金融市场的变化，促进经济的健康稳定发展。这种以国内需求为导向，兼顾国际环境的战略布局，对于提升中国在全球经济体系中的地位和影响力具有重要意义。

2. 可控性原则

"可控性"原则的核心在于确保人民币汇率变动在宏观管理的范围内可控制，既要积极推动改革，又要防止失控，避免金融市场的剧烈动荡和经济的大幅波动。具体来说，这种"可控性"体现在两个主要方面：一方面，风险控制。在人民币汇率机制改革过程中，必须对可能出现的各种风险进行有效控制，力求将风险因素的负面影响降至最低。这不仅涉及对市场动向的敏感捕捉，也包括对可能出现的不确定因素的及时响应，确保改革能够稳步推进。另一方面，加强管理。"可控"并非意味着能够操纵或控制汇率，而是指在确保市场机制基本发挥作用的前提下，进行适当的管理。人民币汇率机制改革的目标是建立一个真正基于市场供求关系的、有管理的浮动汇率体系。

这种"可控性"或"有管理"体现在两个具体方面：一方面，管理方式和手段要多样化。这一策略不仅包括中央银行对外汇市场的直接干预，还应结合当时的宏观经济环境，通过调节本外币供求量，调整利率水平等手段进行综合调节。另一方面，在条件允许的情况下，适当扩大汇率的浮动区间，使人民币汇率从当前较为固定的状态中解脱出来，增加其弹性。

这种以"可控性"为核心的改革策略，旨在平衡改革的积极推进与市场稳定之间的关系，确保人民币汇率机制改革既能促进经济的健康发展，又能保持金融市场的稳定。通过精细化和多元化的管理手段，可以更好地适应国际金融市场的变化，同时也有助于增强中国在全球经济体系中的话语权和影响力。这种改革不仅仅是优化现有汇率机制的过程，同时也是中国经济高质量发展战略的重要组成部分。

3.渐进性原则

"渐进性"原则强调的是改革过程的逐步推进，既考虑眼前的实际需求，也着眼于长期的稳健发展，避免急功近利的短视行为。

"渐进性"原则的关键在于合理规划改革的步骤和顺序，防止盲目冲动和过于激进的行为。在设计和推进改革方案时，应清晰区分不同阶段的目标。具体而言，人民币汇率制度改革的方向可以按照近期、中期和长远目标来划分。

在近期和中期，改革的着力点应该是重塑一个真正基于市场供求关系的、有管理的浮动汇率制度。这一阶段的改革旨在逐步释放市场的作用，同时确保汇率变动在可控范围内，防止市场过度波动。

从长远的角度来看，改革的方向则是增强人民币汇率的弹性和灵活性。这包括扩大汇率的浮动范围，使其更能反映市场的真实需求和供给状况。此外，这样的改革还有助于提升汇率在国际收支调节中的杠杆作用，同时确保中国货币政策的独立性和主权。

渐进性原则的实施，不仅能够保证改革的有效性和安全性，也有利于平衡内外部经济环境的变化，为中国经济的持续健康发展提供坚实的货币政策支撑。通过有序、分阶段的推进，人民币汇率机制的改革将更加符合国家的长期利益，同时也更好地适应全球金融市场的发展趋势。

（三）人民币汇率形成机制改革的目标

在探讨汇率制度时，对比浮动汇率制和固定汇率制的优劣成为一个重要议题。从理论角度分析，浮动汇率制确实拥有其独特优势：一是汇率由市场机制决定，更能准确反映市场上外汇的供需状况；二是汇率的浮动自由度较高，加之资本的自由流动，使得货币政策保持较高的独立性。此外，汇率的升降能有效地调节国际收支，减少中央银行外汇占款和政策性干预的误差。

但是，对于中国这样一个正处于经济转型期的国家而言，完全的浮动汇率制并不完全适宜。考虑到以下几个方面的原因：一是中国目前正处于经济结构调整的关键期，这一过程需要较长时间，若实施完全浮动汇率制，可能导致汇率长时间内剧烈波动；二是金融体系的市场化和商业化改革还未完全到位，市场主体的成熟化需要一定时间；三是中国金融市场的成熟度还不够，如资本管制、利率管制等金融管制措施仍然存在，这些因素会对浮动汇率制可能带来的利益产生明显的限制；四是随着中国经济对外依赖度的增加，浮动汇率更易受国际市场波动的影响。

鉴于上述原因，人民币实现完全可兑换的过程中，应选择适合国情的汇率制度。最理想的选择是中间汇率制，即基于市场供求关系的、有管理的浮动汇率制。这种制度既能反映市场实际情况，又能在必要时进行适当的管理和调控。通过这种方式，可以在保持我国货币政策独立性的同时，确保外汇政策的有效性和灵活性。

（四）人民币汇率形成机制改革的实现

在探讨人民币汇率制度改革的路径时，我们需要关注当前的经济政治背景、人民币资本项目的可兑换程度，以及汇率机制本身的状况。目标是实现一个基于市场供需关系的、有管理的浮动汇率机制。但这一目标并非一蹴而就，它需要多方面的努力和条件创造。

1.建立和完善外汇市场

一个成熟的汇率机制，其基础是一个充分发展的市场体系。汇率的形成和变化与外汇市场及其供求状况紧密相连。尽管我国已经建立了银行间的外汇交易市场，且部分银行已经开展了现汇交易和远期外汇交易业务，但这些尚未形成一个完全开放、与国际金融市场紧密相连的外汇市场。目前的市场结构不够完善，限制了人民币汇率机制的有效运作。

没有一个充分发展的市场，货币的汇率价格就难以真实反映经济情况。因此，建设一个真正意义上的、与国际接轨的外汇市场，对于人民币汇率制度的完善至关重要。

在外汇市场中，市场主体在平等、自愿的基础上自主决定外汇的供需关系，进行外汇的买卖，并在此过程中共同决定外汇的交易价格。这种机制下，一个真正意义上的外汇市场应该是由市场主体自由兑换货币而形成的统一市场。在这样的市场中，出售外汇的主体（即外汇供应者）为了追求最大利益，会倾向于高价出售其外汇。相对地，购买外汇的主体（即外汇需求者）出于同样的动机，会希望以较低的价格购买外汇。这种供求关系下的交易，是在众多参与者的竞争和自主选择下进行的。为了促成外汇的买卖，并使双方均获益，供求双方会通过持续的谈判，使得双方的报价逐渐趋同。最终，这一过程将导致双方达成一个双方都能接受的汇率。这样形成的汇率，不仅能使双方获得最大利益，而且能更真实地反映市场的供需关系。这样的均衡汇率是在自由竞争和市场主体自主选择的基础上形成的，它展示了市场力量在汇率形成中的核心作用。

均衡汇率的形成是市场参与者在追求利益最大化的过程中的一种自然结果。这种汇率不仅综合了各种市场信息，而且能够精确地体现出口创汇的成本、外汇的真实价值以及国家的国际收支状况。更进一步，它还能反映国家的生产效率、国民收入增长率、物价水平和利率水平，甚至还能体现市场对人民币汇率的心理预期以及人们对国内外金融资产的选择偏好。从这个角度看，均衡汇率是市场主体对本币与外币价值对比的集体评价，它是衡量货币价值的最合理的标准。为了建立一个真正有效的外汇市场，关键在于提高人民币汇率的灵活性、扩大市场参与者的范围以及确立市场竞争机制。外汇市场的构建可以从改革外汇交易中心模式入手。首先，应该建立一个外币的基础市场，接着再建立起本币与外币的基础市场。在此基础上，可以形成一个市场化的本外币基础汇率。随后，通过引入远期合约、货币互换和期权等金融产品，可以基于人民币与其他货币的基础汇率及其利率差异来制定远期基准汇率。通过这样的交易，可以形成一个合理且有效的远期汇率。

市场均衡汇率的实现不仅依赖于市场主体的自由竞争和信息的完全透明，还需要一个成熟的市场环境和健全的法律制度作为支撑。这样的市场环境能够确保汇率的形成是公正和透明的，同时也为市场主体提供了一个公平竞争的平台。此外，政府的适当监管和指导也是不可或缺的，这有助于维护市场的稳定和促进健康发展。

2.国际收支的平衡调整

汇率政策的重心应从仅仅追求国际储备的增加转变为注重国际收支的平衡调整，并为汇率的灵活波动创造必要的市场基础。在过往数年，我国的外汇政策主要是外资流入容易、流出困难，对内资企业的外汇管理相对严格，而对外资和个人则相对宽松。外汇体系的一大运作基础是强制性的结售汇制度，这一制度在体制上扩大了外汇供应，抑制了需求，进而增强了人民币升值的压力。因此，从汇率政策的运作和内在逻辑来看，未来应逐步将焦点转向国际收支的均衡调整，为汇率浮动营造基础性的市场条件。这包括国有银行的改革、外汇市场的培养以及外汇管理体制的调整等方面。强调建立调节国际收支的市场和管理机制，意味着在人民币汇率政策和外汇管理方面，不仅仅关注汇率本身，而更重视影响汇率决策的更深层因素——国际收支，涵盖进出口贸易、资本流动和非贸易收支等。在此政策导向下，我们开始更加强调推动贸易和投资的便利化，支持企业"走出去"，同时建立一个更加对称的外汇管理体系。

3.建立浮动汇率制

建立一个基于外汇市场供求的、由管理机构主导的浮动汇率制度是必需的。为达成这一目标，我们具体可以采取以下两种途径：一是从固定美元汇率转向与一篮子货币相挂钩，并逐渐进入真正的有管理制度的浮动汇率制度；二是直接过渡，频率低的调整，即首先进行一次性的人民币对美元汇率的调整，使其达到与未来中期内均衡汇率相吻合的水平，然后根据实际情况进行低频的调整。

很明显，第一种路径更为适合，这意味着将人民币汇率从固定单一货币转变为与一篮子货币挂钩，然后逐步过渡到完全的管理浮动汇率制。参考一篮子货币并非理想状态，然而人民币汇率制度的市场化还需要一个过渡期。市场机制和金融体系的改革是实现人民币浮动汇率的先决条件，同时还应当考虑到对亚洲地区和全球经济的影响。在改革的初始阶段，应基于将美元转变为参考一篮子货币的基础，适度扩大汇率的波动幅度，提高人民币汇率的灵活性和可调整性。为了降低调控难度，可以在改革早期选用较小的"篮子"，即主要由几种关键货币组成，这些货币来自中国的主要贸易伙伴，以及在主要国际市场上的竞争对手。同时，必须采取措施以增加市场汇率的灵活性。然而，这只是一个过渡手段，并非最终体制，在满足以上基础条件后，我们需要建立更为灵活的市场汇率机制。

中国的汇率改革应遵循以下路线图：稳定宏观经济，参考一篮子货币，加速银行和金融体系的改革，推动外汇市场的发展和实现资本账户的可兑换，实现基于市场供求的浮动汇率制。

第二章　汇率制度的发展

第一节　汇率制度的分类

汇率制度的选择是一个涵盖广泛范围的议题。这些制度的划分依据汇率的可变性及其变化模式，并结合货币政策的灵活度从低到高进行排列。汇率制度大致分为八大类别，第一类（货币联盟、美元化）、第二类（货币局制度）以及第八类（单独浮动）被统称为"角点汇率制度"。这些制度通常代表了极端的政策选择，如完全固定或完全浮动的汇率。第三类至第七类的汇率制度（包括其他传统固定制、带有波动幅度的固定制、逐步调整的固定制、带有爬行调整范围的汇率安排，以及未预先公布干预政策的管理性浮动制度）则被称为"中间汇率制度"。这样的分类有助于理解不同国家在面对各自独特的经济环境和挑战时如何选择适合自己的汇率制度。每种制度都有其优势和局限性，因此选择最合适的汇率制度需要综合考虑国家的经济状况、政策目标以及国际金融环境的变化。通过这样的分类和理解，可以更好地认识到汇率制度选择的复杂性和重要性。

一、没有单独法定货币的汇率制度安排

在探讨"汇率制度选择"时，我们不得不提到一种特殊的情形，即某些国家或地区并未拥有自己独立的法定货币，而是选择采用其他国家的货币作为其主要的流通和结算工具，或加入某一货币联盟中。这种安排在国际金融体系中占有一席之地，代表了一种特殊的汇率制度选择。

以巴拿马和东加勒比海地区为例，这些国家和地区未设立自己的独立货币，而是选择使用美元作为主要的流通货币。这样的做法主要旨在稳定国内经济、降低通货膨胀风险，并增强货币政策的可信度。在上述模式下，尽管各国为维护货币政策独立性而做出较大妥协，但与美元汇率挂钩，则能够实现更为稳定的经济增长预期。欧元区国家选择加入货币联盟，共同使用欧元作为法定货币。这一决策不仅加强了成员国之间的经济联结，还促进了区域整体的经济一体化与稳定。在这种汇率制度安排下，成员国虽然放弃了自主制定货币政策的权利，但这种安排极大地增强了他们维持固定汇率的承诺。这不仅保障了成员国货币价值的稳定，也提升了其在国际市场上的信誉度。最近，越来越多的拉美国家也开始采用了美元化的做法，这一现象受到了广泛的关注。这些国家通过采用美元作为法定货币，力求在全球经济中获得更稳定的货币环境，并通过借鉴美国的反通货膨胀货币政策来增强自身经济的稳定性。这种做法虽然使得这些国家在货币政策上丧失了独立性，但从长远来看，却能为其带来更加稳定的经济环境和更强的国际信誉。没有单独法定货币的汇率制度安排展现了国家间在经济政策上的多样性选择。

二、货币局制

货币局制作为一种独特的固定汇率体系，在法定层面上确立了本国（或地区）货币与特定外国可兑换货币间的固定兑换比例。此外，该制度还要求国内货币的发行必须由相等的外汇储备作为支撑。与一般的固定汇率制度相比，货币局制的规定更加严格：不仅对汇率的水平设定了法律上的严格要求，还通过限制储备货币的生成途径来确保汇率的可靠性。它是固定汇率制度中最具代表性的形式。

在这一制度下，货币当局被剥夺了自由发行货币的权利，这使得中央银行失去了其作为最后贷款人的传统功能，同时也极大地限制了货币当局根据实际情况灵活制定货币政策的能力。货币局不承担控制国内货币供应量和利率的责任。实施货币局制能够促进本国货币的稳定，有效抑制高通货膨胀，从而为经济的稳健发展提供有利条件。此外，它还能

第二章　汇率制度的发展

创造一个安全的投资环境以吸引外资。货币局制还是一种自动调节的国际收支机制。当国际收支出现赤字时，货币供应量会相应减少，进而导致支出的下降。这种透明、公开且非政治化的制度有效增强了抵御货币投机攻击的能力。在某种意义上，货币局有时被比喻为"装在瓶中的信用"。

货币局制的实行，无疑是一种权衡利弊后的选择。它牺牲了一定的货币政策自主性，换取了货币价值的稳定性和国际信誉。这种制度为参与国家和地区提供了一种有效的经济管理工具，尤其是在应对高通货膨胀和不稳定的国际金融环境时。同时，这种制度也提供了一种清晰的指导方针，有利于国际投资者和本国经济主体对经济前景进行更准确的判断和规划。但是，货币局制也有其局限性，特别是在面对全球经济波动和内部经济需要灵活调整时，其固定汇率的框架可能会带来一定的挑战。

三、常规的固定钉住安排

在常规的固定钉住安排中，一国的货币正式或实际上与一种主导货币或一组货币维持固定汇率关系。在这类安排里，允许的汇率浮动幅度极小，例如仅限于1%的范围内。根据国际货币基金组织的数据，目前全球约有44个国家和地区采用这一汇率制度。在常规的固定钉住安排下，货币当局需要时刻准备进行市场干预，以保持汇率在固定水平上的稳定。这种做法虽然在一定程度上限制了货币当局实行货币政策的灵活性，但相较于其他几种汇率制度，其灵活性相对较高。另一方面，这种汇率安排并不完全排除在特定情况下对汇率进行调整的可能性。但是，这种调整不能太频繁，否则会导致市场对现行汇率水平的信心丧失。常规固定钉住安排能够为经济主体提供一定的汇率稳定性，这对于那些经济体结构较为脆弱或对外部经济冲击较为敏感的国家尤其重要。通过限制汇率的浮动范围，这种制度有助于减少由于汇率波动引起的不确定性，从而有利于国内外经济活动的稳定发展。

但是，实施这种汇率安排的国家可能面临着一些挑战。例如，为了维持汇率的固定水平，国家可能需要持有大量的外汇储备，这可能会对国家的外汇储备政策产生影响。同时，由于汇率固定，国家对于应对全球经济波动和内部经济调整的能力可能会受到一定限制。因此，对于采用常规固定钉住安排的国家来说，如何在维护汇率稳定性和保持经济灵活性之间找到平衡，是其需要认真考虑的重要议题。

四、区间钉住汇率安排

区间钉住汇率安排是一种特殊的汇率制度，它在某种程度上类似于常规的固定钉住汇率安排，是指一国货币的汇率不是固定不变，而是与一种或一篮子货币挂钩，并在一个正式设定或实际形成的中心汇率周围，允许较大幅度的浮动。这个浮动区间通常超过1%。举例来说，目前包括丹麦、埃及和越南在内的六个国家和地区正实施这种汇率制度。区间钉住汇率可能是多国之间的协议结果，也可能是单个国家的单边决策。欧洲汇率机制，在欧元推出前的欧洲是一个典型例子。在该制度下，成员国货币的浮动区间被设定为正负2.25%。这样的安排使得参与国的货币当局在一定范围内拥有调整汇率的灵活性。区间钉住汇率的主要优势在于提供了一定的稳定性，同时又允许一定程度的市场调节。这种制度允许货币在一个相对宽松的范围内浮动，从而能够在一定程度上反映市场供需情况，同时也为货币当局在外部经济环境发生变化时进行必要调整提供了空间。

区间钉住汇率安排尽管提供了一定的经济稳定性，但其挑战也不容忽视。一方面，要保持汇率在预定的浮动区间内，货币当局必须时刻准备进行市场干预。这样的频繁操作不仅增加了货币政策的管理难度，还可能对国家的外汇储备产生较大压力，影响金融市场的整体稳定。另一方面，当市场的实际汇率走势与设定的浮动区间有较大偏差时，维护这一制度所需的成本和资源投入将大幅上升。这种情况下，货币当局必须权衡干预与放任市场自然调节之间的利弊，这是一个复杂且微妙的决策过程。因此，虽然区间钉住汇率能够带来一定程度的经济稳定，但其运作的复杂性和潜在成本也是不可忽视的重要因素。

五、爬行钉住汇率制

爬行钉住汇率制是一种特殊的汇率机制，它使得本币与外币间保持一定程度的稳定平价关系，同时允许货币当局依据经济指标进行适时的小幅度调整。这种制度特别适用于高通胀国家，因为它提供了一种灵活性，允许对汇率进行细微调节以应对经济变化。智利便是实施此制度的典型例子，其对汇率的调整甚至可达到每周一次。

实施爬行钉住汇率制度主要有两种方法。第一种方法是利用汇率作为名义锚，通过将汇率爬行速率设定得低于预测的通货膨胀率，可以逐步帮助经济体克服通货膨胀问题，同时避免在短期内对汇率进行大幅调整。这种方式有助于平滑经济过渡，减少突变带来的冲击。第二种方法是放弃利用汇率作为反通货膨胀的工具，而是根据物价水平进行汇率调整。这种做法的核心在于保持真实汇率的稳定，即使名义汇率发生变动，也确保国家的国际竞争力不受影响。在这种方法下，汇率的调整更多地与国内外的价格水平变化相联系，从而确保国际贸易和投资的公平性。

爬行钉住汇率制为国家提供了一种灵活而有效的汇率管理工具，特别是在应对全球经济波动和内部通货膨胀时。这种制度虽然复杂，但其灵活性和适应性是传统固定汇率制度所无法比拟的。通过精细的调节，可以有效地保持经济的稳定和增长，同时减少外部冲击对国内经济的影响。但是，这种制度也要求货币当局具备高效的决策能力和准确的市场预测，以确保每次调整都能达到预期的效果。

六、爬行区间汇率制度

爬行区间汇率制度是一种独特的汇率管理体系，它在爬行钉住汇率制的基础上，进一步增加了浮动区间的概念。在这种制度下，除了设定中心汇率外，还规定了一个浮动的范围，即汇率的上下限。这一制度的核心特点是，尽管中心汇率的调整机制与爬行钉住制度类似，但它赋予了货币当局更大的调控空间和灵活性。此外，爬行区间汇率制度的一个变体是，不公开宣布具体的中心汇率，而是仅仅对汇率的浮动上下限进行调整,这种调整通常是非对称性的。这意味着上下限的调整幅度或频率可能不同,从而提供了更为灵活的汇率管理方式。以色列、匈牙利等国家就是采用这种变体形式的实例。

在爬行区间汇率制度下,货币政策的灵活性在很大程度上取决于设定的浮动区间大小。较宽的浮动区间能够提供更大的市场调节空间,有助于吸收外部经济冲击,同时也为货币当局在维持汇率稳定性和应对经济波动方面提供了更多策略选择。相比之下,狭窄的浮动区间则可能限制汇率调整的灵活性,但有助于保持汇率的稳定性。

因此,爬行区间汇率制度是一种既保留了爬行钉住汇率制的稳定性,又增加了必要的灵活性的汇率管理体系。这种制度适用于那些希望在维持汇率稳定的同时,也能有效应对国际市场变动和国内经济需求的国家。通过灵活调节浮动区间,它能够有效平衡国际贸易、控制通货膨胀,并促进经济的持续健康发展。

七、无预定路径的有管理的浮动汇率制度

无预定路径的有管理的浮动汇率制度,通常被称为"肮脏浮动",是一种独特的汇率体系。在这种体系下,不会预先设定中心汇率。汇率主要由外汇市场的供求关系决定,这意味着即期汇率是市场行为的直接反映。与纯粹的市场决定型汇率不同的是,货币当局在这一制度中保留了对汇率走势产生影响的权力。货币当局的干预通常是根据对宏观经济指标的判断,例如国际收入状况、国际储备状况等。他们会在特定时期通过买入或卖出货币来影响汇率。例如,在汇率攀升至较高水平或保持在高位时,为了促使汇率回落,货币当局可能会采取买入本国货币的策略。反之,当汇率处于下降趋势或降至较低水平时,货币当局则可能选择卖出本国货币。

值得注意的是,这种汇率制度并不追求汇率的稳定,也不对汇率变化的路径有明确的预设目标。这种灵活性使得货币政策的制定者可以根据国家的经济状况和国际环境灵活调整政策。由于不需要遵守对汇率变动的明确承诺,这种汇率制度提供了较大的政策灵活性。这种灵活性使

得货币当局可以更有效地应对国际市场的波动，同时也能根据内部的经济需要进行适时调整。但是，这种制度也可能导致汇率的过度波动，进而影响国际贸易和投资。因此，货币当局在进行干预时需要权衡各种因素，以确保汇率政策既能满足国内经济的需要，又能维持国际经济关系的稳定。

八、自由浮动汇率安排

在当前的全球金融体系中，自由浮动汇率安排扮演了重要的角色。这种安排下，汇率的波动不受中央银行直接控制，而是由外汇市场的供需关系决定。尽管如此，在必要时刻，中央银行仍然会进行适度干预，以降低汇率的剧烈波动，其主要目的在于维护市场的稳定，而不是制定具体的汇率水平。全球范围内，众多国家和地区采用了自由浮动汇率制度，其中包括一些主要的发达国家如美国、日本、英国，以及欧元区整体。此外，东亚地区的泰国、韩国和菲律宾也属于这种制度。事实上，全球有超过五十个国家或地区实行自由浮动汇率制度，这在各类汇率制度中占比最高。在自由浮动汇率制度下，货币政策和汇率政策是相对独立的，这为政策制定者提供了更大的灵活性。在该制度中，政府不是通过严格的干预来控制汇率，而是让汇率在一定范围内自由波动，以反映市场真实需求和供给情况。这种做法可以促进国际贸易和投资的自然调节，有利于经济的健康发展。

与此相对的是其他类型的汇率制度，如货币联盟、货币局制度等。这些制度在全球范围内也有广泛的应用。例如，货币联盟制度下，成员国之间汇率固定，对外则可能浮动；而货币局制度则是汇率完全固定的模式。这些不同的制度在国际金融体系中共同发挥作用，形成了复杂多变的全球汇率格局。

第二节 汇率制度的发展脉络

一、浮动汇率与固定汇率之争

在现代经济学史上，浮动汇率与固定汇率之间的辩论一直是一个焦点话题。自从浮动汇率制度的概念诞生之日起，关于它与固定汇率制度的相对优劣，学术界便展开了深入的探讨。

20世纪20年代，经济学家约翰·梅纳德·凯恩斯曾强调，当国内物价稳定与汇率稳定之间难以兼顾时，应优先保证国内物价的稳定，即使这意味着汇率需要自由浮动。到了20世纪30年代，金本位制的解体使得浮动汇率制度成为现实。Ragnar Nurkse是首位深入分析并批评浮动汇率制度的学者。他在研究了这一时期的情况后指出，尽管浮动汇率在理论上颇具吸引力，但实际上却有三大明显的缺陷：一是汇率的波动增加了贸易支付的风险，且难以以合理成本规避；二是短期内的汇率波动可能导致生产要素在不同产业间的频繁转移；三是汇率变动往往呈现出自我强化的特性，这可能加剧经济的不平衡状态。

布雷顿森林体系确立之后，固定汇率制度成为国际金融体系的主流模式。在此背景下，米尔顿·弗里德曼对固定汇率制度提出了挑战。在他1950年提交给美国经济合作局的报告中，他指出浮动汇率制度能使各国在不需要复杂的国际合作和协调的情况下，实行稳定的国内政策。他认为，在浮动汇率制度下，一个国家发生的通货膨胀或通货紧缩只会在该国的收入水平发生变化时对其他国家产生影响，这是因为这一制度消除了固定汇率制度下货币传递效应的可能性。从20世纪中叶开始，全球金融市场和各国经济政策的变化不断给这场辩论注入新的视角。浮动汇率制和固定汇率制在不同的经济环境和政治背景下展示了它们各自的优势和局限性。

在20世纪中叶，经济学家米尔顿·弗里德曼提出的汇率观点最初未能获得广泛的学术界认同。然而，随着20世纪50年代和60年代布雷顿森林体系的实施，固定汇率制度的种种不足开始显现，使得弗里德曼的观点逐步得到肯定。在固定汇率制度下，最显著的问题之一是其对投机性攻击的脆弱性，这种攻击常导致公共资源流向投机者手中。尽管当时对资本流动实施了严格的限制，但资本依然能够通过某些制度漏洞或其他途径流动。如果进一步加强对资本流动的管控，可能会降低支付系统的效率，并激发寻租行为。随后，越来越多的学者开始支持浮动汇率制度。特别是由 Fritz Machlup、William Fellner 和 Robert Triffin 领衔的 Bellagio 集团自 1963 年起组织了一系列的会议，这些会议由学术界和中央银行共同参与，逐步使得各国中央银行认识到浮动汇率制的可行性。到了 1973 年，Harry G.Johnson 系统地总结了支持浮动汇率制的各种理念，并发表了影响深远的论文《实行浮动汇率制的理由》。在这篇论文中，他从多个角度阐述了汇率可以浮动的原因：一是外汇市场的规模相对较小，其波动对整体经济的影响有限；二是只要经济基本面和政府政策保持稳定，外汇市场本身也将保持稳定，任何偏离均衡的随机波动都将通过投机行为得到纠正，而汇率的变化主要由不同国家间的通货膨胀率差异所引起；三是在浮动汇率制下，市场将迅速发展出各种避险工具来分散汇率风险；四是浮动汇率制允许各国根据自身偏好来选择适合的价格水平和失业率组合。然而，浮动汇率制度在实际应用中并未完全达到 Johnson 预期的效果。特别是他关于外汇市场稳定性及投机行为对市场稳定有益的看法，似乎与实际情况有所出入。历史经验显示，主要货币的汇率在短期内往往会经历剧烈波动。例如，在某个较短时间段内，某主要货币相对于其他货币的价值可能会出现显著上升或下降，但在这样的时间跨度内，经济基础条件不太可能发生同等程度的变化。这种现象表明，汇率波动并非总是直接反映经济基本面的实际变动。此外，把汇率波动仅仅归咎于不同国家间通货膨胀率的差异同样存在偏颇。事实上，即便是通货膨胀率相近的国家，它们的汇率也可能出现大幅波动。这表明，除了通货膨胀率差异外，还有其他因素影响着汇率的波动，例如国际政治经济情况、市场情绪、投资者预期等。因此，汇率波动的原因是多元和复杂的，不能仅仅从单一经济指标来解读。

代表性的固定汇率拥护者如蒙代尔和金德尔伯格等人，主张从国际合作的角度来看待汇率制度问题。他们认为，固定汇率制度将各国的经济活动结合为一个稳定的经济体系，有助于世界经济的协调和发展；而浮动汇率制则可能由于汇率波动，引发国际贸易的不稳定性。关于固定汇率和浮动汇率这一理论争议，对于深入理解二者的优缺点、分析汇率制度的演变趋势以及寻求宏观经济政策的国际协调等多个方面都具有重大意义。然而，这种理论辩论在一定程度上仍然存在着历史局限性。辩论双方通常过于关注汇率制度本身的特征，而忽略了国家之间存在巨大差异的事实，这些差异在选择汇率制度时具有极其重要的影响。后续的汇率制度发展为此问题提供了填补。

在当代的经济学理论中，专家们并未再坚固持守浮动汇率和固定汇率的单一立场，而是将选择浮动汇率或固定汇率看作是在应变决策和规则之间寻求平衡。固定汇率制的一大优势在于为货币政策提供了一个标的，从而增强了货币政策的规则性和纪律性，有效防止了货币膨胀。而浮动汇率制的优势如其早期的倡导者所发现的那样，在于它为各国提供了实行独立货币政策的可能性，提供了应变决策的空间，并能隔离货币膨胀或货币紧缩的国际传递。

二、最优货币区理论

最优货币区理论的提出，是与20世纪中叶围绕固定汇率制和浮动汇率制的激烈讨论紧密相关的。在当时，布雷顿森林体系下的固定汇率制度受到了一些经济学家的质疑。他们认为，浮动汇率制可能是一个更为理想的选择，主张通过汇率的调整来代替价格和就业的波动，以此达到经济均衡。但是，对于固定汇率制持积极看法的经济学家蒙代尔，在1961年提出了一个引人深思的假设案例。他设想一个国家分为东西两个经济差异较大的地区。当这两个地区遭遇不对称冲击时，比如东部地区的外需下降而西部地区的外需上升，东部就会面临失业问题，而西部则会面临通货膨胀问题。在这种情况下，单纯通过汇率的变动是无法同时解决两个地区面临的问题的。这一案例揭示了浮动汇率制调整机制的局限性，尤其是在货币区内部存在明显差异的情况下。蒙代尔进一步提出，在这种情况下，较为有效的调整方式应是生产要素在区域之间的流动。以他的案例为例，生产要素在东西部之间的转移，能够有效解决东部的失业问题和西部的通货膨胀问题。基于这一分析，蒙代尔提出了最优货币区理论的核心观点：那些生产要素流动性高的地区可以组成一个最优货币区。在这样的区域内，可以采用统一货币或固定汇率，而货币区作为一个整体对外则实行浮动汇率制。这一理论的创新之处在于，当货币区内的不同地区面临不对称冲击时，可以通过区内要素的流动来进行调整；而当面临对称冲击时，则可以通过货币区内外的汇率变化来进行调整。如果能够通过合理的方法将全球划分为若干个最优货币区，那么各国就可以在固定汇率制和浮动汇率制之间取得平衡，从而既提高微观经济效率（如降低交易成本），又不增加宏观经济稳定的压力。这一理论为全球经济提供了一种新的视角，旨在寻找一种既能充分发挥固定和浮动汇率制度各自优势，又能克服它们各自弱点的经济调节机制。

蒙代尔的研究在经济学界具有里程碑意义，它不仅开创了最优货币区理论的新篇章，而且为后续的研究提供了坚实的基础。继蒙代尔之后，众多学者陆续加入这一领域的探索中，进一步丰富和完善了最优货币区的构建标准。在这些标准中，有几个特别重要的，例如经济开放度、生产多样性、通货膨胀率的相似性和政策的一体化程度，以及工资与价格的弹性。

经济学家麦金农提出了开放度标准。他认为，一国的经济开放度越高，越适宜实行固定汇率制。经济开放度可通过可贸易商品与不可贸易商品比例来衡量。麦金农指出，开放度较高的国家，其价格水平更易受汇率变动影响，因此，浮动汇率制将不利于其价格稳定。此外，浮动汇率制稳定作用的前提是货币幻觉的存在，但在开放度较高的国家中，货币幻觉往往不显著。

凯南则提出生产多样性标准。他认为，一个国家的生产结构越多样化，其出口产品和出口地区就越多元，从而较少受外部需求变动的影响。在这种情况下，无需过度依赖汇率调节来吸收外部冲击，故固定汇率制更为合适。相反，如果一个国家的生产多样性较低，易受外部冲击影响，那么浮动汇率制更能有效隔离这些外部冲击。

弗来明则关注通货膨胀率的相似性。他认为，两个通货膨胀率差异较大的国家难以长期维持固定汇率。更重要的是，通货膨胀率的差异可能反映出两个国家在通胀和失业率上的不同偏好，进而导致经济政策的差异，威胁到汇率的稳定性。弗来明还提出，国家间在生产率增长、对失业的容忍程度，甚至工会的普及程度上的差异，都可能影响它们是否能有效组成一个货币区。

在探讨最优货币区理论时，弗来明对工资与价格的弹性标准给予了特别关注。他的理论认为，当一个国家在面对外部经济冲击时，如果其工资和价格能够灵活调整，那么该国家便无须过分依赖汇率调整机制来应对经济波动。相对地，若工资和价格表现出较高的黏性，尤其是在降低成本方面难以做出快速响应，那么该国家便更加需要通过汇率调整来平衡经济。根据这一观点，具有较高工资与价格弹性的国家更适合实行固定汇率制，而弹性较低的国家则更倾向于采用浮动汇率制。

但是，最优货币区的构成并不仅仅局限于经济因素。在现实世界中，政治因素往往扮演着至关重要的角色。经济学者英格拉姆和Machlup强调，各国为了保持货币区的稳定，需要展现出强烈的政治意愿，即使这意味着需要牺牲自身的货币政策，甚至放弃国家货币。欧洲经济一体化的历程提供了一个实例：最优货币区的形成并非始于完全达成所有经济标准，而是先于此，基于政治意愿的共识逐步实现条件的满足。

归纳起来，组成最优货币区的几个最主要标准是：

①要素市场的高度流动性是形成最优货币区的关键条件之一。当劳动力和资本等要素能够在区域内自由流动时，汇率作为宏观经济调节的工具就显得不那么必要。这是因为市场机制能有效地缓和和分摊经济冲击。

②成员国之间经济的高度开放和市场一体化程度是另一重要标准。在这样的环境下，共同货币的实行不仅能减少交易成本，还能有效地降低贸易波动的风险，从而为成员国带来显著的共同经济利益。

③成员国之间经济发展水平和经济结构的相似性。当外部经济冲击出现时，具有相似经济结构的国家往往会受到类似的影响，这使得采用共同的货币政策来应对冲击成为可能。冲击的对称性在很大程度上取决于成员国之间经济发展水平的接近性和经济结构的相似性。

④成员国的通胀率一致性和政策偏好的相似性也是形成最优货币区的重要因素。当成员国在通货膨胀率、利率、经济周期等主要经济指标上具有高度一致性时，货币政策的协调和固定汇率水平的确定就更加容易实现。这种指标的相似性有助于保证最优货币区的长期稳定和有效运行。

20世纪80年代，随着欧洲货币联盟的崛起，最优货币区理论得到了新的发展，尤其是在评估加入货币区的成本与收益方面。学者如Grauwe、Masson和Taylor等，对此领域做出了深入研究。一般而言，货币一体化带来的主要收益可以概括为以下几点：一是货币一体化能够有效消除区内汇率波动的风险，从而刺激贸易和投资的增长，促进资源的有效配置。当区域内不再存在汇率变动，企业和投资者可以更有信心地进行跨境交易和投资；二是货币一体化常常意味着区域内采用一种稳定且信誉高的货币。通过采用统一的货币，成员国可以享受到更加稳定的经济环境；三是使用统一货币能显著降低货币兑换成本。当所有成员国都使用同一种货币时，跨境交易变得更加便捷，兑换成本大幅降低，经济活动更加活跃。

与此同时，随着宏观经济学的深入发展，特别是理性预期理论的兴起、通货膨胀与失业率的替代关系消失，以及货币政策信誉和动态不一致性理论的提出，最优货币区理论得到了显著的丰富和完善。众多学者运用新兴的宏观经济模型，深入探讨了该理论的多种方面。例如，Bayoumi的研究指出，单一货币的好处主要由货币区内成员共享，而成本则由所有贸易伙伴共同承担。这表明，单一货币可能提高区内成员的福利，但同时可能降低区外成员的福利。他还提出，非货币区国家加入货币区的动力通常比货币区内吸纳新成员的动力更强，因为这样做能显著降低与特定国家的交易成本。这也解释了为什么某些地区即便适合采用浮动汇率制，仍有强烈动机加入现有的货币区。Ricci的分析则聚焦于货币区的成本与收益问题。他认为，货币区的收益会随着国外实际冲击或货币冲击的变化程度，以及货币冲击的相关性增强而增大。而Neumeyer在考虑金融市场不完全性的模型中指出，加入货币区的主要收益是降低汇率波动，而主要成本则是减少了资产种类，限制了市场参与者规避风险的手段选择。Bofinger在研究中提出，传统的货币区理论主要关注实际的不对称冲击问题，却忽视了资本自由流动条件下的货币不对称问题。他强调，货币区或固定汇率制的一个重要优势是消除这种货币的不对称性冲击。最优货币区理论为选择汇率制度提供了众多可操作的标准，并在实践中，例如欧洲经济货币联盟和欧元建设中，发挥了重要作用。但是，该理论自提出之初就伴随着许多争议。关于多种汇率制度选择标准的有效性，学术界至今未形成统一意见。Bofinger甚至发现，欧洲经济货币联盟本身并不完全符合蒙代尔理论的前提条件，例如欧盟各国所受的外部冲击并不对称。Corden对欧共体内部劳动力流动的自由程度也持有质疑态度。Frankel则提出，某些国家最初可能并不符合最优货币区的条件，但在与邻国组成货币联盟后，可能会努力使这些条件得以满足。这表明，国家间的收入相关性和开放度等因素，随着时间的推移可能发生变化。因此，最优货币区的标准实际上是内生的，即它们是可以随着经济环境和政策调整而变化的。

三、经济结构论与发展中国家的汇率制度选择

自20世纪70年代以来，关于固定汇率制与浮动汇率制的讨论持续不断，但争论的核心已经从单纯的制度选择转向了汇率制度与国内经济结构及特征之间的深层联系。在这个转变中，发展中国家的汇率制度选择特别受到关注，因为这些国家在相关问题上表现更为明显。在此背景

下,麦金农和肖提出的"金融抑制论"和"金融深化论"等理论,为理解发展中国家经济结构提供了新的视角。这些理论的提出,进一步推动了对经济结构论的关注和研究。其中,海勒的经济结构论是此时期的一个重要成果。该论点深入探讨了汇率制度选择与国家经济结构之间的复杂关联,强调在决定适宜的汇率制度时,必须考虑国内经济的具体特点和结构状况。

麦金农指出,对于一个经济高度开放的小型国家来说,采用浮动汇率制可能并不是最佳选择。这是因为在浮动汇率体系下,汇率的波动可能会导致进口商品价格上涨,从而引发国内物价的剧烈波动。此外,如果为了抑制物价上涨而实施价格限制,这可能又会引起需求的萎缩和失业率的上升。更为重要的是,麦金农强调,在一个经济高度开放的环境中,商品需求的弹性较大,汇率波动会显著影响居民的实际收入,从而削弱货币余额的效果,进而降低汇率在调节国际收支平衡中的效率。基于这些观察,麦金农提倡建立"共同货币区",尤其是对于那些贸易关系密切的国家,采取具有"固定"性质的汇率安排将更为适宜。与麦金农的观点相呼应,另一位发展经济学家肖也提出了类似的结论。他认为,对于那些经济开放度较低的小型经济体来说,为了更好地应对通货膨胀,固定汇率制是更合适的选择。接着,凯南、英格拉姆、哈伯勒等经济学家也分别从产品多样性、国际金融一体化程度、通货膨胀率的相似性等多个角度详细阐述了汇率制度的最优选择。这些理论从不同的角度对经济结构论进行了丰富和发展。

经济学家赫勒在综合这些前人研究的基础上,系统地将影响汇率制度选择的经济结构因素归纳为五个主要方面:经济规模、经济开放度、进出口贸易的商品结构与地域分布、相对通货膨胀率和国际一体化程度。他提出,一国如果具有小型经济规模、高度经济开放、进出口集中度较高等特征,更倾向于选择固定汇率制或钉住汇率制,甚至可能加入货币联盟。相反,如果一国的经济开放度较低、进出口商品多样化或地域分布分散、国际资本流动频繁、国内通胀与其他主要国家差异明显,则更倾向于选择具有弹性的浮动汇率制。普艾尔逊,在国际货币基金组织的一份报告中,深入探讨了汇率制度选择的多元因素。除了赫勒所提到的五个关键经济结构因素之外,他还强调了其他几个重要的指标,如一个国家的外汇储备和外币定值债务,对于汇率制度选择的影响不容忽视。普艾尔逊指出,国家的外汇储备水平和对外汇市场的干预能力成正比,这样的国家更倾向于采用固定汇率制。同样,一个国家的外币定值负债越多,汇率变动带来的风险就越大,因此固定汇率制也显得更加合适。

经济结构论在分析和指导汇率制度选择方面的重要性不言而喻。这一理论不仅在理论上成熟,而且在实践中也得到了验证,例如欧盟货币一体化进程中的统一市场建设、标准的趋同等都与"最优货币区"所要求的经济结构特征相吻合。经济结构论明确指出,不同国家由于其经济结构的差异,选择的汇率制度也各不相同,这为世界上多种汇率制度并存的现状提供了理论支持。但是,经济结构论在实际应用中也存在一定的局限性。例如,它并没有为影响因素在选择不同汇率制度时的"临界值"提供清晰的指导,这使得国家在选择适合自己的汇率制度时,往往依赖于经验判断。此外,在解释某些国家的汇率制度选择时,经济结构论可能会出现一些"悖论"。例如,日本尽管外汇储备量高,但选择了较为自由的浮动汇率制度;而新加坡虽然是世界上最开放的国家之一,但其选择了更具弹性的管理浮动汇率制。这些例子表明,经济结构论在解释和指导汇率制度选择时,仍然需要结合具体国家的实际情况来综合考虑。

四、高通胀问题与汇率制度——名义锚理论和公信力假说

在20世纪80年代,高通胀在众多国家泛滥成灾时,学界开始更加重视固定汇率制度。当时盛行的理论,如合理预期和动态一致性理论,主张如果政府能够对某一名义锚做出坚定承诺,并保证这种承诺具备足够的公信力,那么该国的通货膨胀率就有可能降低,而不会引起生产和就业方面的负面影响。基于这一思路,名义锚理论在理论界大放异彩,倡导设定汇率目标，以此强化中央银行的货币稳定策略。

名义锚理论强调，为了实现一种"稳定锚定"效果，一国的汇率应当具备一定的刚性，甚至是完全固定不变。这种做法使得政府能够获得公众的信任和维护财政纪律，进而有效降低通货膨胀。在名义锚理论的进一步研究中，学者们常常依据博弈理论中的时间一致性分析，重点探讨"公信力效应"。这种效应指出，在弹性汇率体系下，经济行为者了解到，一旦定价完成，政府就可能有动机通过贬值来增加出口和改善国际收支状况。因此，在定价时，他们往往会提前考虑这一政策，将价格设定得较高，从而形成一种较高的价格水平。相对地，在政府公开承诺实行固定汇率制后，其必须顾及自身的"声誉"，不会轻易实施意外的贬值，这使得经济主体在定价时无须过度提高价格以抵御可能的贬值影响，即"公信力效应"。这种效应能使政府发出强有力的反通胀信号，公众因而降低通胀预期，最终导致通胀率下降。在名义锚理论中，"公信力效应"的作用至关重要。而"公信力假说"则认为，汇率制度的选择对政府信誉有显著影响。基于合理预期，该假说认为，若政府对固定汇率的承诺得到公众信任，能够被商品、劳动力和外汇市场接受，那么失业和产出的代价将会降低。在公信力强的情况下，将汇率作为名义锚不仅对决策者，而且对经济行为主体形成纪律约束。因为经济行为者会主动降低其通货膨胀预期，使得该国实现低通胀均衡的成本较低。一个典型的例子是，通过锚定一个低通胀国家的货币，借助外部的公信力来减少本国的通胀，同时确保就业和产出的损失最小化。

在经济学界，如何为那些面临严重通胀问题的国家选择恰当的汇率制度，一直是一个受到广泛关注的议题。名义锚理论及其衍生的汇率锚策略，在这一过程中扮演了举足轻重的角色，成为众多经济转型国家决策汇率制度时的重要参考。同时，对于那些深受高通胀困扰的发展中国家而言，这一理论同样具有较强的吸引力。然而，在实际应用中，该理论遭遇了诸多挑战。在国际资本流动频繁的环境下，将汇率固定作为名义锚，容易受到投机性攻击，进而引发崩溃。由此，人们开始对固定汇率制度表现出一定的质疑。

五、货币危机与汇率制度

自20世纪90年代起，全球多次爆发货币危机，其中包括1992年的欧洲货币危机、1994至1995年的墨西哥货币危机、1997年的东南亚货币危机、1998年的俄罗斯货币危机、1999年的巴西货币危机，以及2000年的阿根廷货币危机。这些频繁发生的新兴市场国家货币危机，引起了国际金融学界对危机产生原因及其预防方法的深入研究。普遍达成的看法是，国际货币危机与汇率制度的选择密切相关，合理选择汇率制度是防止货币危机的关键。在资本流动性高的新兴市场国家，汇率制度的选择和战略安排呈现出新的解释和设计。就新兴经济体金融危机的根源而言，国际学术界进行了广泛的讨论。尽管不同观点对危机原因的解释不尽相同，但普遍认同的是，在国际资本高度流动的背景下，这些国家采用的固定汇率制度存在明显的问题。在这种情况下，国际学术界开始重新审视发展中国家在资本高度流动条件下的汇率安排，特别关注新兴经济体的汇率制度，从可持续性和危机预防的角度出发进行研究。这推动了近期对汇率制度问题研究的快速发展。

理论研究在本阶段主要集中在几个方面：一是货币危机发生与汇率制度关系的研究，比如三代货币危机模型；二是探讨哪种汇率制度能够避免或减缓危机，其中重要的观点包括两极制或角点解、中间制度消失论、BBC规则等；三是针对发展中国家不能实现"两极制"的原因进行的深入研究，如害怕浮动论、原罪论等。本节的重点是对货币危机理论的介绍。

（一）货币危机理论

由于货币危机的接连爆发，人们对如何通过汇率制度安排来防范和隔绝货币危机产生了浓厚的兴趣。早期重要的理论贡献包括克鲁格曼、弗拉德和柳伯等人提出的第一代货币危机模型。该模型着重分析了财政需求与维持固定汇率制度之间的冲突。其核心结论在于：采用固定汇率制度的国家必须严格遵守财政与货币纪律，以防宏观经济失衡。一旦失衡，货币危机便可能触发固定汇率制度的崩溃。进入20世纪90年代，基于蒙代尔-弗莱明模型的理论，克鲁格曼提出了著名的"不可能三角"理论。1992年欧洲货币危机之后，奥布斯菲尔德提出了第二代货币危机模型。该模型强调货币危机的自我实现特性，指出政府不会一味坚持汇率水平，而是会在减少失业、增加政府债务和维持固定汇率之间进行权衡。一旦国家面临的失业或政府债务压力超过某一限度，固定汇率制度便可能处于随时崩溃的不稳定状态。1997年东南亚金融危机后，麦金农和皮尔、Chang和Velasco、克鲁格曼、米什金等学者共同发展了第三代货币危机模型。其中，麦金农和皮尔认为新兴市场货币危机和汇率制度崩溃的主要原因是银行道德风险引发的过度借贷；Chang和Velasco则看重投资者恐慌导致的金融部门流动性不足；克鲁格曼则从资本流动、汇率、经常账户、企业净值和融资能力以及投资者预期的相互作用出发，提出了理性预期多重均衡模型来解释东南亚货币危机与汇率制度的崩溃；而米什金则通过信息不对称分析来解释这些危机与货币制度的崩溃。

（二）货币危机理论对汇率制度选择的影响

货币危机理论对汇率制度的选择产生了很大的影响。其实，三代货币危机理论都在阐述一个主题，即固定汇率制度或是更广一些的中间汇率是不能持久的，极易引发货币危机，这在全球资本流动加快的条件下更是如此。第一代理论揭示了固定汇率与蒙代尔不可能三角的紧密联系。该理论指出，在固定汇率体系下，若政府试图执行独立的货币政策，就可能导致货币危机。第二代理论进一步阐述，在固定汇率体制下，即便经济基础面良好，也可能由于多重均衡的存在，仅凭危机预期即可能引发实际的危机。而更先进的模型表明，即使在没有基本面或政策问题的情况下，只要资本流动量足够大，货币危机也可能爆发。第三代理论则强调，在资本自由流动的背景下，发展中国家与固定汇率制的不兼容性。综上所述，三代理论一致指出，特别是对于发展中国家而言，在资本自由流动的环境下，采用固定汇率制度将面临巨大的货币危机风险。事实上，20世纪90年代以来，在新兴市场国家发生的金融危机中，大多数国家采用的是固定汇率制度，这似乎验证了这些理论的准确性。

第三节　各国汇率制度的选择与研究

一、当今世界各国汇率制度选择的趋势

（一）汇率安排的灵活性正逐渐加强

自从布雷顿森林体系结束后，全球范围内的汇率安排逐渐向更加灵活的方向发展。实行固定汇率制度的国家数量持续减少，而采用浮动汇率制度的国家数量则呈上升趋势。同时，那些实施中间汇率制度的国家，比如限制性浮动制度或是管理性浮动制，也逐渐向更加灵活的汇率制度转型，这体现了一种全球性的汇率制度多样化和灵活化的趋势。

在发达国家群体中，这种趋势尤为明显。过去，很多发达国家，尤其是欧洲货币体系中的成员国，普遍采用固定汇率制度。但在经历了欧洲汇率机制的危机之后，一些国家的汇率制度开始变得更为灵活。例如，意大利和英国在退出欧洲货币体系后采取了独立浮动汇率制度，而芬兰、挪威和瑞典则放弃了与欧洲货币单位的挂钩。对于发展中国家和新兴市场经济国家来说，这种趋势同样明显。这些国家过去大都采用固定汇率制度，但现在这一比例正在不断下降，越来越多的国家转向更加灵活的汇率安排。此外，对于那些经济体系正在转型的国家来说，汇率制度的变化也颇为显著。许多国家从固定汇率制度转变为更具弹性的汇率安排，这一现象反映了在全球化背景下，不同类型的经济体都在努力调整自己的汇率制度，以更好地适应国际市场的变动。

（二）汇率制度选择的不均衡性

在当今世界，国家选择的汇率制度展现出显著的不均衡性。国际货币基金组织成员国普遍采用的汇率制度包括自由浮动、管理浮动、固定汇率，以及无本国法定货币等形式。这些制度在全球范围内的广泛应用，突显了它们在现代全球经济中的核心地位。经济体量是影响汇率制

度选择的一个关键因素。一般来说，采用自由浮动汇率制度的国家，多为世界主要的经济强国，包括许多发达国家。而那些选择无本国法定货币的固定汇率制的国家，如欧元区成员国，也在全球经济中占据重要位置。相较之下，其他汇率制度的实施者，主要是经济规模较小的发展中国家，它们在全球经济体系中所占比重相对较低。

从全球前20大经济体的汇率制度选择来看，多数国家偏好自由浮动汇率制。部分欧洲国家则采纳欧元区的统一货币制度。其他如印度、俄罗斯等国，选择了管理浮动汇率制。中国的汇率制度建立了由传统固定汇率制向参考一篮子货币的管理浮动汇率制度的转变。同时，在人均国内生产总值方面，人均国内生产总值较高的国家倾向选择自由浮动汇率制，而部分欧洲国家则属于欧元区。如新加坡、科威特等，则根据自身情况选择了不同类型的管理浮动或固定汇率制。以上观察表明，汇率制度的选择与一个国家的经济规模存在密切联系，经济体量较大的国家倾向于选择浮动汇率制，而经济体量较小的国家更多倾向于固定汇率制。这种现象在一定程度上印证了汇率制度选择与经济结构之间的相关性理论。

在全球经济背景下，国家对汇率制度的选择不仅与经济规模紧密相关，还深受其经济开放程度的影响。通过贸易依存度这一重要指标，我们可以明显看出，采用不同汇率制度的国家在经济开放度上存在显著差异。具体来说，实行自由浮动汇率制度的国家，其经济开放度通常较低。相反，那些采用传统固定汇率制的国家，往往展现出更高的经济开放度。此外，对于那些采用管理浮动汇率制的国家而言，由于它们经济规模较小，它们的经济开放度普遍较高。特别是在欧元区国家，由于共同市场的构建和对经济金融一体化的长期追求，也体现出较高的经济开放度。当从经济开放度的视角审视汇率制度选择时，我们发现，在经济开放度较高的国家中，选择货币板块或传统固定汇率制的国家占据了显著的比例。同时，也有部分国家选择了管理浮动汇率制。相比之下，实行自由浮动汇率制的国家数量较为有限。这一现象表明，汇率制度的选择与经济开放度之间的联系并不紧密。对于经济开放度较高的国家来说，为了减少汇率波动对国内经济的影响，它们更可能倾向于固定汇率制。反之，经济开放度较低的国家可能更倾向于采用灵活的浮动汇率制。但是，也存在例外情况，如新加坡，虽然其经济开放度高，但仍选择了管理浮动汇率制，以提高汇率的灵活性。这种现实情况在一定程度上验证了蒙代尔、赫勒、普艾尔逊等经济学家提出的汇率制度选择理论。这些理论认为，一个国家的汇率安排取决于多种因素，包括其经济开放度、经济结构和国际贸易的性质。因此，各国会根据自己的特定经济情况和目标，选择最适合自己的汇率制度。

二、发达国家的汇率制度选择

（一）浮动汇率是发达国家的主要选择

在全球经济的大背景下，浮动汇率制度成为许多发达国家的首选。美国、日本、英国、挪威、瑞士、瑞典、加拿大、澳大利亚等国家采用了独立浮动汇率制。而丹麦和冰岛则分别采用了与欧洲汇率机制和货币篮子挂钩的汇率制度。在国际货币体系中，美元、欧元和日元这三种主导货币的汇率关系构成了体系的核心，它们之间的汇率波动也非常剧烈。这些主要的发达经济体通常将国内目标置于经济决策的首位。世界其他发达国家大多也采用浮动汇率制来应对汇率风险。

在美国，联邦储备系统对汇率采取了一种较为被动的态度，不太考虑汇率在调整联邦基金利率时的作用。相比之下，在采用浮动汇率制的中等工业化国家，汇率通常不会被忽视，而是被视为一个关键的经济变量，在执行货币政策时发挥重要作用。例如，加拿大的货币政策决策长期受到"货币条件指数"的指引，其中包括了汇率变动和短期市场利率的变化。当加拿大汇率发生剧烈波动时，加拿大银行可能会通过调整官方利率来对抗市场震荡。瑞典则通常会通过放松货币政策来应对汇率上升的压力。值得注意的是，尽管浮动汇率制被发达国家作为主流选择广泛采用，但实际上，没有一个国家能够完全实现无干预的纯粹浮动汇率。各国的货币当局在不同程度上都会对汇率变动进行干预。近年来，为了缓解本币汇率波动，发达国家往往通过官方外汇交易或互惠信贷安排与其他国家进行联合干预外汇市场。发达国家倾向于采用浮动汇率制的原因在于其金融体系发展成熟，金融机构和制度完善，资本管制相对较少，需要汇率的灵活性来维护国内货币政策的独立性。从理论和实践的角度来看，发达国家具备更高的自由度，从而拥有选择更具自由度的浮动汇率制度的能力。

（二）发达国家实施浮动汇率制的效果

在探讨发达国家实施浮动汇率制度的成效时，我们可以从四个方面总结其优势。一是浮动汇率制度使得均衡汇率完全受市场供求关系的影响，这提高了市场的效率。同时，汇率的自动调节机制消除了因供需不平衡而产生的寻租行为，从而降低了社会交易的成本，并促进了社会资源的有效分配。二是汇率的灵活性使得资本流动引起的汇率波动不会影响货币的供给量，赋予了各国政府在货币政策上的更大自主性。同时，汇率的波动有助于自动平衡国际收支，减少了央行为维持国际储备所承担的机会成本。三是浮动汇率制度下，名义汇率的自由波动有助于隔绝通货膨胀在国际的传导。四是由于浮动汇率制度下汇率的变动较为平稳和细微，这减少了形成统一预期的投机行为的可能性。

尽管浮动汇率制有诸多积极效果，但在的实际运作中，也暴露出一些问题，尤其是汇率的过度波动问题。自实施浮动汇率制以来，发达国家的汇率波动幅度超出了经济学家的预期，这种易变性成为浮动汇率制的一个显著特点。具体来说，浮动汇率制下的汇率波动幅度明显大于固定汇率制度，并且呈现不断扩大的趋势。汇率的变动往往比基本经济因素（如价格、货币总量、经济增长率、经常账户余额等）更为剧烈。此外，汇率变动可以表现为短期波动、中期振荡和长期趋势的剧烈波动。尽管理论上名义汇率的变动可以抵消相对价格的变动，从而稳定实际汇率，但实践中实际汇率在中长期内的波动也相当明显。

尽管浮动汇率制有明确的积极效果，但从30年来的实践看，其问题也非常突出：

1.浮动汇率制下汇率的过度波动

在浮动汇率制度下,我们观察到了汇率的过度波动现象,尤其是在发达国家中。这种波动的程度甚至超出了经济学家最初的预期,成为浮动汇率制的一个核心特征。具体来看,这种波动性主要体现在以下几个方面:

①相比于固定汇率制度,浮动汇率制度下的汇率波动幅度更大,且呈现出逐渐扩大的趋势。这意味着在浮动汇率制度下,汇率的不稳定性更为显著。

②汇率的波动程度似乎超越了那些影响汇率的基本经济因素,如价格、货币总量、经济增长率、经常账户余额等。尽管这些因素对汇率有着直接的影响,但在浮动汇率制度下,汇率的波动幅度却常常比这些经济因素产生的影响更为强烈。

③汇率的变动不仅在短期内显著,中长期内的剧烈波动和趋势变化也经常发生。这种长期和中期的波动,加剧了市场的不确定性。

④尽管理论上认为名义汇率的变动可以抵消相对价格的变动,从而维持实际汇率的稳定,但实际操作中,我们发现实际汇率水平在中长期内也会出现显著的波动。这一现象与理论预期存在一定的偏差。

2.在浮动汇率制下主要货币汇率失调现象严重

在浮动汇率制度下,主要货币汇率的失衡现象显得尤为突出。例如,20世纪80年代初期,美元的大幅波动,以及20世纪90年代初期某主要货币的显著升值,均是汇率失衡的典型例证。这些现象发生的原因在于,短时间内一个国家的经济基础因素不可能发生如此巨大的变化。

汇率的不稳定给经济带来了显著的负面影响。比如,汇率的波动可能会释放出错误的市场信号,这不利于国内资源的高效配置,也对宏观经济稳定造成威胁。当一个国家的货币大幅贬值时,资源就会流向那些因为货币贬值而变得更具竞争力的出口和进口替代部门。相反,一旦本国货币升值,这些资源在贸易部门就会出现相对过剩,导致重新调整。如果汇率的变动与基本的经济因素脱节,那么这种资源的调整就变得毫无意义且效率低下。此外，主要货币之间的汇率失衡也会对其他国家产生负面影响。

3.汇率对国际收支的自动调节机制失效

在全球化和金融市场高度融合的当代经济背景下，汇率作为一个关键的经济变量，其在国际收支自动调节机制中的作用似乎正经历着前所未有的挑战。传统的经济理论认为，汇率的变动能够自动调节国际收支，通过对出口和进口价格的影响，实现贸易平衡。然而，这一理论假设在现代化经济体系中正受到严峻的考验。在全球金融市场的复杂相互作用下，汇率的波动往往被超出贸易基础的其他因素所主导，如资本流动、投资者情绪、政策干预及全球经济环境的变化。这些因素的复杂交织使得汇率与国际收支之间的直接联系变得模糊，甚至在某些情况下显得相互矛盾。

具体来说，汇率的波动原本应当通过调节出口和进口的成本来达到国际收支的自动调整。例如，一国货币价值的上升会使其出口产品的价格在国际市场上升，导致出口减少，同时使得进口产品相对便宜，进而增加进口。反之亦然，货币价值的下降应促进出口增加而抑制进口。然而，在实际经济运作中，这一机制的有效性受到了诸多因素的影响和制约。比如，资本流动的自由化使得短期资本流入或流出对汇率产生了巨大影响，而这些短期资本流动往往与国家的基本经济状况关联不大。此外，全球化背景下，跨国公司的生产和供应链布局也在一定程度上削弱了传统汇率调节机制的效力。例如，公司可能通过在不同国家设立生产基地来规避汇率变动的影响，这使得单一国家的汇率政策在全球范围内的影响力受限。因此，汇率对国际收支的自动调节作用在现代经济体系中的有效性正面临着严峻的挑战。

三、新兴市场国家和地区的汇率制度选择

（一）新兴市场国家和地区的汇率制度调整频繁，表现出明显的不稳定性

在金融全球化的背景下，新兴市场国家和地区面临着关于汇率制度

选择的重大挑战。特别是在20世纪90年代，这些国家和地区普遍经历了汇率制度的频繁调整，这种调整的频繁程度和不稳定性显而易见。大多数新兴市场国家和地区在此期间至少进行了一次汇率制度的调整，而这些调整中，转向更加固定的汇率制度的案例相对较少，如保加利亚从浮动汇率转向货币局制度，马来西亚则从区间钉住转向可调整钉住模式。与此相反，更多的国家选择了转向更加灵活的汇率制度。根据经济学家 Rupa Duttagupta 和 Inci Otker-Robe 的研究，从1985年到2002年间，很多国家在向更灵活的汇率制度过渡的过程中进行了多次调整，以色列、厄瓜多尔、委内瑞拉、波兰和智利等国家的调整次数超过六次，显示出新兴市场国家和地区在这方面的活跃程度。

汇率制度的调整动因多种多样，有的是由经济危机引发的被动调整，有的则是国家主动选择的策略调整。根据 Rupa Duttagupta 等人的估计，国际货币基金组织成员国中有60%是在危机压力下被迫进行汇率制度的转变。这种被动的"退出"通常是混乱和无序的。相比之下，主动"退出"的情况中，只有39%能够一步到位，其他大多数国家则是通过分阶段逐步增加汇率制度的灵活性来进行调整。例如，智利在实行浮动汇率制度之前，曾实行了长达14年的爬行区间制度。

在一些转型国家中，汇率制度选择的阶段性和多次性尤为显著，其汇率制度的灵活性通常是逐渐增加的。波兰就是一个典型且成功的例子。在经济转型过程中，波兰采取了激进的"休克疗法"，国有部门几乎在一夜之间转向私有化和市场经济模式。然而，在汇率政策的调整上，波兰并没有一蹴而就，而是采取了渐进式的策略。波兰的汇率制度建立了从单一钉住美元到钉住一篮子货币，再到爬行钉住、爬行区间以及完全浮动等不同阶段。每一次的汇率制度调整都是根据当时的内外环境变化和经济发展的需要来进行的，并且与其他宏观经济改革政策及市场推进战略相协调实施。

(二)"中间制度"仍是新兴国家和地区的汇率制度的主要选择

在全球汇率制度的演变趋势中，新兴国家和地区的选择表现出其特有的特点。发达国家通常呈现出明显的"两极化"选择,例如欧元区采用统一货币,而其他工业化国家则倾向于实行自由浮动汇率制度。对于许多新兴市场国家和地区来说,虽然官方上采取了"单独浮动"制度,但在实际操作中,对汇率的干预程度与之前的"浮动"制度相比并无太大区别,东亚国家在这方面尤为明显。这些国家经历了金融危机后的震荡,最终往往回归到了原有的状态。

一些名义上实行自由浮动的国家,实际上却在很小的范围内将其汇率与某一主要货币(通常是美元)挂钩。与真正实行浮动汇率制度的国家如美国、澳大利亚和日本相比,这些国家的汇率波动幅度相对较小。这并非因为它们没有遭受经济冲击——实际上,相较于美国和日本,这些国家在贸易条件等方面受到的冲击通常更频繁且更剧烈。这种低波动性实际上是政府有意为之的结果。发达国家和一些新兴市场国家的浮动方式存在显著差异。有些国家,如智利、哥伦比亚、捷克、墨西哥、波兰和斯里兰卡,在外汇市场上经常出现异常波动,反映出其汇率制度的不稳定性,未来的持续性还有待观察。而像韩国、菲律宾和泰国等国家则实际上与美元存在一种隐性的挂钩关系。因此,新兴市场国家和地区的汇率制度中的"浮动"实际上是值得深入探究的。即使是所谓的"浮动",实际上往往是在较严格的管理下进行的,这仍属于"中间制度"的范畴。

至于新兴国家和地区未来的汇率制度选择趋势,考虑到极端固定汇率和完全自由浮动汇率制度的成本和问题,新兴国家和地区面临的主要问题将是如何确定汇率弹性的程度以及如何管理这种弹性。中间制度不但不会消失,反而可能成为主流趋势,关键在于各国将如何选择和实施具体的中间制度。

第三章 汇率稳定机制研究

第一节 汇率制度选择的演变和原因

汇率制度的选择和演变,是一个国家经济发展与国际金融环境相互作用的产物。历史上,不同国家根据自身的经济结构、发展阶段以及对外经济关系的紧密程度,采取了不同的汇率制度。这些制度从固定汇率到浮动汇率,再到目前多样化、灵活性更强的混合型汇率制度,其背后反映了国际经济格局的变迁和国际金融市场的发展。例如,布雷顿森林体系下的固定汇率制度,在20世纪70年代初因美元与黄金脱钩而终结,标志着国际货币体系进入以浮动汇率为主的新阶段。随着全球化的加深和跨国资本流动的增加,各国开始更加注重汇率制度的灵活性和适应性,以应对国际市场的波动和不确定性。因此,理解汇率制度的演变不仅是分析一个国家经济政策的关键,也是洞察全球经济动态的重要视角。

一、汇率制度选择演变

汇率制度的选择在过去20世纪中经历了显著的变迁。从1880年起,汇率制度从金本位和法定标准两种形式演变为现代的多种类型。即便如此,选择固定汇率制度和浮动汇率制度仍是核心问题。如果我们追溯历史,可以看到不同时期的汇率制度变化。从1880年到1914年,主要采用的是金本位制度,还有单一货币、货币局以及浮动汇率等形式。1919年至1945年间,转变为金汇兑本位和浮动汇率,同时出现了管理浮动和单一货币的完全自由浮动。1946年到1971年，布雷顿森林体系下的可调整汇率制度和加拿大的浮动汇率制度成为主流。1973年至2000年，自由浮动、管理浮动、可调整盯住汇率等多种形式并存。通过比较不同时期的汇率制度，可以揭示发达国家和新兴国家在选择汇率制度时的差异，同时也能观察到金融全球化对汇率制度的影响，以及汇率职能变化对制度选择的影响。

在1914年以前，主要的国家如英国、法国、德国、荷兰、美国和西欧的其他几个国家普遍采纳了金本位制。这种制度的核心在于保持黄金的兑换承诺，而这种承诺的可信度正是基于这些国家政府以往的行为。实行金本位制意味着，这些国家的货币政策和财政政策将符合汇率制度的要求。当前，除了欧盟国家外，大多数发达国家采用了浮动汇率制。从金本位制到浮动汇率制的转换是一个重大的转变。尽管如此，在这两种截然不同的汇率制度中，发达国家仍然保持了若干共性，例如政府的信誉承诺、中央银行的独立性、金融市场的开放性，以及对资本流动的管控等。汇率制度的一个关键区别在于是否存在以黄金为基准的"名义锚"。在金本位制度下，黄金平价实质上等同于商品平价，这意味着外币被看作是一种与黄金等价的商品。而一旦放弃金本位制，外币的角色不仅仅局限于代表商品，还能代表资产。这种外币功能的变化是汇率制度演变的关键所在，标志着从物质价值到资产价值的转变。

在对比发达与不发达国家的汇率制度演变时，显著的差异成了一个不容忽视的话题。特别是在1914年之前，不发达国家的汇率制度选择与今日发展中国家类似，而这与发达国家的选择形成鲜明对比。在过去，不少不发达国家因缺少健全的财政与货币体系，难以建立起维持金本位制所需的信任基础。这导致它们难以实施与金本位制相一致的货币和财政政策。这种信任的缺失意味着，即便采用金本位制，这些国家也难以抵御外部重大冲击。在发达国家，面对外部不利影响时，货币的暂时性贬值可以通过调整利率来弥补，从而恢复经济产出。然而，当不发达国家遭受类似冲击时，汇率的下跌可能导致资本外流和金融危机。对于那些没有健全的财政和货币机构的国家来说,人们很难相信其能够通过恰当的宏观经济政策来恢复汇率的稳定。

在当今全球化背景下,新兴国家不太可能采用像发达国家那样的完全自由浮动汇率制度。这些国家在发展过程中累积的大量外币债务,在汇率自由浮动的情况下,可能因本币大幅贬值而引发无法偿还外债的货币危机。因此,在选择汇率制度时,新兴国家倾向于选择能提供"名义锚"的制度。但在资本自由流动的背景下,外币资本的增强功能限制了"名义锚"的效果。在金融全球化和外币资本功能增强的趋势中,新兴国家在汇率制度上表现出犹豫不决:固定、放松再固定等多变选择,成为它们在汇率制度选择上的一大特征。

从历史演进的角度看,汇率制度的选择与其两重职能的演变息息相关,并在汇率制度的进化过程中起到了关键作用。

二、汇率制度选择原因

21世纪的来临未给世界经济带来的平静,反而在此时期,一些新兴市场国家如阿根廷(2001—2002年)、土耳其(2000—2001年)、厄瓜多尔(1999年)以及俄罗斯(1998年)等,饱受金融危机与宏观经济动荡的困扰。这些金融风暴以及历史上的货币危机,引发了对"汇率制度"选择的深入讨论:我们能否通过选取相应的汇率制度来保持宏观经济的稳定性?或者说,是不是变革现行的汇率制度就可以优化宏观经济的表现?究竟,一个国家应当挑选完全浮动的汇率制度,还是应当采纳固定的汇率制度,或者是在大多数情况下采用固定的但有时做些微的调整的汇率制度?

当今全球化的经济环境下,汇率的重要性不言而喻,对一个国家的宏观经济和社会福利具有深远影响。汇率的差异会对每个国家的宏观经济带来不同的影响。它决定了国内与国外产品的价格比较,进而影响资源的分配和利用效率,从而直接牵连到实体经济的运作效能。随着金融全球化的加深,汇率作为资产价格的一个重要因素变得愈发显著。不同的汇率水平引导资产的不同配置,从而影响资本的流入和流出,这些变化直接关系到虚拟经济的效能。在不同的汇率体制下,汇率水平的确定也各有差异。因此,自从布雷顿森林体系崩溃以来,关于采用哪种汇率体制的讨论一直是国际金融领域的热点话题。这场持续的讨论不仅反映了汇率政策对经济的深远影响,也映射出各国在应对全球经济一体化过程中的策略和挑战。

每一国的经济生态都会受到所选择的汇率制度的深远影响,会逐步改变货币政策、财政政策和其他宏观经济政策的运行环境,并进一步影响这些政策的实施成效。在决定何种汇率制度更适合时,我们主要要权衡以下的要素:

(一)一国货币政策的自主性

如果一个国家运行在浮动汇率制度之下,那么其货币政策就可以享有高度的独立地位。此时,中央银行不需要承担维护汇率的责任,有自由驱动内部平衡的目标来控制货币。货币控制的手段使得中央银行可以灵活应对如降低失业率、平衡经济过热等问题。但是,在固定汇率制度之下,该国的货币政策则受到较大的约束。因为在这种制度下,中央银行需要通过货币政策来抵消资本流动带来的影响。因此,不同的汇率制度的选择,将在很大程度上影响到一个国家货币政策的自主性。

(二)基于降低通货膨胀的考虑

在浮动汇率制度下,由于货币政策的高度自主性,国家有了规定自身所能接受的长期通货膨胀率的权利,无须被动地接受和应对外国的通胀影响。但这也带来了一种风险:该国的中央银行如果有通货膨胀的倾向,在浮动汇率制度下,这种倾向可能会进一步被放大。然而,在固定汇率制度下,尽管可能需要被动接受外国的通胀影响,但是当国内通胀率超过国外时,固定汇率恰恰可以充当"名义锚"的角色,有力地抑制国内通货膨胀。

(三)汇率水平的合理性

在固定汇率体系中,国家对于特定汇率水平的固定承诺意味着该国必须承担维持这一汇率的责任。但是,当涉及国家的经济状况发生变动时，原先设定的汇率水平可能不再与双方的经济目标相符，导致该国坚持一个不再适合的汇率水平。这样的情况不仅会对该国的宏观经济造成负面影响，也会使得浮动汇率制度显得更具吸引力。

（四）贸易的利得

采用固定汇率政策能够促进经济与贸易一体化的发展，同时也有助于提升国际贸易体系的开放度。在固定汇率体系下，贸易双方能够对价格形成稳定的预期，这有助于生产和销售的顺利进行，同时也能有效降低市场的不确定性。相比之下，浮动汇率可能导致国际相对价格的不稳定，从而对国际贸易和投资产生负面影响。

（五）国内工资和价格调整的难度

当国家经济面临压力，需要进行工资和价格调整。如果该国的工资和价格能够相对灵活地调整，那么就无须通过调整汇率来响应这种压力。

（六）最后贷款人的问题

在汇率制度比较中，相较于浮动汇率制度，绝对固定的汇率制度的一项明显的短板在于其在特定情况下无法担任最后贷款人的角色。当一国受到冲击，银行体系的流动性备受考验时，如果无法为这些遇到流动性困境的银行滥用流动性援助，可能会导致银行系统倒下，引发信用链条断裂，激发银行危机，最终酿成经济大震。因此，在汇率制度的选择过程中，我们必须考虑到中央银行作为最后贷款人的角色。

（七）外国债务与国际储备

许多经济体的外债以外币方式计算。汇率过度波动可能把以外币计算的外债引向大幅度的波动。在外债规模庞大，甚至难以承担的情境下，汇率疯狂贬值可能会引发货币危机。另一方面，固定汇率制度的运行需要庞大的国际储备作保障，这些储备不能被用于有效配置经济资源，亦会产生大量支出。因此，选择汇率制度必须在此方面做出权衡。

在选择汇率制度时，关键在于权衡汇率在实体经济和虚拟经济中的作用，并根据具体情况做出适宜的选择。这一决策反映了多种因素的综合考量，尤其是自1973年布雷顿森林体系解体后，世界各国在汇率制度上所做的不同抉择。虽然部分西方发达国家倾向于采纳自由浮动的汇率制度，但许多发展中国家依然保持与特定货币或一篮子货币挂钩的传统汇率制度，或转向实施有管理的浮动汇率制度。各国在汇率管理的松紧度上存在明显差异，并且这种差异随着时间的推移而变化。从本质上讲，汇率制度的选择体现了各国如何处理汇率的双重职能及其矛盾，并展示了它们在这一进程中的策略和调整。

第二节 汇率制度选择理论

一、汇率制度选择理论简介

自20世纪70年代初起，伴随美元危机和布雷顿森林体系的崩溃，众多工业化大国逐渐从固定汇率制度转向浮动汇率制度。此后，如何选择适宜的汇率制度成为国际经济学领域讨论的焦点之一。

（一）蒙代尔-弗莱明理论下的汇率制度选择研究

在探讨汇率制度的选择时，最初的辩论焦点是在固定汇率和浮动汇率之间的对比。蒙代尔和弗莱明的研究在这方面具有里程碑意义。他们的核心观点是，在价格不易变动的经济体中，若某一汇率制度能更有效地稳定国内产出波动，那么这种制度就是更优的选择。基于这个观点，选择固定还是浮动汇率应当基于经济冲击的源头和资本流动性的程度。在资本流动自由的开放经济体中，如果经济冲击属于名义性，固定汇率制度更适用；若冲击是实质性的，则浮动汇率制度更为合适。

蒙代尔-弗莱明模型的两个重要扩展是不可能三角理论和最优货币区理论。不可能三角理论指出，货币政策的绝对独立、资本的自由流动和固定汇率这三者之间存在不可调和的矛盾。在这个框架下，国家必须在这三个目标中选择两个实施。这一理论解释了为何在1914年之前广泛实行的金本位制最终被放弃：因为货币政策开始转向关注充分就业。布雷顿森林体系的形成，则是在固定汇率和货币政策独立性之间做出选择，同时牺牲了资本流动的自由。随着资本流动控制的日益困难，布雷顿森林体系最终不可避免地解体。

最优货币区是指一块经济领土，其最优状态下需采用统一的货币，实行统一的货币政策。提出最优货币区概念的是蒙代尔、科恩和麦金农，他们提出了评估最优货币区的几个重要标准，这些涉及成员国之间的冲击对称性、开放程度、劳动力和财政转移能力的流动程度等因素。依据最优货币区理论，经济一体化程度越高，对于固定汇率制度的适应度则越大。

（二）可信度和汇率制度的选择

蒙代尔-弗莱明模型提出的货币政策选择标准，主要是在一体化收益与货币政策独立性收益之间进行权衡。而另一种汇率制度选择的标准则基于"名义锚定"理念。在高通胀国家中，若政府决定将本国货币与低通胀国家货币挂钩，实际上就等同于建立了一个抑制通货膨胀的承诺机制。这种做法通过控制可交易商品的价格上限和引导通胀预期，使本国通货膨胀率与锚定货币国的通胀率趋同。此理论是对 Barro 和 Gordon 模型的延伸。

Barro 和 Gordon 研究了中央银行在独立运作时为减少失业而增加货币供应的情况。他们的分析指出，当公众基于理性预期时，结果往往是高通胀而就业水平未得到改善。为了解决这种预期与实际结果之间的不一致性，建立承诺机制或者制定明确的货币政策规则显得尤为重要。这里的"名义锚定"功能类似于一种承诺机制。

信誉和政策的动态一致性对于浮动汇率制度的支持至关重要。保持较低的通货膨胀率及其长期稳定性是浮动汇率制度取得成功的关键。如果浮动汇率下的独立货币政策能够与低通胀的预期保持一致，那么实现低通胀目标的可信度将极大增强。事实上，在许多发达国家中，维持低通胀率已经成为一种明确的承诺策略。

（三）新兴市场国家汇率制度选择理论

在20世纪90年代，数量众多的新兴国家，在开放他们的金融市场后，遭遇了金融危机的肆虐。被频繁冲击的经济体大多实行的是固定汇率制度。不可能三角理论揭示了在资本流动自由、独立货币政策和固定汇率三者之间的困境，这也是导致这些危机爆发的关键因素。为了防止金融危机的复发，部分经济学者为新兴市场国家提出新的建议：实施两极化的汇率制度，换句话说，选择极度固定的汇率制度如货币委员会或美元化，或者选择全面自由波动的汇率制度，这就形成了一种中间汇率制度的消亡观点。Calvo提出，由于资本市场广泛开放，但市场参与者信息不对称，他们可能会对全球市场的动态产生误解，导致新兴市场国家容易被市场的虚假信息和恐慌氛围所影响。他认为，只有采取可信赖的政策方能避免这种状况。根据其主张，只有实行两极汇率制度才能满足此项可信赖性要求，因此新兴市场国家应选择此制度以避免金融市场动荡。这种观点得到了Fischer的支持，他表示未来的独立货币类别将逐渐减少。自历史的角度来考察，倡导两极汇率制度的主要理由在于强调那些经常陷入危机的国家所缺少的可调盯住汇率制度，而非强调两极汇率制度本身所具有的优越性。即便是两极汇率制度的支持者也承认其缺陷，认为这是不得已而为之的选择。Chang和Velasco指出，在完全固定的汇率制度下（如货币局和美元化），尽管可以避免货币危机，但银行危机的风险依旧存在。

"原罪论"在探讨新兴市场的汇率制度选择时，提出了一种独特的观点。许多新兴市场国家的情况面临两大挑战：首先，这些国家通常拥有不成熟的金融市场；其次，他们历史上曾经历过高通胀和财政扩张的问题，这使得其本国货币在国际借款方面难以被接受，甚至在本国内市场上也难以进行长期借贷。这种情况使得这些国家遭遇货币错配的困境，即企业的外债主要以外币计价。当货币危机爆发时，货币价值的下跌往往会激化债务问题，这可能导致公司倒闭和债务违约，进一步引发经济的衰退。对于处于发展阶段的市场国家而言，不管是采取何种极端的汇率政策,"原罪"问题似乎难以避免,这对国家的经济健康总是有害无益。因此,在这些国家,或许最理想的汇率制度是完全没有固定的汇率制度,而是采纳美元化或者类似于欧元区的货币体系。同时,允许国际贷款成为国内银行的最终借贷来源,从而放弃货币政策的独立性。

另一个在研究新兴市场国家汇率制度时常提及的观点是"害怕浮动论"。该理论指出,尽管官方公布汇率制度可能表现为浮动或管理浮动,但在实际操作中,许多国家更倾向于实施固定汇率制度。这种差异反映了官方政策与实际操作之间的存在不一致性。

二、对汇率选择理论的评述——基于汇率双重职能理论

在不同的国家和市场体系中,汇率制度的采用通常是由其所要实现的经济学目标所决定的。这些目标包括要控制的宏观经济失衡水平,这些失衡可能会对经济产生负面影响。随着汇率制度选择理论的发展,经济学决策理论已经逐渐认识到汇率制度对于维护宏观经济稳定所起的重要作用。然而,汇率制度的选择问题常常会出现,这是因为汇率在其经济功能方面扮演着双重角色,即它不仅可以影响商品和服务的价格,也可以影响国际资本流动和金融市场的稳定性。汇率制度选择理论的发展逻辑则反映了货币政策制定者应对汇率在不同经济背景下所产生的变化所采取的不同策略,以保持宏观经济的平衡和稳定。

历史上汇率制度的选择与演变,实则是揭示了汇率双重功能中的矛盾如何起作用的脉络。在金本位制度时代,发达国家普遍将黄金作为基准,这代表了汇率在实体经济中发挥作用的结果。在这个时期,各个国家的货币都与一定量的黄金联系在一起,通过黄金建立了货币间的关联。黄金的自由流动使得汇率的波动并未为货币转换带来利益空间,因此,对于每一个国家来说,外币并非财产,汇率也就没有了资产价格的功能。这时的汇率仅存在于商品交易中,具备实际经济意义。货币政策并未过多关注减少失业率的问题。但是,随着货币政策逐渐转移至支持整体经济目标,货币价值逐渐与黄金脱钩,此时汇率开始承担资本价格的角色。布雷顿森林体系的瓦解即为汇率双职能冲突难以协调的体现。

布雷顿森林体系结束之后，许多国家开启了自由金融市场，实施了灵活的汇率制度。但是，汇率的双职能冲突问题依旧未能得到妥善解决。

在20世纪70至80年代初期，金融市场经历了一场显著的变革，主要表现在金融产品的连续创新上。这一时期见证了权益期货、期权和其他金融工具的诞生。1972年，芝加哥商品交易所旗下的国际货币市场开创了外汇期货的交易；接着在1975年，该交易所又引入了利率期货交易，并逐步扩展至国库券期货和国债期货。到了1981年，欧洲美元利率期货合约也加入了交易行列。这些衍生工具的出现不仅促进了虚拟经济与实体经济的融合，提升了资源配置的效率，还在国际金融市场上的应用中有效降低了国际贸易价格的不确定性。它们通过部分分离浮动汇率下的汇率职能，减轻了汇率波动对国际贸易的影响，并对宏观经济稳定起到了积极作用。在当今日益重要的虚拟经济中，金融衍生工具的存在使得重视虚拟经济效率的发达国家能够在注重实体经济的同时追求虚拟经济的高效运作。然而，对于新兴市场国家，由于金融市场的不成熟，这些工具尚未能有效区分汇率的实体职能和虚拟职能，这限制了这些国家在追求虚拟经济效率时保持实体经济的稳定。因此，一些新兴市场国家选择采用超固定汇率制度，如美元化、货币化等，来解决这一矛盾。

在蒙代尔-弗莱明模型的分析体系中，一个完全对外开放的金融市场允许外币充分发挥其资本功能。设想在一个资本流动自由的经济体内，汇率水平应当服务于实体经济的效率。当产品市场遭遇冲击，实体经济的运作状况随之改变，此前满足实体经济效率的汇率水平不再适用。若以追求实体经济效率为政府目标，则调整汇率为必要举措。而浮动汇率制度因其能够灵活应对这类调整需求，因此更适合这一情况。相比之下，固定汇率制度则受限于调整的自由度，可能引发投机性资本寻找盈利机会，进而引发对货币的攻击。因此，为了实现实体经济的有效率，调整汇率是正确的选择。相对地，当冲击源于货币市场时，实体经济的运作状态并未改变，原有的汇率水平依然适应冲击后的实体经济需求。在这种情况下，如果政府目标依然是保证实体经济效率，汇率无须调整。此时固定汇率制度恰好符合维持汇率稳定的要求，因此选择固定汇率制度更为合适。采用浮动汇率制则可能导致汇率水平偏离合理水准，当投机资本预见到汇率将回归原水平时，便会发动对货币的投机性攻击。因此，蒙代尔-弗莱明模型的这一分析框架旨在解决汇率职能的双重矛盾，体现了一种必然的逻辑结果。

政府信誉的高低，直接影响其处理汇率问题的能力。高信誉意味着政府能够有效地控制本国货币相对于其他国家货币的稳定。这种控制通常是通过市场干预和宏观经济政策实现的。简而言之，政府能够通过这些手段限制汇率在资本市场上的波动，从而解决汇率的双重功能问题。汇率在经济中扮演两种角色：一方面，汇率反映了不同货币之间的兑换价值，这与虚拟经济相关；另一方面，它影响着商品贸易，与实体经济紧密相关。这种双重性质导致了一些矛盾和挑战，尤其是在实现货币政策独立性和资本自由流动的目标时。例如，一个国家可能希望通过调整汇率来控制国内的通货膨胀或者促进出口，但这可能会与资本市场的自由流动相冲突。不可能三角理论就是在这样的背景下提出的。这个理论指出，一个国家不可能同时实现汇率稳定、资本自由流动和独立的货币政策。这是因为这三个目标在某种程度上是相互冲突的。例如，如果一个国家选择固定汇率来促进国际贸易，它可能就无法同时保持货币政策的独立性和资本的自由流动。因此，政府在制定汇率政策时，必须在这些目标之间做出权衡。高政府信誉可以在一定程度上缓解这种冲突，因为信誉高的政府更容易在国际市场上获得信任，从而更有效地实现其经济政策目标。总的来说，汇率制度的设计和执行，是一个复杂的平衡艺术，需要政府在不同经济目标之间巧妙地权衡。

中间汇率制度消亡（两极汇率制度）理论的产生也是汇率双重职能矛盾的结果。在固定汇率制度下，外币的收益率和风险会影响其价格偏离锚定的汇率水平。当汇率偏离水平显著时，汇率将受到资本属性的推动而向更合理的价格区间变动。如果存在有效的调整路径，即使锚定汇率重新设定，汇率制度仍可正常运作。但如果没有这样的路径，货币危机就难以避免。20世纪90年代的货币危机就是由于没有找到这种合适的调整路径，使得外币在资本市场独立行使资本职能的结果。采取两极的汇率制度是解决汇率双重职能矛盾的一种妥协结果。完全固定（美元化、货币局）的实质是放弃了外币的资产功能。美元化意味着外币和本币是相同的，美元行使职能和本国货币职能是一致的，美元不再具有原来意义上的资产功能。货币局意味着本币的波动和美元价值波动完全一致，进行货币转换根本无利可图，这样，作为外币的美元也就失去了资本的功能。完全浮动是解决汇率双重职能的另外一种办法。完全浮动汇率制度意味着汇率水平是由金融市场参与者的行为决定的，汇率水平反映了外币这种资产的价格。如果没有其他兼顾汇率实体经济职能的工具，采用完全浮动汇率制度的国家，就意味着注重虚拟经济的效率，而放弃了汇率的实体经济职能。

"原罪论"产生的问题也和汇率的双重职能矛盾有关。"原罪论"与汇率双重职能之间的矛盾密切相关。这个理论表明，不论是政府机构还是商业企业，都希望汇率保持不变。这种对汇率波动的抗拒，导致其在资本商品价格方面的作用未能得到充分体现。汇率在此方面的不足之处在于，它无法完全展示作为一种资本商品的外币的收益与风险。在资本自由流通的全球环境下，若汇率与其所代表的外币的实际收益和风险之间的差异加大，市场力量便会推动汇率更多地承担其在虚拟经济中的角色。这种情形下，汇率的波动与维持实体经济稳定所需的固定汇率政策便形成了明显的对立。当政府力量不足以解决这种矛盾时，汇率作为资本商品价格的功能将会得到加强，从而可能触发货币危机。"原罪论"的政策意义在于，缺乏合理的汇率制度实际上是通过牺牲汇率在虚拟经济中的作用来解决这一矛盾的。这意味着，没有适当的汇率制度，就很难兼顾汇率在实体和虚拟经济中的双重角色，从而导致更深层次的经济问题。

害怕浮动的根本原因同样在于汇率的双重职能的矛盾。尽管某些国家声称实行弹性汇率制度，实际上它们仍将汇率限制在与特定货币固定比率的窄幅范围内。这种汇率政策为市场参与者提供了利用货币转换获利的机会。但是，一方面，如果汇率波动幅度过大，则可能导致货币转换量迅速增加，引发货币供应大幅波动，从而给实体经济带来显著波动，并引发一系列问题。另一方面，不断变化的汇率会导致国际贸易中商品价格频繁波动。

剧烈的汇率波动，尤其是在短期内，可能会对国际贸易中的商品生产和销售造成不确定性，进而影响资源配置及实体经济的效率。尽管对汇率波动加以限制可能会制约虚拟经济的高效运作，并阻碍外币作为资产的价格正确反映其收益和风险，但为了实现宏观经济的稳定，这种做法仍然是必要的。另一方面，当外币作为资产的价格与其收益风险出现严重脱节时，可能会吸引投机性资本，利用这种价格失衡获取盈利，从而可能触发货币危机。因此，宣布采用灵活的汇率制度，同时又对汇率波动保持警惕，可能是预防货币危机的更加合理的策略。

第三节　汇率双重智能和稳定汇率基础

经历货币危机的国家通常具有类似的特征，即盯住美元的固定汇率制度，和其对接的货币大国相比，这些国家的经济规模较小，同时，中央银行需要保持汇率稳定。对于这些国家来说，像前文所述，可盯住可调整的汇率制度是最优的选择。但是，20世纪90年代的货币危机实际反映了这种汇率制度的不足。汇率制度选择理论为如何在面临投机性资本冲击时防止货币危机提供了建议。尽管选择两极汇率制度能降低货币危机的可能性，但这只是一种规避策略，这意味着若要实施这种制度，国家需要放弃对其更有利的盯住可调整汇率制度。如果找到一种有效的方式来消除投机性资本冲击带来的影响，那么对许多国家而言，盯住可调整汇率制度便能持续有效运用。因此，本节将从理论角度探讨，如何使采用盯住可调整汇率制度的国家有效减少货币危机的可能性。

一、汇率双重职能与稳定汇率思路

在前面的章节中分析了最优的汇率制度应该是盯住可调整的汇率制度。但是，投机性资本的介入频繁导致汇率调整时引发货币危机，这对相关国家造成了极大的困扰。在一个开放的金融市场环境下，汇率同时扮演着两种角色，加剧了找寻有效货币危机预防方法的困难。鉴于此，一些经济学家和专家（包括国际货币基金组织的专家）提出了一些应对策略。他们建议，各国可以选择实施全浮动汇率制度，或者采用与美元挂钩的固定汇率制度，也就是所谓的"美元化"。这些提议实际上是对汇率双重角色冲突的一种妥协处理方式。在全浮动汇率制度下，外币被视为一种资产，这种制度强调了汇率在资产定价中的重要作用。而固定汇率制度则是放弃了汇率作为资产的角色，而是让它更多地服务于实体经济。这种提议反映了一种两极化的制度选择，映射出当前宏观经济管理所面临的困境，即如何解决汇率的双重角色冲突。因此，选择这两种极端的汇率制度，并非因为它们各自的优越性，而是出于对中间制度固有缺陷的一种无奈选择。中间制度的缺陷在于它无法有效地解决汇率稳定与资本自由流动之间的矛盾，而这正是全球金融市场所面临的核心问题。因此，在选择汇率制度时，国家需要根据自身的经济条件和全球市场的动态，进行细致的权衡和选择，以期找到既能促进经济发展，又能维护金融稳定的最佳路径。

实行全浮动汇率制度的国家通常拥有较为成熟的金融体系，他们可以通过金融工具实现汇率在实体经济中的功能，从而在一定程度上解决汇率的双重角色冲突。而选择美元化或货币局制度的国家，则是为了化解汇率的双重角色冲突，但不得不放弃货币政策的自主性，实际上也反映出大国在全球汇率博弈中的主导地位。全球货币体系下，大国通常拥有更强大的经济和金融实力，能在一定程度上影响，甚至主导其他国家的汇率决策。当然，如果国家能够更精确地区分汇率的双重职能，这将可能极大地缓解投机性资本带来的冲击。在厘清汇率本质后，国家在制定其汇率策略时将具有更大的灵活性，从而提高该国在全球货币定价上的议价能力。因此，解决汇率双重职能冲突的问题对于国家的经济运行机制和国际地位至关重要。如果国家能够明晰汇率的双重角色，正确引导资本流动，防止无序的大规模投机性资本流动，实现恰当的汇率调控，那么该国在全球经济舞台上的地位将在一定程度上得到提升。

实际上，两极汇率制度的视角给我们提供了一种策略来应对汇率扮演的双重角色的冲突。尽管这被看作是一种规避问题的消极手段，然而确实是一个具有实效的备选项。既然外币因其同时拥有投资商品和普通商品的双重特性，导致产生了汇率扮演的双重角色冲突，那么我们只需找到一种方式分离或限制这两种特性中的一种，就能解决这一冲突。这将给许多国家在选择汇率制度时带来更多的选择空间，而一种可以调整的汇率制度能更好地服务于国家宏观经济目标的实现，使国家不必担忧货币危机过度。从货币功能的分离这个角度出发，如果我们能够成功分离外币的投资商品属性和一般商品属性，或者至少限制它们之间的影响，那么汇率的双重角色的冲突问题就有可能得以解决。这样的解决方案能够为各国在选择汇率制度上提供更多的自由选择空间，而一个可以微调的汇率制度则能更好地服务于国家的宏观经济目标，不需要过度忧虑货币危机的风险。因此，将货币的双重职能切割并分离的方法，是其对抗汇率冲突的有效方案。适应和调整合适的汇率制度，有可能优化国家的宏观经济目标，且无须担忧货币危机的发生。这是从货币的双重职能分离角度出发，对稳定汇率理论基础的一种考量。

二、汇率稳定理论基础

为了保障汇率稳定，我们可以考虑将汇率的双重角色有效地分开处理。一是可以考虑对汇率作为资产的功能进行一定的限制；二是在确保汇率的资产角色的同时，也要兼顾其在商品交换中的作用。进一步地，考虑到货币危机常由投机性资本流动所引发，若能将此类资本流动与正常资本流动区分开来，这也将有助于维护汇率的稳定性。通过这些方法，我们能更好地应对汇率稳定方面的挑战。

第三章　汇率稳定机制研究

（一）汇率的资产功能与汇率稳定

汇率在行使其作为资产的职能时，外汇被视为一种特定类型的资产，而汇率则成为这一类资产的价值矩阵。就像股票的值反映了买进卖出股票的花费一样，汇率也反映了用一种货币购买另一种货币的成本。

资本市场的快速自我调整特性，构成了汇率不稳定性的固有根源。同时，这一特性也为维持汇率稳定提供了潜在的工具。当实体经济的发展引导汇率的变动，这种时候我们可以巧妙利用外汇作为资产的属性。通过精准地影响那些确定资产价格的关键因素，我们可以实现一种对汇率水平的平稳过渡，减弱投机性资本的潜在冲击。

（二）资本自由流动和外币的资产功能

在金融体系中，资本流动的自由程度决定了本币与外币的相互转换不是季风式的自由切换。一旦我们处在一个严加管控资本流动的环境，金融市场的各个参与者们将会发现，他们无法根据当下汇率状况随意购售外汇。在这种情况下，即便外币的价格出现显著的波动，市场参与者也只能在有限的范围内，从汇率的起伏中获得相应的收益。在此背景下，Iane 与 Milei-Fretit 对外部资产的动态调整进行了深入研究。他们的研究发现，在工业化国家和新兴市场经济国家的例子中，汇率的变化与经常账户余额之间存在着本质的、相互关联的联系。然而，在这个过程中，他们也同时发现了经常账户的余额对汇率变动的影响效果，并不是一成不变的，而是会根据该国的开放程度、经济规模以及发展水平的不同而呈现出差异性。如果一国对资本账户和经常账户的管制较为严格，那么，这种影响效果可能就不那么明显。相较于债务融资，股权融资的形式能进一步降低这种影响效应的存在。这一研究结果进一步印证了金融管制实际上会对汇率充当资产功能的范围进行一定的限制。现实中，当我们看到外币资本在延续其作为资产功能的同时，受到了一定的制约，那么，我们就可以预测到，汇率的短期波动会相应地减弱，这无疑是有利于汇率的稳定。这种现象从一个侧面反映出，合理的金融管制是可以有效地在控制资本流动的自由度、维持货币的稳定和保持外币的资产功能这三者之间寻找到一种相对平衡的状态，这无疑对全球金融体系的稳定发展具有深远的意义。

第四节 实际汇率错位及宏观经济关系

一、汇率错位对经济增长产生负面影响

汇率问题一直是新兴经济体研究的焦点。实际汇率，而非名义汇率，对一个国家的长期外部经济状态（如经常账户余额）有着深远影响。克莱恩曾指出，20世纪80年代国际债务危机的根本原因，在于许多发展中国家实施了不恰当的汇率政策。实际汇率的稳定与恰当的水平，对于提升这些国家的经济增长至关重要。研究表明，在拉丁美洲、亚洲和非洲，实际汇率的波动与经济增长有着紧密的联系。例如，20世纪80年代，拉丁美洲国家的实际汇率不稳定抑制了其出口增长，而东亚国家的实际汇率稳定则促进了其经济发展。

坎米斯基、里佐多和雷恩哈特提出，持续的货币高估是预测货币危机的重要指标之一。经济增长的低迷往往与持续的实际汇率偏离密切相关。

爱德华兹深入探讨了影响实际汇率的因素，并提出了均衡实际汇率的概念。均衡实际汇率是指在内部和外部均衡的情况下的汇率水平。内部均衡是指当前及未来非贸易品市场的均衡状态，而外部均衡则是指经常账户在当前及未来能够达到的平衡状态，这伴随着长期可持续的资本流动。实际汇率偏离是指实际汇率偏离均衡实际汇率的程度。若实际汇率小于均衡实际汇率，表明货币被高估；相反，若实际汇率大于均衡实际汇率，则表示货币被低估。

在发展中国家的经济体系中，实际汇率的稳定性对经济增长具有深远影响。一般而言，实际汇率的错位，尤其是货币的高估，会对经济增长产生不利影响。实际汇率的错位主要体现在以下几个方面：①国际竞

争力下降：当货币价值高估时，出口产品的定价相对较高，这直接削弱了产品在国际市场上的竞争力。随之而来的是进口的增加，贸易收支出现逆差，外汇储备减少。这种情况可能导致国际收支危机，引发货币急剧贬值，最终对经济增长产生负面影响。②资源配置不当：实际汇率的错位会造成国内价格与国际价格之间的扭曲，这不利于国内的投资决策，导致效率低下和生产下降。③金融市场的不稳定：汇率错位增加了金融市场的不确定性，促使市场主体对本币进行投机。若货币持续高估，许多企业和银行可能因货币投机而破产，政府为救助金融体系而承担巨大成本。

科塔尼、卡帆洛和卡恩的研究表明，实际汇率与经济增长之间存在密切联系，这种联系可以从两个条件来理解：①实际汇率是政策与经济增长的桥梁：政策旨在稳定实际汇率，有助于促进经济增长。实际汇率波动剧烈时，相对价格不确定，增大了风险，导致投资期限缩短。②政策对实际汇率和经济增长的影响具有双重性，即正面和负面影响。具体而言，良好的政策能够创造一个稳定的市场环境，有效地提高稀缺资源的配置效率，进而实现实际汇率的稳定。这一作用机制意味着实际汇率不仅仅是经济增长的间接因素，同时也构成政策效果的一项重要指标。

兰齐恩和科林斯的研究指出，实际汇率的错位主要通过两个途径对经济增长产生影响。①实际汇率的偏离会影响到国内和国际投资者的投资决策，进而影响到资本的积累。资本积累被认为是经济增长的主要推动力之一。②实际汇率的错位还会影响到贸易品部门的国际竞争力，而这一部门的表现对于经济增长也至关重要。

在全球范围内，许多学者都对实际汇率错位与经济增长之间的关系进行了深入研究。例如，爱德华兹针对12个发展中国家的研究显示，实际汇率的错位对这些国家的经济增长有显著的负面影响。另一项由科塔尼、卡帆洛和卡恩研究，包括24个发展中国家，同样发现实际汇率的错位对经济增长、出口和农业部门的增长都产生了显著的负面影响。在非洲地区，古拉和格雷尼斯的研究覆盖了撒哈拉沙漠以南的33个国家。研究结果表明，实际汇率的错位对这些国家的经济增长、出口、进口、储蓄和投资都产生了负面影响。多麦克和沙伯赛则专注于中东地区的国家，如埃及、约旦、摩洛哥和突尼斯，他们构建了基于购买力平价、黑市汇率和结构模型的实际汇率错位研究，发现这些国家的经济增长也受到了实际汇率错位的显著负面影响。兰齐恩和科林斯对93个发达和发展中国家的研究进一步证实了这一点。他们的研究发现，如果一个国家的币值高估10%，其实际产出可能会下降0.6个百分点。研究还指出，适当的币值低估可以促进经济增长，但实际汇率的波动对经济增长的影响并不显著。

对于实际汇率错位与经济增长的联系，有研究指出实际汇率的偏离对经济增长带来了消极影响，因此，纠正实际汇率的偏差是促进经济发展和保障宏观经济稳定的关键。徐剑刚和唐国兴的研究比较了1994年第一季度与1999年第三季度的数据，发现这段时间里人民币对外名义价值提升了19.3%，实际价值则增加了37.4%。另外，俞乔的研究显示，人民币实际汇率上升了超过40%。这样的上升趋势对中国经济增长产生了怎样的效应？同时，我们也需要进一步探讨人民币实际汇率的变动如何影响中国的进口、出口和投资等经济活动。

二、实际汇率错位的度量

（一）实际汇率的定义与度量

实际汇率（Real Exchange Rate，简称RER）是指一个国家的贸易品与非贸易品价格之间的比率。

$$RER = P_T/P_N \quad (5.1)$$

其中，P_T代表贸易品的价格指数，而P_N指非贸易品的价格指数。这种定义源于经济学家对货币价值和购买力平价理论的研究。在实证研究中，这样的定义往往因缺乏操作性而不被采用。因此，实证研究中对实际汇率的定义通常会稍作调整为下式：

$$RER = EP_T^*/P_N \quad (5.2)$$

其中，E表示以本国货币计价的外币（如美元）的价格，P_T^*代表以外币（如美元）标价的贸易品价格。在具体的实证分析中，一些经济学家会采用美国的批发价格指数（Wholesale Price Index，WPI_{US}）表示P_N，而使用本国的消费价格指数（Consumer Price Index，CPI）来代表P_N，依上述研究者对实际汇率的度量定义，人民币实际汇率可表示为：

$$RER = E \cdot WPI_{US}/CPI \quad (5.3)$$

当RER下降时，通常表示实际汇率上升，反之，RER上升则意味着实际汇率的下降。实际汇率的变动对一个国家的经济有深远的影响，特别是在国际贸易和资本流动方面。它不仅影响着进出口商品的价格，还会对金融市场、投资流向以及经济增长产生影响。因此，对实际汇率的准确度量和深入理解对于制定有效的经济政策至关重要。

（二）实际汇率错位的度量

在国际经济学中，实际汇率的错位分析是一个重要领域。这种错位，我们称之为实际汇率错位（RERMIS），可以通过以下公式来衡量：

$$RERMIS = (ERER/RER) - 1 \quad (5.4)$$

其中，ERER代表均衡实际汇率。对实际汇率错位的度量，大致可以分为三种主流方法。

1. 基于购买力平价理论度量

购买力平价理论提供了一种度量实际汇率错位的方法。这种方法的核心是比较实际汇率与购买力平价理论所预测的汇率之间的差异。科塔尼、卡帆洛和卡恩等学者认为，实际汇率错位可以视为实际汇率与其三个最大的均衡实际汇率平均值之间的偏离。

2. 基于黑市名义汇率度量

黑市名义汇率也是衡量实际汇率错位的一种方式。这种方法是通过比较黑市名义汇率与官方名义汇率之间的差异来衡量实际汇率的错位。黑市汇率通常会反映市场对官方汇率政策的反应，因此，这种方法能够揭示官方汇率政策可能导致的实际汇率的扭曲。

3. 基于模型的度量

基于模型的度量方法是第三种常见的度量实际汇率错位的方式。这种方法依赖于爱德华兹提出的均衡实际汇率模型。除了爱德华兹之外，科塔尼、卡帆洛、卡恩、古拉和格雷尼斯、多麦克和沙伯赛等学者也采用了这种模型来度量实际汇率的错位。这种方法的一个显著优点是，它可以考虑宏观经济基本因素、本国宏观经济政策、贸易政策和汇率政策的变化，使得均衡实际汇率的计算更加灵活和适应性强。

均衡实际汇率的形成受到内外部基本因素的共同影响。这些因素可分为两大类：一是外部基本因素，二是内部基本因素。在外部基本因素中，国际贸易条件和国际资本流动，如资本流入和国际援助，都扮演着重要角色。而内部基本因素则涵盖了政策影响因素和非政策影响因素。政策因素包括进口关税、进口配额、出口税等直接干预汇率的措施，而非政策因素则如技术进步等自然变化因素。当这些基本因素作用于均衡实际汇率时，不当的宏观经济政策可能会导致实际汇率的偏离。例如，如果财政赤字占国内生产总值的比重增大，或者为了资助财政赤字而使货币供应量相对于货币需求过快增长，都可能使实际汇率偏离其均衡水平，进而造成汇率错位。

在贸易政策的影响方面，变量通常被用来衡量影响国际贸易的政策。通常情况下，诸如征收进口关税、设立进口配额、实施外汇控制等措施被视为贸易限制。这些贸易限制通常表明国际贸易的开放度较低。贸易限制的效果是降低开放度，并导致贸易品与非贸易品的相对价格下降，进而使均衡实际汇率上升。例如，征收进口关税会导致进口品价格上涨，随之增加了非贸易品（作为替代品）的需求，从而在非贸易品市场上造成价格上涨，这最终导致均衡实际汇率的上浮。

资本的净流入通常会推高均衡实际汇率。这是因为资本流入增加了对贸易品和非贸易品的需求。需要注意的是，进口商品的价格受国际市场的影响。同样，技术的进步也会对均衡实际汇率产生影响。巴拉萨指出，技术进步主要集中在贸易品生产领域，导致该领域的劳动生产率超过非贸易品部门。技术进步使得贸易品的供给增加（供给曲线右移），进而使得贸易品相对于非贸易品的价格下降，最终导致均衡实际汇率上升。谈及中国的汇率政策，1994年1月1日之前，中国货币当局经常调整人民币汇率。从1994年开始，中国采用了单一的有管理浮动汇率制度。研究显示，自1995年起，人民币对美元的名义汇率基本保持稳定，实际上是实行了与美元挂钩的名义汇率制。在此背景下，名义汇率增长率（用变量NDEV表示）反映了人民币贬值对实际汇率的影响。

三、实际汇率错位与宏观经济关系

通过以上的研究，我们可以得出实际汇率错位与宏观经济关系如下：

①实际汇率错位会直接影响国际贸易平衡。当一国货币相对于其真实价值被高估时，其出口商品在国际市场上的价格会相对较高，从而降低出口的竞争力。反之，货币被低估则会增加出口的竞争力，但同时也可能导致进口商品价格上升，影响国内消费者的购买力。长期的汇率错位可能导致贸易不平衡，影响国家的经常账户。

②实际汇率的波动也会对资本流动产生重要影响。例如，货币的高估可能吸引短期资本流入，因为投资者寻求利用汇率差异获取收益。然而，这种短期资本流动可能会增加汇率波动性，给经济稳定带来风险。长期来看，持续的汇率错位可能会削弱外国投资者对该国市场的信心，影响外商直接投资。

③实际汇率错位还与国内的通货膨胀密切相关。货币的低估通常会导致进口商品价格上升，从而推高国内通货膨胀率。相反，货币的高估可能会降低进口商品价格，带来通货紧缩的风险。通货膨胀或紧缩都会对消费者购买力、企业投资决策以及整体经济增长造成影响。

④实际汇率的错位还可能引发政策干预。政府和中央银行可能会通过货币政策或外汇市场干预来调节汇率，以保持国内经济的稳定。但是，这种干预本身可能会引起国际市场的反应，例如引发货币战争或贸易保护主义措施，进一步影响全球经济格局。

因此，实际汇率错位与宏观经济之间的关系是复杂而微妙的。汇率政策的制定需要综合考虑国际贸易、资本流动、通货膨胀以及政策干预等多方面因素，以实现经济的长期稳定和持续增长。在全球经济一体化的今天，各国经济的相互依存性使得实际汇率的稳定更加重要，这不仅是单个国家的挑战，也是全球经济合作与协调的重要议题。

第五节 稳定汇率的手段及建议

汇率的双重职能的矛盾导致了布雷顿森林系统的崩溃，开启了汇率制度多元化的新阶段。由于新兴市场国家展现出的货币危机对此多元化制度挑战颇大，"中间汇率制度消亡"的观点应运而生。虽然在欧美学术领域，主流看法将两极汇率制度作为预防新兴市场国家货币危机的首选，但这在亚洲遭到了有力反驳。极端的两极汇率制度并不适应亚洲经济，中间汇率制度可以有效削减两极化带来的负面影响，因此更适宜亚洲的经济状况。两极汇率制度其实是危机的规避路径，边缘化了中间汇率制度的优越性。两极汇率制度凸显出的缺陷是显而易见的：过于固定的汇率令国家失去了运用货币政策以稳定汇率的权利，导致货币主权流失；另一方面，自由浮动汇率制度让国家在国际贸易环境中不得不承受不确定性价格给国家经济带来的诸多损失。因此，采取更为积极的措施去应对由于过分依赖可调整汇率制度引发的货币危机，对于实体经济目标的实现具有重大意义。

一、控制资本流动

所谓"不可能三角"，指出了自由资本流动、固定汇率以及独立货币政策三者不可兼得的现实。尽管如此，迄今为止，尚无理论明确主张资本应当自由流动。特别是在新兴市场国家，货币危机多源于资本的自由流动。资本流动自由化虽有助于提升市场效率，但全球资本自由流动可能对汇率和实体经济的正常功能造成重大影响，加剧两者之间的冲突。在特定情况下，资本流入可能导致宏观经济调整的问题。短期内，资本流入过量往往不利，存在一个资本流入的临界点；超过这一临界点，经济将可能面临货币危机。因此，适度控制资本流入是必要的，必须将其保持在安全阈值以内。只要对资本流入进行恰当控制（不超过临界值），就能有效避免货币危机。对于一个国家，尤其是那些经济规模较小的国家而言，控制资本流动显得尤为重要。为了形象解释控制资本流动的必要性，可借用水流控制的比喻。全球不同海拔地区的生态环境特性不同，水质成为保持这些环境稳定发展的关键资源之一。与劳动力、土地等非流动资源相同，全球范围内水的使用受限制，因此每个地区都有其独有的非流动资源。如果不能有效控制水流，水资源将会自动向地势较低的区域流动，而造成低地区域水资源过度富集，从而引发洪水，而高地区域则由于缺水而面临干旱的困境。这种动态可能会对各个地区的生态平衡产生负面影响。若能对水流的方向和量进行控制，则每个地区都能形成更加理想的生态环境。同理，资本在全球范围内的自由流动，若不加以适当控制，同样无法实现资源的最优配置。因此，对资本流动施加适当控制变得十分重要。

控制资本流动在确保经济稳定方面的关键作用已在若干国家得到验证，并取得了显著效果。以智利在20世纪90年代实施的资本流动管控为例，这是一个极佳的实践案例。20世纪80年代初期，大量短期资本涌入导致智利遭受严重的货币危机。这场危机使得智利当局认识到以往政策上的漏洞，从而将防止金融危机的发生置于宏观经济管理的首要位置。进入90年代，智利政府为了防止历史重演，对资本流入实施了多项措施。其中包括对所有形式的证券投资引入20%的存款准备金政策，即这些资金需要以无息存款的形式存放于智利中央银行，被称为无息准备金制度。随后，该政策将准备金比例提升至30%，存款期限至少一年，并将其适用范围扩大至贸易信贷和直接投资相关贷款。东南亚金融危机后，智利将这一要求调整至10%，最终降至零。结合其他政策，智利在控制短期资本流动和优化资本流动效果方面取得了显著成就。但是，正如任何政策都有其局限性一样，资本流动控制也有其弱点。资本流动控制的主要缺陷在于投资者可能通过各种手段规避这些控制。Valdes Prieto

和 Soto 提出，尽管智利政府在资本流动控制方面做出了极大努力，但资本的流入和流出仍存在明显的规避现象。Cowan 和 DeGregorio 设计了一种衡量资本流动控制力度的指标，根据这一指标，1995年第二季度智利的资本控制力度较弱，而在1997年末至1998年初期则显著加强。尽管存在不足，资本流动控制依然是预防货币危机、稳定汇率的有效策略。

二、风险管理

市场参与者对待风险的不同态度，决定了风险大小是决定资产价格的一个非常重要的因素。在面对投机性资本的攻击时，一个国家通常会选择运用政策手段，比如提高国内利率，以求阻止货币危机的发生。从某种意义上讲，借助提升国内货币的回报，的确可能阻挡国内货币的贬值。但是，利率的提高却可能对实体经济产生相当大的负面影响，比较严重的影响便是国内债务水平的增长和流动性的收缩。高利率会导致借款人发掘自身的债务负担加重，管理难度增加；同样，高利率也可能减小借贷规模，降低流动性，对实体经济产生不利影响。据此，提高利率不一定是维护货币价值的有效途径，因为这背后高利率对国内实体经济的冲击力度过重。

在理论层面，运用风险管理手段确实能够稳定汇率。但在实际操作中，这种方法并未受到应有的关注。面对货币危机，各国在保卫本币价值的过程中尝试了多种策略，其中包括一些风险管理手段。然而，这些手段多是无意识地采用，并非基于对外币资产性质理论的有意设计。在面对投机性资本对本国货币进行冲击的情况下，通过实施外汇交易管制措施可以有效稳定汇率水平。在金融危机时期，对国内居民持有外币的限制可以有效减少外币需求，从而降低承担外币风险的可能性，帮助政府应对投机性资本的打击。然而，根据现实情况来看，这些风险管理策略并没有达到预期的效果，主要是因为市场参与者在进行货币投机时往往会忽略这些风险。此外，当市场对货币价值形成一致预期时，这些风险控制措施往往还未能发挥应有的作用，而货币危机可能已悄然发生。为了使风险管理更加高效，需要从系统和政策层面进行深入研究，制定一系列针对性的措施来调控货币危机期间的外币持有风险。

所谓风险管理，在此主要是指管理两类市场参与者所面临的风险。首先，是针对国内居民持有外币的风险。当货币危机发生时，国内居民意识到持有外币将承受巨大风险，就不会加入对本国货币的冲击行列。其次，是处理投机性资本所面临的风险。若投机资本能明白一旦挑起投机，他们将面对极大的风险，那么他们的行动将会更为谨慎。因此，任何可增加这两种风险的制度，都对汇率的稳定具有实质影响。透过这种理念，货币当权者可以构建一些制度，以增强这两类市场参与者的风险认知。

对于增大第一种风险，货币当局可设定外币交易方面的限制措施。如，对于国内居民持有外币的限制、对外币在国内流通的约束以及在本国居民外币交易价格、时间、通道等方面的控制。例如，货币当局可设定以下外币交易规定：在正常时期内，国内居民的外币买卖不受任何限制；但在面临投机性攻击时，国内居民所购入的外币，无论何时出售，都只能按照购买价格的一定比例（如80%）进行交易。结果是，在投机性攻击进行时，国内居民不会投机，这能有效缓解对外币的需求。假如这时市场上只剩下投机性资本，它们的攻击无论怎样都无法引发货币危机。

为了应对第二种风险的增大，货币管理机构可以根据投机性资本的特点制定相应的限制策略。这类资本的核心特征是其快速地流入和流出。如果能有效控制资本的流动速度，就能提高投机资本所承担的风险。因此，货币管理部门可根据这一特性，制定针对性的措施。例如，可以规定在正常情况下，外资的流入和流出不受限制；但在遭遇投机性攻击时，资本的流动必须遵循特定的渠道。当面临货币攻击时，这一规定允许货币管理机构通过设定特定的资本流动渠道和增加一定的手续环节，来控制资本的流动，从而保持汇率的稳定性。另外，模仿智利的做法，对流入资本实施无息准备金要求，同样可以增加投机性资本所面临的第二种风险。

管理风险的方法有多种，其中最主要的是预先的防范制度。货币管理机构能够提前设立规则，并向公众公开这些规则，这种做法本身就提高了危机时期外币行使其资本功能的风险。相对地，如果只是在危机爆发时才紧急制定规则，由于资本市场的快速调整，市场对于投机资本的攻势已有所反应。在这种情况下，提升持有外币的风险通常不会达到货币当局预期的效果。因此，货币当局提前设定应对货币攻击的规则显得尤为关键。尽管市场参与者可能会寻找方法规避这些规则，但规避行为本身也意味着承担更高的风险。通过这种方式，货币当局增加了危机时投机性资本及居民持有外币的风险，从而在稳定汇率方面做出了显著的贡献。

三、威慑策略

货币管理机构若提前设定并公开相关规则，便能有效地避免投机资本的攻击。设想在采用可调汇率制度的两国之间，若因特定原因需要调整汇率，而且这种变化已被投机资本所知悉，那么负责维护汇率稳定的货币当局便会制定旨在增加持有外币风险的规则，并确保市场所有参与者对此了如指掌。在这种情形下，可以借助博弈论来分析投机资本的行动模式。

货币当局所设规则，即便未实际执行，也能有效地稳定汇率并阻止投机资本对本币的攻击。其关键在于这些规则改变了市场参与者的预期，限制了外币资产的作用，从而缓解了汇率的双重职能冲突，实现汇率稳定的目标。反之，若无预设规则或规则未事先公告，市场参与者由于对规则的不知晓，将按照无规则的条件行动，这将导致他们的预期不发生变化，从而不降低货币危机的发生概率。因此，货币当局的规则设定及其公开对降低货币危机爆发的可能性起到了关键作用。

事实上害怕浮动也属于一种通过增加投机性资本投机的风险，从而改变市场参与者预期，以达到稳定汇率的策略。例如，某国虽然宣布采用弹性汇率制度，但实际将其汇率限定在一个与特定货币固定比值为基础的狭窄范围内，以维护汇率稳定。该国实际上是希望维持汇率的固定不变，但如果直接宣布汇率固定，则意味着一旦汇率偏离目标，该国的货币当局必须介入以维持汇率稳定。这将使该国在面临货币危机时不得不消耗外汇储备来维持汇率，否则就会遭受声誉上的损失。如果该国不公开宣布汇率固定，那么在遭遇投机性资本冲击时，它可以选择不干预，这样既不会耗费国家储备，也不会损害国家声誉。这会使得投机资本在攻击该国货币时面临更大的风险，因此会采取更为谨慎的策略。当投机资本变得更加谨慎时，货币危机的爆发可能性便相应降低。

四、汇率平稳调整的建议

在汇率稳定调控中，关键的一点是在必要的汇率调整时如何保持其平稳变化。通常，由于历史原因，维护汇率稳定的任务多落在了较弱货币国家的肩上。这意味着，无论出于何种理由，一旦需要调整汇率，这些国家的货币当局就不可避免地要面对投机性资本的挑战。特别是，汇率调整的动因往往与贸易相关联。在贸易问题不引发重大争议的情况下，货币较强的国家通常不会介入汇率的调整过程。此外，贸易状况也经常是外汇市场在评估汇率走势时的一个重要考量因素。如果投机性资本能够准确预测基于双边贸易状况的汇率变动趋势和幅度，那么较弱货币的国家面临的货币攻击风险将大为增加。因此，如何实现汇率的平稳调整并避免投机性资本的攻击，成为可调整固定汇率制度能否持续运行的关键所在。汇率调整过程中，可以借鉴双重汇率制度的思路，以实现其平稳过渡。

双重汇率制度，指的是对经常账户和资本账户的外汇交易采用不同汇率。具体而言，经常账户的外汇交易在官方市场上进行，遵循商业汇率；资本账户的外汇交易则在自由市场上进行，使用金融汇率。这种体系下，中央银行通常会在官方市场介入，以维护商业汇率的稳定，而让金融汇率随市场自由浮动。这一制度实质上是对汇率在实体经济和虚拟经济中的功能进行分离。双重汇率的概念最早由著名经济学家特里芬在20世纪30年代后提出。在20世纪70年代布雷顿森林体系崩溃前，它主要在一些拉美国家实施。20世纪70年代初，面对投机资本的冲击，许多欧洲国家如比利时、卢森堡、法国和意大利，也采用了双重汇率制。这些国家中，有些如法国和意大利很快就放弃了此制度，而比利时-卢森堡经济联盟则持续使用至20世纪90年代初。拉丁美洲的多数国家，包括墨西哥、阿根廷等，也曾采取过类似制度。此外，一些亚洲和非洲国家，如埃及、南非等，也实行过这种制度。尽管双重汇率制度能暂时缓解汇率的双重功能矛盾，但当官方汇率和市场汇率差异过大时，两个市场的隔离就会变得困难，非法交易和套利行为会干扰制度运作。这也是许多国家最终放弃双重汇率制度的原因。虽然这一制度未被广泛采纳，但其理念为汇率平稳过渡提供了一定的思路。

汇率波动往往受贸易摩擦的显著影响。例如，一国货币在贸易争端中相对于其他国家货币升值的情况下，若市场普遍预期这一趋势，投机性资本可能会涌入以期从货币升值中获利。在这种情况下，如果暂时采用分离的汇率制度，即对出口和进口商品以及金融市场应用不同汇率，投机资本可能会利用商品交易获取收益。为预防此类投机攻击，国家可以实施如下措施：对所有出口产品征收关税，税率应以控制贸易摩擦在可接受范围内为目标。通过对出口货物征税，实际上增加了出口产品的成本，有助于减少国家的贸易顺差，从而间接促成本币升值。这种做法相当于创造了一种双重汇率环境：一种汇率适用于出口商品，而另一种适用于进口商品和金融市场。通过这种策略，汇率水平不会轻易成为市场攻击的目标，市场对汇率变动的预期也将发生转变。这将降低投机性资本的预期收益，减少货币攻击的可能性。如果进一步规定，资本在一定期限内（如三个月或半年）不得流出，投机攻击的可能性将进一步减少。学术界也探讨了通过关税调节汇率的策略。学者如Calro和Mishkin曾指出，在固定名义汇率的背景下，通过调整进出口商品的税收和补贴政策，实际汇率也可得到调整，而不必更改名义汇率。因此，采取宏观经济政策作为汇率调整的一种手段，可以有效改变投机资本的风险预期，从而平稳地调节汇率。

第四章 汇率制度的演进与未来

第一节 汇率制度变迁的历史进程

穆金农于1993年全面总结了自1879年起至1992年，一个多世纪的货币体系历程，同时对比了在特定货币体系下的相应汇率机制，此文献成为理解汇率体系演变的重要资料。由于汇率体系是货币体系的关键组成部分，它的变化主要跟随货币体系的改变。在探讨全球货币体系的发展历程时，我们可以将其分为四个主要阶段，这些阶段各具特色，反映了不同历史时期的国际经济环境和货币政策。第一阶段：从1879年到1913年，是国际金本位制度时期。在这个阶段，固定汇率制度是主流，各国货币的价值与黄金挂钩。这一体系促进了国际贸易和投资，但也使各国经济受到黄金供应的限制。第二阶段：1913年至1945年，是一个相对混乱的时期。由于第一次世界大战和第二次世界大战的影响，国际金本位制度受到破坏，汇率制度变得不稳定。这一时期，世界各国经济和货币政策面临极大的挑战。第三阶段：1945年至1973年，这一时期是布雷顿森林体系的兴起和实施。在这个体系下，主要国家的货币与美元挂钩，而美元则与黄金挂钩，形成了一种相对固定的汇率制度。这一体系在一定程度上稳定了国际货币市场，但随着时间的推移，由于各国经济的不平衡发展，这一体系最终崩溃。第四阶段：1973年至今，是牙买加体系时期。在这个阶段，美元浮动汇率制度成为主流。各国货币的价值不再与黄金挂钩，而是由市场供求关系决定。这一体系增加了汇率的灵活性，但同时也带来了更大的汇率波动风险。这四个阶段的划分基于国际货币体系演变的重要历史节点，每个阶段都反映了当时全球经济环境和货币政策的特点。通过研究这些不同的阶段，我们可以更好地理解全球经济如何发展至今天的格局。但是，实际上在特定的时间框架内，也会出现不同汇率体系发展的趋势。例如，近年来，国际货币体系呈现出多元化的表现，同一货币体系内也存在着不同的汇率体系运作。这些多元化和发展趋势可以进一步被细分和细化。从第四阶段开始，国际汇率制度总体表现为从固定转向浮动的变化。而在欧洲，在"最优货币区理论"的引导下，欧洲的货币制度正在向区内固定、对外整体浮动的方向发展，最终形成统一的货币制度安排。

一、国际金本位时期的固定汇率制度（1879—1913）

自1819年英国议会通过《恢复条令》确立金本位制度起，虽然该制度已有雏形，但普遍认为1879年是金本位制正式作为国际货币制度的开端。这一年，金本位制被世界主要经济体及其他相关国家广泛采纳。例如，19世纪70年代，法国从复本位制转向金本位制；德意志帝国在1871年普法战争胜利后，弃银本位，采金本位。西欧及美国坚定实行金本位制，标志着这一时期的普及与稳定。1914年上述国家废除金本位制。在此期间，只有美国维持金本位制直至1933年。

（一）金本位制度的主要内容

①黄金作为主要的储备货币。这意味着黄金成为各国货币价值的基准，是货币储备的主要成分。

②各国政府规定了本国货币与黄金之间的固定兑换比例。在这个比例下，货币与黄金可以自由兑换。这一点确保了货币价值的稳定性，使得货币与黄金之间保持了一种固定的联系。

③金本位制度允许居民在经常账户和资本账户之间自由兑换资金，同时对黄金的进出口没有限制。这一政策的实施，增加了金融市场的流动性，促进了国际贸易和资本流动。

④金本位制度认为物价是由全球黄金供需决定的内生性变量。换句

话说，全球物价水平在很大程度上受到全球黄金供需状况的影响。这种观点体现了金本位制度下货币价值与黄金关系的重要性。

（二）金本位制下固定汇率制的运行

在金本位制度的框架内，汇率问题并非各国的主要焦点。19世纪经济学界主要研究的是在金本位汇率体系下国际收支调整的原理，对该体系本身则鲜有质疑。

此时期，中央银行的核心任务是保持内部平衡，即维持黄金与本国货币间的官方固定比价。为此，各国通过控制货币供应量的增长来稳定物价，进而促进经济稳定与就业增长。例如，英国若实施扩张性货币政策，将导致英镑供应增加，短期内英镑利率下降，市场上便出现用英镑兑换外币的趋势。在探讨金本位制下的固定汇率体系时，我们可以发现英镑在这一体系中并未出现贬值。原因在于，市场资金会依据既定比价，将英镑转换为黄金，随后利用这些黄金交换其他国家的货币，以此来寻求更高的利息回报。这种机制导致了英国黄金储备的外流，从而对英镑的利率产生了上升的压力。这种机制循环往复，"自动"限制货币政策的作用，维护物价稳定。

在金本位制下，外部平衡的衡量标准是国与国之间的黄金流动。若一国黄金既不流入也不流出，则认为实现了外部平衡。这种外部平衡机制实质上是一种"自动"的调节方式，通过黄金的流动来实现平衡调整。在当时的经济环境中，外部平衡并不是各国政府政策的主要关注点。而在实际操作中，各国政府为了避免黄金在国际的频繁大量流动，经常采取国际借贷的方式来实现经济平衡。此外，商品价格的稳定不仅受到国际贸易的影响，还受到黄金对其他商品价格的相对影响。

（三）金本位制的缺陷和崩溃

金本位制在稳定汇率方面发挥了显著作用，但它的缺陷亦显而易见。

①金本位制的内外部平衡自动调节机制，对各国货币政策的有效发挥造成了限制。在全球经济衰退期间，尽管扩张性货币政策可能提升就

业水平，实现内部平衡，但金本位制的机制却限制了其效果。

②商品价格的稳定不仅仅受国际贸易影响，同时也受到黄金对其他商品相对价格的影响。随着开采技术的进步，黄金与其他商品的相对价格波动，导致物价稳定不再具有普遍适用性。

③工业革命后，商品种类繁多，黄金供应量却未能与经济增长的步伐相匹配。黄金供应除受开采技术影响外，还需不断发现新金矿。中央银行为保持货币与黄金比价稳定，必须增加黄金储备。当黄金供应跟不上经济发展时，央行可能会出售国内资产以增加黄金储备，导致失业率上升，甚至引发世界性经济危机。

④金本位制也为产金国带来了特殊的影响力，因为这些国家可以通过开采黄金来增加储备，其黄金销售行为对全球经济产生重大影响。

⑤尽管金本位制的自动调节机制在理论上看似完美，但在实际执行中却常常遇到困难。赤字国家为了增加黄金储备，往往采取紧缩性的货币政策。然而，由于政府对黄金出口的限制，这些国家无法有效增加黄金储备，同时还面临经济萧条的风险。金本位制缺乏一个有效的国际协调机制，这导致其潜在的优势没有得到充分的发挥，而其弊端却日益明显，最终导致了该制度的崩溃。

二、较为混乱的汇率制度（1913—1945）

在20世纪初至中叶的时期，由于各类因素相互作用，汇率制度呈现出较为纷繁的局面。其中一大触发因素是，在这一时期，许多国家不再坚持金本位制。在一段连续性的动荡时期，许多国家遭受了显著的经济打击，随后为了尽快恢复经济，各国纷纷通过增加公共开支以刺激经济发展。在现代金融体系中，各国普遍采用的是一种称为"美元本位制"的货币体制。相较于过去的"金本位制"，美元本位制具有更为灵活的货币政策实施机制，使其能够更方便地掌控货币供应量和实行扩张性货币政策，以应对不同时期经济形势的变化。

此一时期的经济转型伴随着货币供给和物价的急剧膨胀，特别是在德国等国家，出现了极端的通货膨胀现象。这一问题成为各国经济发展的巨大阻碍，引发了对金本位制恢复的讨论。1929年，在意大利召开的吉诺阿会议上，英国、法国、意大利、日本等国签订了一项协议，旨在重启金本位制。然而，这一次的金本位制与过去有所区别。原本的制度是各国以黄金作为储备基准，但吉诺阿会议后的金本位制则采取了一种折中方式，称为"金汇兑本位制"。在此制度下，大国用黄金作为国际储备，小国则以大国货币作为储备，大国承诺按固定比例兑换黄金。这一尝试恢复金本位制的举措，并未如期带来国际经济的稳定，相反，还加剧了世界经济的衰退。英国企图通过将英镑与黄金的比例恢复至20世纪20年代之前的水平来增强对英镑的信心，进而构建以英镑为核心的新国际经济秩序。但这一策略导致英镑相对于其他国家货币的显著升值，影响了英国出口商品的价格竞争力，减少了其他国家对英国商品的需求，从而使英国经济陷入困境。随着英国经济长期陷入滞胀，其他国家对英国偿还债务的能力失去信心，这在1931年触发了一场经济危机。伴随着各国对英镑黄金平价的信心丧失，纷纷抛售英镑换取黄金，迫使英国政府最终再次放弃金本位制，导致全球货币体系再度陷入混乱。

这一时期，国际汇率制度呈现出以下特点：

（一）国际货币体系波动性强

在这个时期，固定汇率制度和浮动汇率制度同时存在，呈现出一种并存状态。有些国家为了维护本国经济的稳定，采取了行政干预或实施了复合汇率策略，以最大程度地减少本国与国际汇率的直接联系。由于那时主要国家的经济政策不稳定，经济问题经常通过汇率这一通道传递到其他国家。这导致实行固定汇率制的国家在经济不稳定时外汇储备波动剧烈，而实行浮动汇率制的国家汇率波动幅度较大，这些因素进一步加剧了国内经济的不稳定性，加重了经济的困难，最终对当时的全球经济造成了重大影响。

（二）国际汇率体系处于混乱状态

在这个阶段，各国在追求内部和外部经济平衡的过程中都缺失了有效的策略和方法，因此这个阶段也被广泛称呼为"无体系时期"。这个

"无体系"阶段代表了真实世界的混乱状态，与后续提出的牙买加体系中的"有序无体系"状况存在明显的区别。甚至在分类汇率制度时，有经济学家如Mckinnon将这一时期视为一种特殊阶段并予以忽略。

在这段混乱的时期，国际货币和汇率制度正处于转型阶段。在未来设计国际货币体系时，各国政府和经济学家深刻反思了这一时期的教训，这为后来建立的布雷顿森林体系提供了重要的参考和借鉴。

三、布雷顿森林体系时期的固定汇率制度（1945—1973）

在1945至1973年，某些国家的实力发生了巨大调整，美国迅速崛起成为全球的引领者，并推动创建了布雷顿森林体系。这一体系的建立可以追溯到签署《国际货币基金组织协定》的布雷顿森林会议，持续到1973年美元危机结束，总计28年。在布雷顿森林体系下，一种特殊的货币体制得以确立：黄金与美元之间形成了挂钩关系，而其他国家的货币则与美元相挂钩。本质上，这构成了一个以美元为核心的固定汇率制度。在这个体系的运行期间，国际社会共同追求的目标是建立一个国际货币体系，它能够在不限制国际贸易的前提下，达到充分就业、物价稳定和对外经济平衡的状态。此外，有学者分析指出，这一体系在最初阶段实际上是一种黄金兑换制度。在这种制度下，当外国银行决定其货币汇率时，美国联邦储备系统（美联储）保证了黄金对美元的固定官方价值，即每盎司35美元。然而，到了20世纪60年代中期，体系的实际运作更加倾向于一种纯粹的储备货币本位制，而非传统的黄金本位制。

（一）布雷顿森林体系的主要内容

1.设立国际金融机构

在1945至1973年，主要发展国家的经济遭受波动，内部和外部的经济平衡难以实现。金融系统不仅未能稳定经济，反而加剧了经济困境，甚至成为危机的触发因素。因此，在一个重要的国际协议中，通过成立"国际货币基金组织"和"国际复兴开发银行"两大国际机构，分别承担不同的职责，旨在通过原则性和灵活性相结合的方式，促进全球经济的稳定。

2.确立美元本位制的国际储备体系

布雷顿森林体系在国际金融界设立了以美元为核心的国际储备制度。此制度的基础在于黄金,与此同时,美元成为主导的国际储备货币。在这个框架下,全球各国的货币与美元紧密相连,而美元本身则与黄金价值挂钩。这一体系得到了国际社会的广泛认可,特别是对美国政府将1盎司黄金定价为35美元的官方标准的认可。美国政府承诺,按照这一官方定价与各国政府或中央银行进行黄金兑换。这种美元和黄金的"双重挂钩"机制构成了该体系的核心。

3.实行固定汇率制

在汇率管理方面,布雷顿森林体系采纳了固定汇率的模式。国际货币基金组织规定,其成员国一旦确定了货币的含金量,便不得轻易更改。成员国在进行即期外汇交易或黄金交易时,必须确保汇率和金价的波动不超过规定的±1%范围。如果汇率波动超出这一界限,相关国家需进行市场干预以保持汇率稳定。货币价值的调整只有在国际收支严重失衡的情况下才被允许,且需获得国际货币基金组织的同意。这种模式被称为可调整的固定汇率制度。

4.国际收支调节的安排

在国际收支调节的机制中,布雷顿森林体系通过国际货币基金组织提供了几种关键措施来辅助成员国应对经济挑战。首先,该组织倡导成员国之间的深入对话,以促进国际货币合作。其次,国际货币基金组织为成员国的资金流动提供支持。这主要是通过一种特殊的贷款机制实现的:当一个国家遇到国际收支逆差并需资金支持时,它可以通过购买外汇的方式获得短期贷款,以此缓解逆差压力。该国需在特定期限内使用所借外汇回购本国货币,以偿还贷款。最后,国际货币基金组织要求成员国实施多边支付和清算制度,不得限制常规交易的支付,且禁止实行具有歧视性的货币政策,这些规定旨在为国际经济的平衡发展提供必要的外部环境。

5.敦促各国实现货币的自由兑换

对于货币自由兑换的实施,这在衡量一个国家汇率制度的健全性方面占据着核心地位。根据《国际货币基金组织协定》,成员国被要求在日常交易中实现货币的自由兑换。同时,该协定允许成员国对资本流动进行一定程度的管控。这些规定旨在确保国际货币体系的灵活性和稳定性,同时允许各国根据自身情况采取适当的经济措施。这是因为20世纪二三十年代的经济危机期间,私人资本流动被视为经济不稳定的一个主要因素,限制私人资本流动被认为可以降低经济波动的风险。

(二)该时期汇率体系的特点

1.美元成为国际储备货币

布雷顿森林体系本质上建立了一种以储备货币为基础的制度。在此制度下,美元被选为主要的储备货币,其他国家的货币汇率与美元挂钩。这标志着历史上首次一国货币获得了特殊地位。相较于此前的金本位制度,其中英镑虽然具有国际重要性,但所有国家货币均与黄金挂钩,处于平等地位。在美元为中心的体系中,世界只有"N-1"种汇率,成员国承担维持与储备货币固定汇率的义务,使得美元无须固定其汇率,享有特殊优势。此外,各国的货币政策也呈现不对称状态。美国的货币政策不仅影响本国经济,还因为其他国家须维持固定汇率关系,而间接受到美国货币政策的影响。在这一时期,许多国家的中央银行不得不放弃将货币政策作为主要经济手段。

2.世界实行的是固定汇率制度

从1949年起,世界主要经济体基本上采纳了一种固定汇率机制。在这个制度下,大部分国家的货币相对于美元的汇率保持了相对稳定,二十年间仅见少数次数的轻微波动。

3.各国利率关系日渐紧密

布雷顿森林体系下,尤其是自1958年以后,成员国的货币在日常交易中实现了自由兑换的可能,这促进了全球外汇市场的逐步形成。金融市场之间的联系因此变得更加紧密,资本流动也变得更为便捷。这一转变极大地改变了各国政策制定者面临的外部环境。在此之前，由于货币不可自由兑换，其他国家的利率变化对于一个国家的中央银行而言并非一个重要的考虑因素。然而，自1958年起，各国中央银行不得不考虑到其他国家利率的变化，因为忽视这一因素可能会导致本国外汇储备的大幅波动。例如，私人主体在日常项目中通过"预付"和"延期付款"的方式操作，实际上也在影响资本流动，进一步紧密了全球各国利率的关联性。

4.世界范围内的投机十分明显

由于布雷顿森林体系中国际货币体系的限制，导致其宏观经济的自动调节功能受制于"隐形游戏规则"，实际经济运行与体系设计者的预期大相径庭。原本固定汇率制意在稳定各国汇率和物价，但由于各国经常项目的不平衡，投机活动随之出现。长期贸易顺差国家的货币面临升值压力，为维持汇率，央行通过出售本国资产增加储备和货币供应量。在固定汇率制度下，当一个国家出现贸易逆差时，其货币往往承受着贬值的压力。为了保持汇率的稳定，该国央行通常需要购买本国货币。但当国家的外汇储备减少到某一临界点时，维持现行汇率变得不再可行，不得不选择让货币贬值。历史上的一些重大货币贬值事件，如1967年英国英镑的贬值、1969年法国法郎的贬值以及德国马克的升值，都是由这种市场投机和货币政策的互动所引发的结果。

（三）布雷顿森林体系的崩溃

1.布雷顿森林体系的缺陷

①布雷顿森林体系以美元作为核心的储备货币，其有效运作依赖于美国经济的绝对优势和美元地位的稳固。当体系建立之初，美国经济全球领先，拥有最多黄金储备，工业生产和外贸也位居世界之首。但随着美国国际收支恶化和外债增加，全球对美元的信心逐渐下降。

②美元身为储备货币存在所谓的"特里芬困境"。它既是国内货币，又是国际通用货币，这带来了内在矛盾。美元作为与黄金挂钩的国内货币，其发行量受限于美国的货币政策和黄金储备；而作为国际货币，其

供应需跟随全球经济和贸易发展。随着美元输出增长，美国贸易逆差加剧，美元与黄金固定比率难以维持，成为体系的致命弱点。

③在固定汇率制的框架内，成员国政府多不愿通过调整汇率来解决"基本失衡"。等到危机发生时，投机者已经敏锐行动，在外汇和黄金市场上引发波动，加剧金融危机。

④尽管根据国际货币基金组织的规定，赤字国和盈余国都应承担调整国际收支的责任，但事实上，往往采取行动的是赤字国。另一方面，盈余国常常不愿意采取升值措施，这使得调整国际收支变得更加困难。

⑤在布雷顿森林体系期间，大多数国家的货币与美元保持固定的汇率关系，而美元本身则与黄金挂钩。这种机制允许各国通过调整本币相对美元的价值来平衡经济赤字，但美国自身却难以通过贬值来调整经济。这一现象不仅展现了美元作为国际储备货币的代价，也反映了所谓的"特里芬难题"。另一方面，世界其他国家认为美国能够通过发行美元来偿还国际债务，享受到铸币税的收益，而不受外汇的约束。这被其他主要工业化国家视为美国利用其货币地位获得的不公平优势，从而影响了财经政策上的真诚合作。

2.布雷顿森林体系瓦解的过程

①19世纪60年代初的美元危机与《互惠信贷协议》。至于布雷顿森林体系的解体过程，可以从20世纪60年代初的美元危机和《互惠信贷协议》说起。1958至1960年间，美国的经常账户盈余大幅下降，甚至出现赤字，而同期德国则经历了就业率提升和外汇储备显著增加。虽然布雷顿森林体系建立在美国经济的稳定发展之上，但美国连续出现的赤字导致市场对美元的信心开始动摇。1962年，美国与西方主要工业国家签订了《互惠信贷协议》，在国际货币基金组织的框架下，建立了"借款总安排"和"黄金储备"。这一协议使美国在面临货币贬值压力时，能够借用其他国家的货币来平衡市场，维持美元的汇率稳定。

"借款总安排"是1961年11月国际货币基金组织与美国、加拿大、英国、法国、西德、意大利、比利时、荷兰、瑞典、日本等十个主要工业国家签订的一项协议，也被称为"巴黎俱乐部"或"西方十国集团"。通过这一安排，美国可以向这九个国家借款，以缓解美元的危机并保持体系的稳定运行。

"黄金总库"则旨在建立黄金储备，通过英格兰银行在市场上买卖黄金维持金价稳定。但由于参与国家的黄金总库规模仅相当于2.7亿美元，对市场影响有限。

同时，美国政府从1963年起对国民购买外国资产征税，限制私人资本外流，减少其他国家美元储备的增加。然而，这些措施仅在体系框架内缓解美元危机，未能从根本上解决体系的缺陷，只能部分减轻危机，无法彻底解决。此时，"美元短缺"的时代逐渐结束。

②第二次美元危机、黄金危机与双轨制的建立。1967年，国际金融市场遭遇了黄金与英镑的双重危机，这场危机对美元的稳定造成了影响，也被称作60年代末的美元波动。这一波动的主要原因在于美国的经济政策调整。在1965年，美国决定加强对越南冲突的干预，这一政策导致政府军事支出激增。同时，约翰逊总统实施了名为"伟大社会"的扩张性财政政策，导致美国当年财政出现重大赤字。由于1966年是美国大选之年，政治因素使得约翰逊政府未能采取增税措施，因此，政府收支差额再度扩大。这一财政赤字加剧了国内价格上涨，减弱了美国商品在国际市场的竞争力，进而导致经常账户赤字。如同60年代初的美元危机一样，经常账户赤字使市场担忧美元贬值，特别是1967年英镑危机后，投机者纷纷购买黄金并抛售美元，导致美国在短短半个月内流失了约14亿美元的黄金储备。即便是依据"黄金总库"协议，美国及其他西方发达国家也难以平息市场的动荡，协议中的黄金量难以对抗市场的投机行为。因此，在1968年3月15日，英格兰银行不得不关闭黄金市场。为应对这场危机，美国采取了实施"黄金双轨制"的策略，并在国际货币基金组织中引入了特别提款权。

所谓的"黄金双轨制"是指在黄金交易中实施两种不同的定价体系：一是官方黄金交易，以35美元兑换1盎司黄金的固定价格进行中央银行间的结算；二是私人黄金交易，在伦敦等外汇交易市场上按浮动价格进行。这种双轨制标志着布雷顿森林体系的一个重要转折，尽管未完全切断美元与黄金的联系，但已偏离了体系初衷——通过美元与黄金的挂钩防止通胀。布雷顿森林体系的崩溃开始显现。同时期引入的特别提款权旨在弥补美元与黄金挂钩机制的不足。特别提款权允许成员国用它来履行原先必须用黄金才能履行的义务，作为国际储备资产，或用以清算国际收支差额。特别提款权的价值定为35个特别提款权兑换1盎司黄金。但是，这一新机制仍未能根本解决布雷顿森林体系的固有缺陷，仅是对危机的一种权宜之计。

③布雷顿森林体系的最后崩溃。20世纪70年代，美元的不稳定性最终导致了布雷顿森林体系的瓦解。鉴于黄金市场的波动，尽管美国的国际收支状况短期内呈现平衡状态，但最新的国际收支报告再度引发了市场对于国际收支状况的担忧情绪。市场普遍认为美元相对于其他主要货币估值过高，导致外汇市场上涌现了大量抛售美元、购买其他货币的行为。尽管有关部门试图通过大规模购买美元来稳定市场，但这种努力未能阻止市场的投机行为。

为避免通货膨胀压力，一些国家的中央银行选择让本国货币汇率浮动。美国为了平衡国内外经济，也不得不对美元进行贬值。然而，作为国际货币体系的核心，美元的调整并不容易，需要通过一系列谈判来实现。实际上，由于其他国家不愿意使本国货币升值而影响出口竞争力，这些谈判进展缓慢。到了1971年年中，美国宣布停止以黄金兑换美元，这一举措实质上切断了美元与黄金的最后联系。同年底，西方十国集团签署了一项重要协议。该协议调整了美元兑黄金的比价，旨在提升市场对美国黄金储备的信心，并减少黄金的兑换需求。此外，协议还规定美元对其他主要工业国家货币的贬值幅度，以及扩大汇率波动的范围，同时取消了美国对进口商品征收的附加税。

但是，这些措施并未能彻底解决美元的危机。市场普遍认为美元的贬值幅度仍然不足，投机资金继续抛售美元并购买其他国家货币。随后，美国宣布美元进一步贬值，但市场仍对美元持负面态度。不久之后，美元对日元、德国马克等主要货币的汇率开始浮动。布雷顿森林体系从此彻底瓦解，美元与黄金脱钩，美元与各国货币汇率实行浮动。

四、牙买加体系时期的浮动汇率制度（1976—至今）

在布雷顿森林体系结束后，国际金融秩序进入了一个不稳定的时期。在这个阶段，国际社会积极探索建立一个新的国际货币体系。尽管出现了多种建议，如重回金本位制、美元本位制、采用综合货币本位制以及创建最佳货币区等，但这些方案都未得到实施。经过长期的讨论和协商，国际货币基金组织的理事会和临时委员会最终在牙买加首都签订了一项重要协议，从而确立了牙买加体系这一新的货币体系。

（一）牙买加协议的主要内容

1. 实行浮动汇率制度

在牙买加体系下，浮动汇率制度得到了正式认可和支持，这一变革允许各成员国根据其特定经济状况，自主选择适宜的汇率政策。为了降低汇率波动的影响并促进全球经济的平稳增长，国际货币基金组织加强了对会员国经济政策的监督和协调工作。这一新体系的实施，标志着国际金融体系在管理和调控方面迈出了重要一步，为世界经济的稳定和发展开辟了新的道路。

2. 黄金非货币化

在牙买加体系下，黄金不再作为国际储备货币的标准，取消了黄金的官方定价。各国中央银行可以自由地按市场价格交易黄金，黄金也不再用于国家间的结算。国际货币基金组织逐步处理其持有的黄金，这一措施有助于应对黄金供应与世界经济增长不同步的问题。

3. 增强特别提款权的作用

牙买加协议中还包括了提升特别提款权的适用范围和地位，试图使其成为美元之外的另一种国际货币标准。此外，协议还规定适时修订特别提款权相关条款。

4.增加成员国基金份额

为了增强国际货币基金组织在市场调节中的作用，并有效预防金融危机，该组织提高了各成员国在基金中的份额。通过这种方式，国际货币基金组织的调节能力得到了加强。

5.扩大信贷额度

以增加对发展中国家的融资。

(二) 牙买加体系的运行特点

1.汇率安排多样化

在牙买加体系下，由于浮动汇率制度得到认可和采纳，各国在选择汇率制度方面拥有了更广泛的自由度。这导致了全球范围内出现了各式各样的汇率安排。国际货币基金组织对成员国的汇率安排进行分类，分为多种类型。这种汇率制度的多样化也使得牙买加体系被形容为"多样性极强的体系"。

2.储备货币多元化

尽管牙买加体系中试图通过特别提款权来强化黄金的辅助角色，但这一工具在实际中并未显著增强。特别提款权在全球储备中的比重有所下降。同时，美元依然是主要的储备货币，但其他主要工业国家的货币也开始在国际储备中占有一席之地，形成了一个多元化的储备货币体系。

3.多种渠道调节国际收支

牙买加体系采用浮动汇率制，为各国提供了更多调节国际收支的方式。不同的政策手段可以用来实现国家的内外经济平衡。这种制度的灵活性使得各国在处理国际收支时有了更多的选择和策略。

①货币政策的自主性加强。在布雷顿森林体系下，各国采用的是固定汇率制度。这种制度下，除美国外，其他国家在通过货币政策调控宏观经济时面临着资本流动的制约，使得其效果受限。但是，在牙买加体系下，由于采取了浮动汇率制度，中央银行不再承担维持本币与外币比值的责任，使得各国能够更自主地控制本国货币供应量。例如，在经济

衰退、高失业率的情形下，国家可以采用宽松的货币政策如放松银根，以促进经济复苏。这一政策导致本国货币供应量增加，市场利率下降，进而引发货币贬值。一般而言，货币贬值有助于增加出口（前提是满足马歇尔-勒纳条件），从而刺激国内就业。此外，浮动汇率制理论上能减少通货膨胀的全球传播。在固定汇率制下，若与价格水平上升的国家有密切贸易往来，那么这些国家所持有的货币也必须贬值。这种现象会导致外汇市场对该货币的需求减少，从而间接地引进了外国的通货膨胀问题。20世纪60年代末，固定汇率制导致多国受美国通货膨胀影响的情况便是明证。而在浮动汇率制下，通货膨胀的国际传导途径被切断，货币贬值将在购买力平价机制作用下长期调整至相应水平，消除了外国通货膨胀对本国的影响。

②国际储备中的各国货币地位均等。与布雷顿森林体系相比，在牙买加体系中，国际储备货币的地位更加多元化。布雷顿森林体系中，美元独占鳌头，成为唯一的储备货币，而其他国家货币与之相比处于弱势地位。美国由此控制了全球货币供应，但也不能自由调整汇率以应对经济变化。进入牙买加体系后，尽管美元仍居首位，但日元、德国马克等货币也在国际储备中占据了一定位置。欧元的诞生进一步推动了世界储备货币的多元化趋势。

③可运用汇率政策调节国际收支。在浮动汇率制下，汇率政策成为调节国际收支的关键工具。其基本机制如下：经常项目出现赤字，导致本币贬值，进而降低本国商品价格，促使出口增加、进口减少，最终实现经常项目的盈余。当然，这一调节过程需要满足"马歇尔-勒纳条件"并克服"J曲线效应"，才能有效发挥作用。

④融资渠道多样化。在牙买加体系下，国际货币基金组织增加了其成员国的份额，从而显著提高了其贷款能力。与此同时，欧洲货币市场的快速发展为各国提供了比布雷顿森林体系时代更广泛的融资途径。这一变化增强了国家间利用融资手段调整国际收支的能力，为全球经济提供了更为灵活和多样化的财务支持。

⑤国际协调能力加强。在预防国际金融危机和保持国际金融稳定性方面，国际协作扮演着关键角色。布雷顿森林体系的一个显著不足是缺乏有效的国际协调机制。而牙买加体系则显著增强了国际货币基金组织的作用，强调通过内部协商来保持国际金融秩序的稳定。在这一时期，西方七国首脑会议在调整国际金融问题和推动经济发展方面起到了重要作用。这些协调机构的高效运作在很大程度上预防了金融危机的发生，或至少减轻了其影响。

（三）牙买加体系的缺陷

1.各国间的汇率纪律不复存在

牙买加体系为各国提供了选择浮动汇率制度的自由，并且在协议中强调了经济稳定是国际合作的基本目的，而非仅仅是汇率稳定。这种变化意味着，各国在放弃固定汇率的同时，也在一定程度上放弃了汇率纪律的遵守。

理论上，浮动汇率制度能够为各国政府提供更多的政策自由度，使其能够根据本国的经济状况制定适合的政策。但这也带来了一个问题：单个国家的最优政策不一定能促成全球经济的最优状态。因此，就需要一个有力的国际机构来协调各国的经济政策，以实现全球经济的整体最优。但是，截至目前，这样一个有效的国际协调机构尚未真正建立起来。结果是，浮动汇率制度使得各国政府有可能为了国内经济目标而采取一些不利于全球经济的政策。

从牙买加体系实施以来的实际情况来看，世界汇率的剧烈波动成了常态，这不仅导致了货币市场的动荡，还助长了投机行为。回顾两次世界大战期间的货币制度和汇率制度，可以发现汇率的大幅波动往往与市场的投机行为有关，而布雷顿森林体系之所以采用固定汇率制度，正是为了避免这种情况。

汇率纪律的消失也给国际贸易和投资带来了更多不确定性。汇率的剧烈波动增加了国际贸易的成本，使得进出口商难以准确计算利润，并且影响了国际生产性资本的流动，从而影响了全球资源配置的效率。虽然现代外汇市场的发展和金融衍生工具的出现,在一定程度上降低了汇率风险,但外汇交易是否能完全消除这种风险仍然是一个值得探讨的问题。此外,随着汇率波动频率和幅度的加剧,货币作为计量工具的功能也会受到影响。

因此,牙买加体系虽然为各国提供了更多的自主权,但同时也带来了一系列挑战,特别是在协调全球经济政策和维护货币稳定性方面。这要求国际社会共同努力,寻求更有效的解决方案,以应对这一复杂而多变的全球金融环境。

2. 协调各国经济政策难度加大

在布雷顿森林体系时期,国家间在经济危机时被禁止通过竞争性货币贬值来实现经济平衡。但是,牙买加体系的实施后,各国获得了决定本国货币汇率的更大自主权。这一变化使得各国更加注重本国经济利益,而往往忽视了其政策对其他国家的潜在影响。在这种情况下,每个国家都可能变成政策不协调的受害者,因为在全球经济日益紧密的今天,没有任何国家能够孤立地发展。以1997年东南亚金融危机为例,当时许多东南亚国家为了刺激出口和改善国际收支,纷纷采取了货币贬值的措施。由于这些国家几乎同时采取了同样的策略,结果导致了一种"竞相贬值"的局面。这种竞争性贬值并没有有效地提升各国的外需,反而加剧了区域内的经济不稳定。因此,在牙买加体系下,协调各国的经济政策变得更加困难。每个国家都在追求各自的利益,而忽视了全球经济环境的整体性和相互依赖性。此情况不仅加重了全球经济面临的不确定性,还可能引发一系列潜在危机。这一问题的解决需要国际社会共同努力,寻找更加有效的协调机制,以维护全球经济的稳定和可持续发展。

3. 储备管理难度加大

在牙买加体系下,储备货币的多元化减少了对美元的过度依赖,同时也缓解了美元作为主要储备货币所带来的"特里芬难题"。但是,这种多货币本位制并没有根本解决问题,而是将责任分散到了几个主要货币国家。这些国家在国内经济目标与维持全球经济稳定之间出现冲突时，通常会优先考虑自身利益，从而增加了国际汇率的波动性，并给各国的储备管理带来了更大的挑战。对于发展中国家而言，由于经济基础较弱、金融体系尚未健全、抗风险能力有限、缺少应对国际汇率波动的经验和资源，货币多样化和汇率的频繁波动给这些国家的储备管理带来了额外的难度。这种情况下，这些国家在管理储备时面临着更加复杂的挑战，短期资金流动性加剧，不仅增加了金融成本，还可能引发经济的不稳定。因此，有效管理储备、应对汇率波动，对于发展中国家来说，是一项极具挑战性的任务，需要综合考量国际和国内的经济环境，制定更加周密的策略。

（四）牙买加体系的演变

牙买加体系自诞生之日起，就伴随着改革的呼声。其发展历程可以划分为两个显著的阶段。

1.1976—1987年：汇率制度的多元化探索

这一阶段从1976年开始，持续到1987年的普拉扎-卢浮宫协议期间。在这个时期，国际货币体系从固定汇率制度逐步向多元化汇率制度转变。特别是在实行浮动汇率制度的国家中，政府多采取较少干预的态度，任由汇率自由波动。例如，20世纪80年代的美国政府，特别是在里根时期，主要聚焦于控制通货膨胀，采取了紧缩的货币政策与扩张的财政政策。这种政策的副作用是美元的持续升值，进而引发了贸易保护主义的上升和对其他国家经济的负面影响。最终，为了防止国际贸易体系受损，1985年的普拉扎会议决定了对外汇市场的干预，标志着这一时期的结束。

2.1987年至今：管理浮动汇率制度的实施

自1987年卢浮宫协议之后，国际货币体系进入了第二阶段。这一阶段的特点是对完全自由放任的浮动汇率制度的共识与反思，各国政府开始通过协调来管理汇率，以减轻汇率波动对经济的冲击。卢浮宫协议确立了汇率目标区域，允许一定范围的汇率波动（通常不超过5%），实质上是一种有管理的浮动汇率制度。从1986年开始，全球各国特别是主要发达国家的汇率制度也趋向于管理浮动。1997年亚洲金融危机后，东南亚国家从固定汇率制度转向有管理的浮动汇率制度，进一步印证了牙买加体系在汇率制度方面的适应与演进。

第二节 人民币汇率制度的演进及特点

人民币汇率政策的发展紧密跟随着我国经济体系的变迁。在经济改革开放之前，我国的经济体制基本处于闭环状态。在这一时期，人民币的价值主要面临内部价值的问题，即如何确保国内物价的稳定。在改革开放初期，有一种观点对决策层产生了较大影响，认为在经济迅速发展的背景下，通货膨胀是不可避免的，因此放弃了追求人民币内部币值稳定的目标。本部分将依照时间顺序，详细介绍人民币汇率制度建立的四个主要发展阶段：

一、国民经济恢复时期的汇率制度：1949—1952年

1949年，中国实行了新的汇率政策，这标志着人民币汇率的重要转折。这一时期，中国经历了从战争到和平的转变，国民经济开始从废墟中恢复。在此背景下，建立有效的汇率制度成为当务之急。此时，中国的外汇资源非常稀缺。国内物价波动较大，出口和进口贸易都面临着严重的挑战。政府为了激励对外贸易，特别是出口，采取了一系列措施。汇率政策主要围绕"奖励出口，平衡进口，关注侨汇"的原则展开。这些原则不仅体现了对外贸易的需要，还反映了政府对海外华人汇款的重视。在这一时期的初期，人民币汇率实行了议价制。这意味着汇率的确定并非完全由市场供求关系决定，而是通过协商的方式来设定。这种做法在一定程度上反映了当时国内外经济形势的复杂性和不确定性。人民币的汇率设定基于国内外物价的对比，参考主要出口商品的平均成本。在此基础上，还会考虑到一定的利润空间，以及海外华人的生活成本。

1950年后，政策有所调整，更加注重激励出口和平衡侨汇购买力。随着国内经济的逐步稳定和增长，人民币汇率逐渐得到提升。这一时期，中国实行了外汇集中管理制度。所有的外汇交易都必须通过中国人民银行进行。人民银行不仅负责制定汇率，还要根据国内外经济形势的变化适时调整汇率。这一阶段的中国面临着巨大的外汇需求。由于西方国家的经济封锁，外汇资源非常有限。此外，进出口通道不畅，侨汇路径也存在诸多困难。这些问题严重制约了国民经济的恢复和发展。为了应对这些挑战，中国建立了外汇集中管理体系。人民币汇率的主要目的是通过调控对外贸易和照顾侨汇收入来促进经济恢复。汇率政策的核心依据是国内外物价差异，以此来判断汇率的合理水平。

二、计划经济体制下的汇率制度：1953—1980年

在20世纪中叶至80年代初，中国实行计划经济体系，并采纳了与之相适应的汇率政策。这一时期的汇率制度可以划分为两个主要阶段，每个阶段都具有其特定的经济背景和政策特征。

第一阶段（1953—1972年）：1953年到1972年，中国的汇率政策主要以稳定为目标。这一时期的国际货币体系以美元为核心，多数国家采取固定汇率制。在这种背景下，中国的汇率制定主要依据计划经济体系的要求。人民币汇率主要参照主要国家的货币汇率变化进行调整，但整体上保持相对固定。这一阶段的汇率政策与计划经济体系紧密相连。政府对物价实行严格控制，同时采取长期稳定的政策来保持汇率的相对稳定性。这种做法在一定程度上减少了市场波动对经济的影响，有利于国内经济的稳定发展。

第二阶段（1973—1980年）：1973年至1980年，国际经济形势发生了显著变化，特别是由于油价危机和物价的普遍上涨，主要西方国家开始从固定汇率制转向浮动汇率制。这一变化对全球经济格局产生了深远影响。为了应对这种国际经济环境的波动并维护人民币汇率的稳定性，中国的汇率政策也做出了相应的调整。政策的调整旨在保持汇率的稳定，同时适应国际市场的变化，特别是促进出口贸易和人民币的国际使用。这一时期，中国开始采用一种新的汇率调整方法，即以"一篮子货币"为基础的加权平均计算方法来调整人民币汇率。这种方法考虑了主要贸易伙伴国的货币价值变化，更加反映了市场供求关系的变化。通过这种方法，中国能够更灵活地应对国际市场的波动，同时保持人民币汇率的相对稳定。这一策略在一定程度上促进了中国的外贸发展，同时也为后续改革开放的汇率制度变革奠定了基础。

1953年至1980年期间的汇率制度是计划经济体制下的产物。这一时期的政策既反映了国内经济的特点，也体现了对国际经济形势变化的响应。通过不同阶段的调整，中国的汇率政策逐步从固定汇率制向更加灵活的汇率制度过渡，这为后来的经济改革和对外开放提供了重要的经验和基础。

三、经济体制转轨期的双重汇率制度：1981—1994年

在1981年至1994年间，随着我国经济体制从计划经济向市场经济的转型，人民币汇率制度也经历了重大调整，呈现出计划汇价与市场汇价并存的双重汇率制度。这一时期的汇率政策分为三个阶段，每个阶段都反映了国内外经济环境的变化及政策的适应。

（一）第一阶段：1981—1984年

在这一阶段，中国面临着单一汇率制度所带来的出口亏损问题。为了解决这一问题，政府除了维持官方汇率外，还设立了一种适用于贸易结算的内部结算汇率。这一做法旨在通过提供更有利的汇率来刺激出口。同时，随着外汇留成制度的实施，各地区和企业开始能够留存一部分外汇收入。这促使各地成立了外汇调剂中心，形成了官方汇率与市场汇率并存的局面。这种双轨制在一定程度上缓解了由于汇率固定带来的经济压力。此外，这一时期的人民币汇率也受到了国际经济形势的影响，尤其是美元的升值，这进一步增加了出口的压力。

（二）第二阶段：1985—1991年4月

国际货币基金组织的相关规定要求会员国向单一汇率体系过渡。在此背景下，中国恢复了单一汇率制，但实际上官方汇率与市场汇率之间

仍存在差异。这一时期，官方汇率和外汇调节价格之间的差距逐渐扩大。这种差距反映了市场需求与官方政策之间的张力。外汇市场的交易量显著增加，显示了市场对汇率调整的积极响应。

(三) 第三阶段：1991年4月—1993年底

在最后一个阶段，政府对人民币汇率进行了微调，以适应国内外经济环境的变化。这一时期，官方汇率多次小幅下调，但这些调整仍未能完全跟上市场上的出口换汇成本和外汇调剂价格的变化。这一阶段的经济现象包括进出口增长的差异、外汇储备的下降以及生活费用指数的上升。这些变化反映了中国在全球经济体系中地位的变化，以及国内经济结构调整的需要。

总体来看，1981年至1994年这一时期是中国汇率制度改革的关键时期。在这段时间里，中国逐步实现了从计划经济向市场经济的转型，汇率政策的变化是这一转型过程中的重要组成部分。通过这些年的改革，中国的汇率体系更加市场化，更能反映市场的真实需求和国际经济的变化，为后续的经济增长和国际化奠定了基础。

四、1994年外汇体制改革后以市场机制为基础的汇率制度

(一) 1994年外汇体制改革

1994年1月1日，取消外汇调剂市场和人民币外汇调剂市场汇率，人民币官方汇率与市场汇率并轨。原先的外汇调剂市场被废除，人民币的官方汇率与市场汇率实现了合一。这一改革的核心是将人民币汇率转变为基于市场供求的单一浮动汇率制，从而更加贴近国际经济环境。在这次改革之后，人民币汇率的形成机制也发生了显著变化。

①以往，中国汇率的制定主要由政府行政机关直接决定，这种做法在一定程度上忽视了市场的实际需求和供给状况。为了实现更加市场化的汇率制定机制，改革将汇率的制定权转交给了指定的外汇银行。在这种新机制下，这些银行在中国人民银行公布的基准汇率的基础上，根据市场供求关系自主确定并调整挂牌汇率。这一转变标志着中国汇率制度由行政定价向市场定价的重要步骤。

②改革确保了汇率的形成更加符合市场的实际需求和供给状况。在市场化的机制下，汇率能够更灵活地反映国内外经济环境的变化，例如贸易状况、资本流动、国际收支平衡等因素。这种机制有助于促进贸易和投资的公平和效率，同时也为汇率提供了更加稳定和可预测的环境。

③新的制度实现了一个统一且稳定的汇率体系。在这个体系中，人民币汇率不仅更加反映市场实际状况，同时也更具有稳定性和可预测性。这种稳定性对于国际贸易和投资至关重要，因为它降低了汇率波动带来的风险，提高了经济活动的透明度和确定性。

通过这些改革，人民币在国际交易中的地位和作用得到了加强。一个更加市场化、稳定且可预测的汇率体系使人民币成为国际贸易和金融交易的更可靠选择。此外，随着中国经济的持续增长和对外开放程度的加深，人民币在国际货币体系中的影响力也不断增强。

总体来说，1994年的外汇体制改革标志着中国汇率制度向市场化、国际化迈出了重要一步。这一变革不仅提高了人民币汇率的弹性和适应性，还为中国的经济发展和国际贸易提供了更为稳定和可预见的货币环境。

(二)人民币实现经常项目下自由兑换

在1994年外汇体制改革成功后，中国积极推进人民币在经常项目下的自由兑换。为此，中国人民银行于1996年公布了一系列改革措施，旨在平稳、迅速实现人民币的经常项目可兑换。

①1996年1月29日颁布的《中华人民共和国外汇管理条例》，自4月1日起施行，取消了一些非贸易和非经营性交易在经常项目下的汇兑限制。紧接着，5月13日，国家外汇管理局发布《境内居民因私兑换外汇办法》，从7月1日起实施，放宽了个人兑换外汇的限制，扩大了可供应外汇的范围，提高了标准，对超出标准的购汇申请在经过真实性审核后也可兑换。

②1996年6月26日，中国人民银行发布《结汇、售汇及付汇管理规定》，将外商投资企业纳入银行结售汇体系，并宣布在年底前清除剩余

的汇兑限制，整理相关法规，以实现人民币在经常项目下的可兑换，超前完成国际货币基金组织协定第八条款的要求。

③1996年11月27日，中国人民银行行长戴相龙正式向国际货币基金组织声明，自12月1日起，人民币在经常项目下实现可兑换，进一步推动了人民币汇率市场化。

④在1997年东南亚金融危机爆发时，由于中国尚未开放资本项目，人民币未完全可兑换，因此直接影响较小。尽管如此，作为一个出口驱动型国家，人民币仍面临贬值压力，特别是在邻国纷纷贬值的情况下。但考虑到中国作为一个负责任的大国以及追求提升国际地位的政治决策，决策者采取了短期内保持人民币汇率稳定的政策。

（三）单一钉住美元汇率制度

自从1994年实施汇率并轨以来，我国采取了名义上有管理的浮动人民币汇率制度。在这个过程中，特别是在20世纪90年代中期，人民币与美元的双边名义汇率经历了一定的波动，但自那时起，人民币的名义汇率与美元保持了相对稳定的关系。实际上，这段时间内人民币实际上采用的是固定单一钉住美元的汇率制度。通过深入分析人民币汇率的历史，我们可以发现中国汇率制度的主要包括以下特点：

①人民币汇率制度变迁与人民币可兑换进程及经济金融市场化程度紧密相关：在1958年之前，人民币完全无法兑换，企业进行进出口贸易必须通过国家审核才能进行外汇交易，汇率自然遵循计划经济的定价。随着改革开放的深入实施，经济金融市场化程度不断提高，原本以计划经济为主的汇率制度逐渐不适应市场经济的需求。1994年，外汇管理制度经历重大改革，取消了大部分经常项目外汇交易限制，使人民币在经常项目上实现有条件可兑换。到了1996年，进一步取消了其他汇兑限制，接受国际货币基金组织第八条款，人民币经常项目可兑换得以全面实现。

②人民币汇率从单纯以出口商品成本为定价依据过渡为国民经济宏观调控的重要手段之一：1979年以前，在我国实行的是高度集中的封闭

型计划经济，所有商品和服务价格均由国家计划定价，汇率的设定和调整也主要以出口商品成本为依据。这种定价机制无法准确反映外汇供求状况和生产力发展水平，对宏观经济调控作用有限。然而，随着1979年改革开放的推进，经济体制由计划经济逐步向社会主义市场经济转型，经济和理论学者们结合购买力平价理论和中国国情，发展出了适合中国的换汇成本理论。在此基础上，长期以来采用出口换汇成本作为指导人民币汇率决策的依据，这不仅反映了中国的经济运行状况，也体现了政府的政策导向。由此，人民币汇率的调整成为宏观经济调控的重要工具之一。

③人民币汇率制度同国际货币汇率制度变更密切相关，汇率制度的选择与国家的经济安全紧密相连：人民币汇率制度的演变与国际货币汇率制度的变化息息相关，而汇率制度的选择更是与国家的经济安全紧密相连。国际汇率制度的显著变化之一是由以美元为主导的体系转变为美元、欧元、日元等多种强势货币并存的浮动汇率体系。这一转变促使各国汇率制度面临重大调整，人民币汇率制度亦随之改变。人民币汇率实行的是基于市场供求关系、并有管理介入的单一浮动汇率制度。但是，由于我国经济正处于转型期，金融体系尚不完善，这决定了人民币汇率形成机制的市场化程度相对较低，实际上呈现出以美元为主的单一钉住制。随着中国经济的迅猛发展，人民币长期面临升值趋势。近年来，由于美元持续疲软、国际利差因素以及中国持续的贸易和资本双顺差现象，外汇储备显著增加，这些因素均在不同程度上加剧了人民币的升值压力。面对这种压力，国家官方明确表示要保持人民币汇率的稳定。

总之，人民币汇率制度的发展是国际国内政治经济形势以及经济体制变迁的结果。汇率制度的选择依赖于多种因素，尤其重要的是该国特有的经济制度、经济环境以及特定发展阶段的经济目标。当前的人民币汇率制度安排基本反映了中国的实际经济状况，深入解析现行的人民币汇率制度有助于我们思考未来的改革方向。

五、2005年以后参考一篮子货币的有管理的浮动汇率制度

自2005年7月21日起,我国开始执行一种新的汇率机制,这种机制基于市场供求关系,同时参考多种货币构成的篮子进行调解,并受到一定程度的管理。这次汇率机制改革的核心内容涉及三个主要方面:

(一)汇率调控的方式

新的制度不再单一的锚定美元,而是以一篮子货币为参考,根据市场供求情况浮动汇率。这里的"一篮子货币"是根据中国在对外经济活动中的实际需求选定的,涵盖了对中国外贸、外债、外商直接投资等方面影响较大的主要国家和地区的货币。这些货币被赋予不同的权重,并构成一个综合性的货币篮子。这一机制关注国内外经济金融形势的变化,将市场供求关系作为基础,参照所述货币篮子计算人民币的多边汇率指数变动。这种方法旨在管理和调整人民币汇率,确保其在合理且均衡的水平上保持基本稳定。货币篮子的组成考虑了中国在外贸、外债和外商直接投资等领域占较大比重的国家和地区及其货币。这种参考多种货币的方法意味着其他外币之间的汇率变化将对人民币产生影响。但是,这种参考并不等同于直接锚定这些货币,因为市场供求关系同样是形成有管理浮动汇率的重要依据。这种策略有助于增加汇率的灵活性,抑制单边投机行为,从而维护多边汇率的稳定性。

(二)中间价的确定和日浮动区间

中国人民银行在每个工作日结束时,会根据当日银行间外汇市场中美元及其他货币对人民币的交易状况来确定收盘汇率。这一收盘汇率随后被用作下一工作日的中间价,为即将发生的货币交易提供一个基准点。银行间外汇市场上美元与人民币的交易价格,通常限定在中国人民银行公布的美元中间价的一个较小范围内波动。而对于非美元货币,其兑人民币的交易价格则在一个更宽松的范围内波动,这样的安排是为了保持市场的稳定性。同时,中国人民银行还规定,人民币对美元的交易价格将在一个特定的幅度内浮动,以此来适应市场的实际需求,提高交易的灵活性。

（三）起始汇率的调整

2005年7月21日19时，美元对人民币交易价格调整为1美元兑8.11元人民币，作为次日银行间外汇市场上外汇指定银行之间交易的中间价，外汇指定银行可自此时起调整对客户的挂牌汇价。此次调整并不代表人民币汇率的终极目标，而是一个初步的小幅度升值，后续还将根据情况做出进一步的调整。重点在于人民币汇率形成机制的改革，而非单纯在数量上的增减。调整的幅度是综合国内外经济形势，特别是贸易顺差的程度和国内企业结构调整的需要来决定的，同时也考虑到了国内企业在这一过程中的适应能力。

六、人民币汇率制度改革展望

国家外汇管理局统计数据显示，截至2023年11月末，我国外汇储备规模为31718亿美元，较10月末上升706亿美元，升幅为2.28%。2023年11月，受主要经济体宏观经济数据、货币政策预期等因素影响，美元指数下跌，全球金融资产价格总体上涨。汇率折算和资产价格变化等因素综合作用，当月外汇储备规模上升。我国经济持续回升向好，经济韧性强、潜力足、回旋余地广，长期向好的基本面没有改变，将继续支持外汇储备规模保持基本稳定。

（一）培育健全的外汇市场

要形成合理的市场汇率，必须保证外汇市场有足够的交易主体、多样化的交易品种、分层次的市场结构以及相应的交易规模。因此，需要从强制结售汇制度过渡到自愿结售汇制度，扩大市场交易主体，使更多企业和金融机构能够直接参与外汇交易和大宗代理交易。同时，应当丰富交易品种，包括外币间的交易，并逐步引入外汇期货交易，以此扩大我国外汇市场的交易规模。此外，还需建立和完善市场化的交易模式，优化商业银行的"做市商制度"，活跃外汇市场，并改进央行市场的调控方式，确立规范的干预模式，以减少干预成本。

（二）继续推进汇率形成机制的市场化改革

随着我国市场进一步开放，资本和商品进出口量的增加，我们需要采纳更加灵活的汇率制度，以便调节国际收支并维护货币政策的独立性，具体措施如下：

①应逐步将本币汇率的控制权从政府转移到市场，进一步放宽企业和个人的持汇及用汇限制，加速外汇市场的发展，增强国内市场在本币汇率定价方面的影响力。

②持续支持信誉良好、竞争力强的企业"走出去"，同时，不断扩大合格本地机构投资者机制的规模，协助投资者通过合规渠道投资于境外资本市场。

③需要完善对贸易外汇收结汇和个人外汇流动的监管。

（三）进一步缓解人民币汇率升值的压力

人民币汇率升值的压力虽然表面上似乎仅因贸易顺差持续增长，实则源自多重因素，如出口的快速增长、资本流入的加速以及外汇储备的迅猛增加，特别是市场对人民币升值的预期对外汇流入产生了显著影响。此外，资源要素价格市场化水平不足、价格偏低以及国内外不同要素之间比价关系的失衡也是导致升值压力的重要因素。为了有效缓解这一压力，推进资源要素价格的改革显得尤为必要。鉴于美国是我国对外贸易中顺差最大的国家，调整对外贸易的地理结构，减少对美国市场的依赖，将有助于平衡外汇市场。同时，在持续鼓励外资流入的基础上，我国企业也应积极通过对外直接投资进入其他国家市场，扩大国际贸易版图。政府方面，应采取相应措施，适度控制外汇储备的快速增长，以实现多方位、多手段的综合调控，从而在一定程度上缓解人民币升值的压力。

第三节 货币国际化与资本项目开放

中国经济的迅猛增长、国际贸易地位的上升、人民币币值（包括物价和汇率）的长期稳定，以及中国政府在亚洲经济危机期间显示出的稳定亚洲经济的强烈责任感等因素，极大提升了人民币在国际上的声望。由此，周边国家和地区的居民逐步接受人民币作为国内交易和国际贸易的流通货币。人民币在海外的存量已经形成了显著规模，并持续增长，其走向国际化的趋势已成为不可逆转的现实。因此，依据经济区域化和全球化的客观需求，结合理论与实践，探讨人民币走向区域化和国际化的可能性，及其应采取的相关策略，显得尤为重要。同时，货币的国际化与资本项目的开放是相互关联的。

一、货币国际化

货币国际化是指一个国家的货币超越其本国边界，在全球范围内自由兑换、交易和流通，并最终跻身国际货币的行列。这一过程是持续且动态的，反映了货币在全球经济中的地位和作用。根据国际货币基金组织对全球主要经济体货币国际化的历史经验进行的分析，货币的国际化要求发行国家具备若干基本条件。

①经济发展的规模和开放程度：一个国家货币国际化的基础在于其经济的规模和开放程度。经济规模体现在国家的总体经济实力、经济发展水平，以及经济结构和产品结构的多样性。这些因素直接影响一个国家货币在国际贸易和投资中的作用。一个国家若具有较大的出口份额和显著的国际投资地位，就更有可能推动本国货币在国际市场上的广泛应用。经济发展越高级，国力越强，经济结构越多元化，该国货币在国际兑换中的抗风险能力就越强，进而在国际清算和储备货币领域中占据更加稳固的地位。

②市场经济体系的成熟和机制的有效运作：市场经济体系的成熟度是货币国际化的另一关键因素。这包括商品市场、劳动市场、资本市场及金融和外汇市场的完善发展，以及一个合理的、能反映价值规律的价格体系的建立。此外，微观企业经营机制的健康运作也至关重要。这些因素共同构成了市场经济体系的完整框架，为一国货币的国际化提供了必要的内部支撑。

③宏观经济的稳定和有效调控：宏观经济的稳定性及其有效调控是

货币国际化的重要条件之一。这主要体现在一个国家通过其财政和货币政策创造有利于本国货币国际化的宏观经济环境，适应国际和国内经济周期的变化，并通过经济手段实施有效的宏观调控，从而保持货币价值的稳定。这不仅有助于提升国家货币在国际舞台上的信誉和接受度，还能够增强其作为国际货币的实际使用价值。

④合理的汇率和汇率体制：一国货币的汇率应基于其实际价值量，并与国际收支平衡相协调，能客观反映外汇市场供需，正确引导外汇资源合理配置。这是实现货币国际化后维护外汇市场稳定的必要条件。

⑤充足的国际清偿手段：政府需拥有充足的黄金和外汇储备，及从国外融资的能力，以应对可能发生的汇兑需求。这能帮助国家保持国际收支的动态平衡，维持外汇市场和汇率的相对稳定。

因此，一个国家的货币要实现国际化，不仅需要其经济实力作为支撑，还需其市场经济体系成熟、宏观经济稳定、汇率体制合理以及具备充足的国际清偿能力。这些因素共同作用，推动国家货币在国际舞台上的广泛认可和使用。

二、人民币区域化和国际化的必要性分析

在全球经济逐渐走向区域一体化的背景下，中国不仅是亚太经济合作组织的关键成员，也是正在形成的东亚经济圈的核心国家。更为关键的是，在由中国大陆及港、澳、台地区和东南亚国家共同构成的"中华经济圈"中，中国扮演着至关重要的角色。在这种情况下，人民币在上述地区已经或正逐渐担当起国际货币的部分职能。自从中国加入世界贸易组织以来，面对既有的机遇和潜在的风险，我们必须推动人民币的区域化和国际化，以充分利用这些机遇、规避市场风险和提高国际金融竞争力。

①从金融政策的角度来看，人民币的区域化和国际化能有效降低汇率风险，进而促进外贸的快速发展。历史上，我国在对外经济交往中大量使用外币，承担了较高的汇率风险。一旦选择错误的货币，可能会遭受严重的经济损失。若人民币能成为区域性或国际性货币，那么在国际

交往中使用本币的机会将会大大增加,从而将汇率风险降至最低。此外,这还有助于改善外商投资的环境,减少外商投资利润的汇出风险,保障外商投资者的合法权益,增强外国投资者的信心,进而促进外资的更合理引入以及产业结构的优化。

②从金融管理的收益视角来看,人民币的区域化和国际化有助于降低使用外币引发的财富流失,并能增强财富的集聚效应。从铸币税的角度分析,推动人民币在区域和国际层面上的流通,可以为我国带来额外的铸币税收入。作为主权国家,发行非兑换的信用货币是利用货币垄断发行权来筹集资金的一种方式。国内发行的货币用于国内经济,而将本国货币推广至世界范围,相当于从其他国家间接获得铸币税,这对于资金需求较大的国家来说,是一笔重要的资金来源。此外,更多地在国际交易中使用人民币,不仅减少了外汇储备的需求,而且等同于向其他国家和地区间接发行人民币,从而获得铸币税收入。从金融管理的需求角度考虑,人民币的区域化和国际化将促进国内外银行业的经营管理体制不断发展和完善。随着人民币在国际金融市场上的地位日益提升,这不仅有利于国内金融体系的进一步成熟,也将推动国际金融体系的整体发展,为全球金融市场带来新的活力和机遇。

③从金融管理角度出发,人民币区域化与国际化推动了国内外银行业经营管理模式的发展与优化。在人民币国际化进程中,外资银行纷纷进入我国,业务范围持续扩大,同时国内银行业积极走向国际,这为我国银行业带来了机遇和挑战。这不仅在资金、业务类型、服务方式、工作效率以及利率和汇率风险管理等方面对银行业提出了更高的要求,也促使我国银行业的经营管理体制逐步变革。同时,人民币的区域化和国际化在更深层次上促进了本币与外币间的互动,需要加强对货币供给的调控,提升中央银行的宏观调控能力,建立符合市场经济的银行体系和金融市场,增强银行的竞争和发展能力。

④从金融管理的国际影响来看,人民币的区域化和国际化有助于提高中国在全球的影响力和货币话语权。当前的国际货币体系主要以美

元、日元和欧元为主，形成了一种不平衡的货币格局。在这个体系中，发达国家凭借货币话语权占据主导地位，而发展中国家则因历史原因处于较为被动的位置。人民币的国际化有望减少国际货币体系不完善之处对中国的影响。一旦人民币实现国际化，中国将拥有一种世界货币的发布和调整权，进一步促进其在全球经济活动中的影响力和发言权的提升。通过实现人民币国际化，中国将为全球经济的稳定发展和增长做出重大贡献。

三、人民币区域化和国际化的现实设想—"中元区"的建立

随着入世及CEPA的深入发展，中国大陆与港澳台地区经济联系日益紧密，一个开放且充满活力的中华经济圈正逐步成形。探索在港澳台与内地（大陆）乃至周边国家和地区共用一种统一货币——"中元"，这一设想不仅在理论上引人深思，而且在实践中具有重要意义。

（一）"中元"构建的理论现实依据

1961年，美国著名经济学家罗伯特·蒙代尔提出了最优货币区理论，为区域货币一体化提供了理论支撑。所谓"货币区"涵盖两重含义：一方面，它指的是建立在国际区域经济基础之上的一种对内固定、对外浮动的国际汇率制度，即在区域内确立各国货币之间的固定汇率，而对区域外货币则实行市场浮动汇率；另一方面，它是指以国际区域货币为基础构建的国际货币联盟，即区域内各国放弃本国货币的发行和管理权，共同使用一种统一的货币。而"最优"则指在货币区内能够同时实现内部物价稳定、控制失业和外部国际收支平衡的一种宏观经济政策的最佳效果。本文讨论的最优货币区——"中元"，是指在整合中国"一国四币"（人民币、港币、澳币和新台币）的基础上，形成的在中国经济圈（包括港澳台与内地（大陆））内统一使用的"中元"。

（二）"中元"构建的成本收益分析

在港澳台与内地（大陆）实施统一的"中元区"，其成功不仅依赖于多种条件和标准，更关键的是它对参与国家或地区经济的益处与代价之间的平衡。这一成本与收益的评估，对于考虑加入统一货币区的国家

或地区而言,是一种基于现实的重要权衡和决策。它不仅涉及经济利益的计算,还包括对政策、社会和文化影响的全面考量。

1. 加入"中元"货币区的成本

①放弃独立货币政策。独立货币政策的放弃是加入"中元区"参加国和地区最大的成本。但就香港、台湾、澳门来看,前二个地区目前基本上是一种钉住美元的固定汇率制度,澳门实行的是港元联系汇率制度,三者经济开放度极高,且其资本项目都已开放,因此,就蒙代尔三角而言,汇率作为一种政策工具其调整经济失衡的作用是有限的。就港澳台来说,由于其资本项目完全开放,即使采取浮动汇率制,其货币政策的独立性程度也不会很大。而由于金融市场的一体化,各国的利率有趋同之势,各国的货币政策也不能独立于世界利率而确定本国利率,所以,货币政策的独立性即使是在浮动汇率制下也是较弱的。再根据麦金农的分析,对于大的开放经济区域而言,固定汇率更适合于小国开放经济。从这一意义上讲,香港、台湾、澳门加入统一的"中元区"放弃其货币政策的成本不会太大。

②短期性成本。短期性成本主要表现为引入统一货币对金融行业和企业造成的直接转换成本增加,这可能会对商业银行的盈利业务产生负面影响,从而导致金融业务利润的减少,并给一些尚未结算的业务及远期合同的转换造成不便。同时,公众、企业和政府在适应新的记账单位和新货币方面也面临一定的挑战。此外,加入单一货币区域的成员国还将失去独立发行货币所带来的大量铸币税收入。

2. 加入"中元"货币区的收益

加入"中元"货币区有助于推动港澳台与内地(大陆)的竞争和资源配置的高效性。"中元"货币区的构建能显著提升货币区内的价格公开度,降低了获取信息的成本,从而催生区内企业间的竞争。在这个覆盖了"中元区"广大市场的平台上,由于汇率风险的消除,商品交易和投资活动将得以更加活跃,助力要素更自由地流动。鉴于港澳台与内地(大陆)的产业互补关系强烈,货币统一之后,区内的规模经济和优质产品的合作有望达到新的高度，乃至能够进一步提高资源配置的效率。

四、人民币国际化展望的战略思考

人民币走向国际化是其发展的必然趋势。但是，我们必须清楚地认识到，人民币国际化是一个逐步发展、不断完善的历程，这个过程充满了许多未知变量。基于我国的具体国情和货币国际化的普遍规律，人民币国际化的推进应遵循以下战略方针。

（一）为推动人民币的区域性和全球性发展，需构建坚实的微观基础

人民币的区域性及全球性发展，意味着将国际与国内的市场体系合二为一，这自然促使企业与银行参与全球竞争，实现资源在更广泛范围的优化配置。如此，国际市场的价格波动将直接影响国内市场，从而牵动国家经济的稳健发展。

①我们应按市场经济体系的要求，深化产权体制改革，建立健全现代企业制度。有效改革企业的运营机制，确保企业成为依法独立运营、自负盈亏、自我发展和自我约束的市场主体和法人实体。同时，加快构建以资本控制、品牌控制和技术控制为核心的"三控型"民族企业集团。这样的"三控"企业，才能全面提升适应国内外市场竞争的能力，满足人民币区域化和国际化进程中的全面开放需求。

②我们应强化并完善以商业银行为核心的信用体系，并在国际上扩展人民币兑换业务。人民币的区域化与国际化，涵盖国内外货币运营两大方面，均须借助良好的信用体系以协调运作。信用是金融业发展的关键，必须不断完善符合国际标准的信用体系。同时，在全球经济交往中，为人民币的可兑换性创造条件，尤其在发达国家积极推广人民币兑换业务，为人民币的区域化与国际化发展提供必要的软环境支持。

（二）推进人民币区域化和国际化进程，需要高度重视开放中的金融监管问题

①要消除金融风险并加强金融监管。我国尚未遭遇金融危机，但金融隐患始终存在：例如，银行资产质量欠佳，不良贷款比例偏高；部分

地区金融秩序混乱，非法集资现象频发；非银行金融机构运作不规范；证券、期货市场及股份制管理存在漏洞。因此，我们必须加强立法和执法，同时结合诚信教育，共同提升金融监管效果。

②构建具有中国特色的金融监管体系。为稳定金融市场秩序、确保货币国际化目标的顺利实现，中国需根据自身国情，打造具有特色的金融监管体系。首先，应建立和完善一体化、开放性的金融监管体系，对各类金融机构实施统一且有效的监管。其次，建立包括存款保险制度和最终贷款人制度在内的金融安全网络。再次，我们需要循序渐进地开放金融领域，坚持理性、有力、节制的原则，并加强对国际热钱的防范与管理，严格监控外资金融机构的运营行为。

（三）推进人民币区域化和国际化进程，应当启动"金融强国"战略

"金融强国"战略是一个多维度的比较概念，它通常通过对金融资产总量和金融市场发展水平的评估来进行衡量。金融资产的质量直接关系到一国货币的国际竞争力，而高效率、与国际接轨的金融市场能够快速转换金融资产，为货币持有者提供规避风险的途径。这两方面的结合，可以增强货币持有者对货币的信心和乐观预期。实现金融强国战略的具体举措包括：

①加速发展国内货币市场和债券市场，构建一个调节人民币需求与供给的"流动资产池"，确保人民币币值和金融资产价格稳定。

②快速推进金融市场和国际化金融中心的建设，一个高度开放且发达的金融市场和金融中心是国际金融市场的关键和枢纽。

③为了加快全球化银行体系的建设，全球范围内的发达银行机构不仅是人民币在海外存储、流通和转换的主要经营主体，而且还对促进我国的对外贸易和境外投资发挥着积极的作用。因此，我们需要加强与这些银行机构的合作，以进一步推动人民币国际化进程。

④适时推出境内合格投资者制度，这将有助于推动国内证券公司走向国际市场，引导国内居民通过正规渠道参与境外证券投资，提升中国

企业在国际资本市场的形象，同时引导国内证券市场逐步减少泡沫。

（四）推进人民币区域化和国际化进程，应当积极参与亚洲货币金融合作

在战略层面，初步的举措可以是建立一个以人民币为中心的中华货币圈，目的是让中国货币在与日元乃至欧元的竞争中占据一席之地。从长远来看，我们的目标应是在亚洲范围内，以人民币作为核心货币，构建一个统一的亚洲货币体系。当前阶段的任务则是扩展和深化已经启动的货币交换协议，并实施一系列较为基础的货币合作措施，如汇率协调和共同管制机制。这些措施旨在加强中国在亚洲经济金融领域的影响力和参与度。此外，通过加强与亚洲邻国的金融合作，我们不仅可以提升人民币的区域影响力，还能促进区域内的经济稳定和发展。这包括但不限于建立更加紧密的货币合作机制、促进贸易和投资的便利化，以及共同应对区域内外的金融风险。通过这些合作，我们可以为亚洲的长期繁荣和稳定打下坚实的基础，同时也为人民币的国际化铺平道路。

五、资本项目开放

随着人民币国际化的深入，资本项目开放成为一个不可回避的重要议题。这一过程充满了挑战和争议。国际舆论普遍倾向于支持我国加速资本账户的开放，然而，国内专家对此持谨慎态度，担忧过快的步伐可能对我国货币稳定造成不利影响。尽管中国陆续推出了多项资本账户开放的新政策，但相比于那些已实现资本账户开放的国家，中国目前仍处于较为严格的资本管制状态。

（一）资本项目开放与汇率制度改革的关系

20世纪60年代，弗莱明和蒙代尔提出了著名的"不可能三角"理论，指出一个国家最多只能在资本自由流动、汇率稳定和货币政策独立性这三个目标中同时实现两个。在高度开放的经济环境下，若坚持固定汇率制度，则可能失去货币政策的独立性。而只有经济影响力巨大的国家，才有能力实行独立的货币政策。对于中国这样的经济大国，保持货

币政策的独立性对于促进经济增长和解决就业问题至关重要。因此，依据"不可能三角"理论，中国必须在汇率稳定和资本自由流动之间做出选择。

那么，能否在保持货币政策独立性的前提下，实现汇率稳定与资本流动之间的平衡呢？实际上，这正是资本项目开放过程中的一个关键问题：如何调整汇率来适应资本流动的变化。这一过程是动态平衡的，要求我们在人民币资本项目可兑换的循序渐进过程中，对人民币汇率进行灵活而主动的调整。我们应当根据实际情况，有序、分步骤地放开资本项目，同时确保汇率政策的适时调整，以达到汇率稳定与资本流动的良性互动。

（二）人民币国际化与资本项目开放的关系

一方面，资本项目的放开虽然是人民币国际化的重要支撑，但这种关系并非绝对。良好的资本项目开放能为人民币在国际市场中提供坚实的资本市场基础，便利了包括金融衍生品在内的各类货币业务的国际化发展。此外，开放的资本项目能加速货币的国际流通，进而增强人民币的国际影响力。然而，这种影响并非一成不变，德国马克的例子表明，在国际交易需求强烈的情况下，短期内实施一定程度的资本项目管制也是可行的。

另一方面，资本项目放开过程中必然会涉及货币的国际化问题。资本项目开放意味着货币形式的资本能够自由流通，如果缺乏强大的货币市场支撑，国家经济很可能因资本冲击而受损。

（三）开放我国资本项目的政策建议

1. 建立更具弹性的汇率制度

经验表明，一个灵活而适应性强的汇率体系能有效缓解资本流动的不稳定性所带来的冲击。目前，人民币采用完全浮动汇率体系尚不成熟，多项条件尚需发展与完善。因此，在短期内，实行一种有限浮动的"汇率目标区制"将是一种理想的选择，而真正意义上的管理型浮动汇率体系则应是一个中长期的目标。汇率目标区制实际上是限制汇率波动于一定范围内，仅当汇率波动超过预设警戒线时，才考虑采取措施。这种制度操作成本低，效率高。为保证汇率目标区制度的稳定运作，选择合适的目标区间宽度至关重要。在实施过程中，若出现人民币汇率大幅波动或货币价值严重偏离，中央银行可以通过外汇市场操作和调整经济政策进行干预。但是，从长远来看，随着我国经济和金融体系的进一步发展，及资本项目可兑换性的实现，管理型真正的浮动汇率体系将成为必然选择。

2.推进跨境人民币资本项目业务开展

中国经济始终保持着高速增长，且以经常账户和资本账户的双顺差为特征，这主要归功于拉动型出口的经济发展模式。因此，在一段时间内，经常账户下的双顺差将持续存在。我们应以此为契机，不断向海外输送人民币，提高其对外供应量，同时加大人民币在海外的使用和流通规模，以扩大其国际影响力。此项任务主要依靠资本账户来实现。当前，人民币的国际化发展面临的最大障碍并非来自贸易领域，而是金融领域。过去，人民币在国外主要应用于经常项目下，现在，我国已把直接投资的便利性作为出发点，逐步实现直接投资的基本兑换性。因此，持续推进跨境人民币资本项目业务的发展对于人民币跨境结算的深化发展至关重要。为了放宽对外直接投资的管理，以及跨境人民币资本项目业务的发展，我们应当考虑扩大投资主体的范围，在风险可控的情况下，应允许非试点地区的金融机构和企业参与。同时，政府必须推出更加有力的激励措施，积极鼓励企业使用人民币进行国际投资和贸易结算。

3.适时调整我国资本项目开放重点和顺序

我国始终坚持宽进严出的均衡管理策略，倾向于吸引资金流入，同时对资金流出进行严格控制。在资本项目开放的顺序上，我们遵循了一个基本原则：即先开放低风险项目，再逐步推进高风险项目，确保开放过程渐进且有序。自2006年起，我国实施了合格境内机构投资者政策，允许通过这一渠道向海外市场投资，但个人直接购买境外证券仍不被允许。为了使资本项目的开放取得实质性成效，我们必须关注目前部分可兑换或不可兑换的项目。目前，我国在外债借用、跨境证券投资以及中资机构的对外借贷和直接投资等领域实施了严格的管制。然而，资本项目的一步到位式开放是不可能实现的。从现状来看，未来可能会允许外国投资者在中国发行人民币计价的股票和债券，增加证券投资的可兑换性，并扩大我国的对外直接投资，这将成为资本项目开放的下一步重点。RQFII制度是一个良好的案例，它允许境外主体利用合格境外机构投资者渠道，将合法获得的人民币资金投入中国资本市场。这不仅扩大了人民币的使用范围，还促进了人民币回流渠道的建立，为人民币的国际化进程提供了加速的可能。

4.建立人民币跨境流动监测体系

随着资本项目开放的推进，中国金融市场可能面临许多不确定性和金融风险，这些风险可能对中国境内的金融机构构成挑战，甚至影响中国经济的稳定发展。因此，在对资本项目的可兑换性保持审慎的同时，资本项目的开放和对资本管制的放松，并不意味着放松对资本的监管。相反，这正提出了对我们监管体制和监管能力的更高要求。在逐步放松资本管制、扩大资本项目开放的过程中，我们应当强化对跨境资本流动的监管。这包括提高数据发布的频率，扩大数据监测的范围，加强对人民币跨境流动的监测和预警。我们需要密切关注人民币跨境流动的趋势和变化，不断完善监测体系，并增强预警机制。建立应对跨境资本异常流入或流出的紧急预案，提高应对金融突发事件的能力是至关重要的。最后，加强对人民币跨境流动数据的事后核查，不断总结经验，确保对人民币跨境流动的持续性监测，以维护金融市场的稳定和安全。

第四节　发达国家的汇率制度变迁与新兴经济体的探讨

一、发达国家的汇率制度变迁

（一）美国：从布雷顿森林到浮动汇率制的转变

在20世纪40年代以后，为了重建全球经济秩序，1944年，44个国家在美国新罕布什尔州的布雷顿森林召开会议。这次会议标志着布雷顿森林体系的诞生，该体系以美元与黄金的固定兑换关系为核心，其他国家货币则与美元挂钩。美国承诺以35美元兑换一盎司黄金，确保美元的稳定性。在布雷顿森林体系下美元成为国际储备货币和主要的国际交易货币。世界各国的货币政策在很大程度上受到美元的影响，美元的稳定性成为全球经济稳定的关键。到20世纪60年代，由于美国的财政赤字和贸易失衡，美元对黄金的支撑力度开始减弱。这一时期，美国的黄金储备减少，国际对美元的信任逐渐动摇。1971年，尼克松总统宣布美元不再兑换黄金，这一举措实际上标志着布雷顿森林体系的结束。布雷顿森林体系解体后，国际汇率体系进入了转型期。1973年，主要发达国家的货币开始实行浮动汇率制度。在这一制度下，货币价值不再固定，而是由市场供求关系决定。美国的货币政策开始更多地依赖于市场力量，而不是黄金储备。

浮动汇率制度赋予了美国在货币政策方面前所未有的灵活性，这对于调控国家经济的波动显得尤为重要。在该制度下，美国联邦储备系统（下文通称为联储）掌握了更多工具来应对各种经济挑战。联储通过调整基准利率和控制货币供应量等方式，有效地影响着美元的价值。这种能力使美国得以在经济不确定性和市场动荡中采取更灵活、有针对性的措施。例如，在经济增长放缓的时期，联储可能会通过降低利率刺激贷款和投资；而在通胀压力增大时，则可能会提高利率以控制货币流通。这样的策略构成了美国经济的一个强大调节机制，使其能更有效地应对国内外的经济变动和挑战。同时，美国汇率政策的变化对全球经济也产生了显著且深远的影响。浮动汇率制是一种复杂的货币政策体系，其影响力不容小觑。一方面，该制度增加了全球金融市场的不确定性，因为各国货币价值会受到通胀率、财政政策和市场利率等多种因素的影响而不断波动。另一方面，它也为各国提供了更多机遇，让他们可以根据自身经济状态和政策目标来决定如何管理自己的货币相对于美元的价值。这种灵活性不仅使各国能够更好地应对不同的经济挑战和机遇，还提高了国际贸易和投资的效率。浮动汇率制度的实施，尤其是美国的汇率政策，对全球经济的稳定与增长起到了关键作用。通过这种制度，美国和其他国家能够更灵活地调整经济策略，应对全球化带来的挑战和机遇。

因此，浮动汇率制度不仅为美国货币政策提供了更大的灵活性，也为全球经济体系带来了深刻变革。这种制度既包含着挑战，也蕴含着机遇，对于维持全球经济的稳定与发展具有重要意义。美国联邦储备系统在这一体系中扮演着核心角色，其决策不仅影响着美国经济，也对全球经济产生深远影响。在全球化日益加深的今天，理解和适应这种复杂的货币政策体系，对于各国经济的健康发展至关重要。

（二）欧洲：欧洲货币体系的发展，欧元的引入及其对成员国汇率政策的影响

欧洲的货币体系经历了深刻的变革，特别是随着欧元的引入和欧洲货币体系的发展，这些变化对成员国的汇率政策产生了重大影响。在分析这一变迁过程中，我们首先需要考察欧洲货币体系的历史背景和发展路径。欧洲货币体系是在1979年成立的，其主要目的是通过减少欧洲共同市场内部货币间的汇率波动来稳定区域经济。在这一体系中，各成员国的货币被固定在一定的波动范围内，从而形成了一种半固定的汇率机制。

随后，欧洲的货币一体化进程在1999年达到了一个重要的里程碑，即欧元的正式引入。这一步骤是欧洲一体化战略的核心组成部分，旨在通过一个统一的货币进一步加强成员国之间的经济联系。欧元的引入对成员国的汇率政策产生了深远的影响。首先，加入欧元区的国家放弃了

自己的国家货币，采用欧元作为官方货币。这意味着这些国家失去了独立调整汇率的能力，汇率政策由欧洲央行统一制定和执行。欧元的引入还意味着成员国必须调整其宏观经济政策，以符合欧洲央行的要求。这包括控制通货膨胀率、公共财政赤字和政府债务水平等。欧洲央行的主要目标是维护价格稳定，这通常通过控制货币供应量和调整利率来实现。这种政策框架使得各成员国在处理国内经济问题时的灵活性受到限制，但同时也通过减少汇率波动带来了一定的稳定性。

欧元的推出虽然标志着欧洲一体化的重要一步，但它同样带来了不少挑战。欧元区成员国在经济发展水平和结构上的差异使得统一的货币政策难以满足每个国家的独特需求。具体来说，有的国家为了促进经济增长，可能更需要低利率的环境，而另一些国家为了控制通货膨胀，则可能需要较高的利率。这种"一刀切"的货币政策有时会加剧成员国之间的经济不平衡现象。此外，欧元区的形成也对那些未采用欧元的欧洲国家产生了深远影响。这些国家虽然保留了自己的货币，但因为与欧元区经济的密切联系，它们在制定货币政策时不得不考虑欧元的波动对自身经济的影响。无论是欧元的强劲还是疲软，都会对这些国家的出口、进口乃至整体经济稳定造成显著的影响。欧元的引入，因此，不仅是一次货币改革，更是一次对成员国经济政策协调能力的考验。它要求成员国在保持各自经济特色的同时，也要学会在更大范围内考虑和应对经济问题。这一点对于那些与欧元区紧密相连，但又未采用欧元的国家同样适用。他们需要在自己的货币政策中兼顾欧元区的经济动态，以保障国家经济的稳定和发展。

（三）日本：从固定汇率到浮动汇率制的转变及其经济影响

在20世纪50年代之后，日本采用了固定汇率制度，这在很大程度上受到了布雷顿森林体系的影响。在这一体系下，日本的货币——日元的汇率相对于美元保持固定。这种固定汇率制度为日本的经济重建和快速增长提供了稳定的外部环境。固定汇率减少了贸易和投资中的汇率风险，使日本的出口企业在国际市场上更具竞争力，从而推动了日本的工业化和经济扩张。

日本经济的蓬勃发展和在国际舞台上地位的提升,逐渐暴露出固定汇率制度的限制性。一方面,日本经济的快速增长带来了显著的贸易顺差和资本流入,这在固定汇率体系下导致了日元价值的低估。另一方面,全球经济环境的变动,特别是1971年美国放弃金本位制度和布雷顿森林体系的解体,对固定汇率制度提出了严峻的挑战。这种挑战不仅是对日本自身货币政策的考验,更是对国际货币体系的一次重要考量。日本作为经济强国,其货币价值的准确反映对国内外经济都具有重要意义。固定汇率制度在当时的情况下,难以完全捕捉和反映日本经济的实力和变化,从而影响了经济决策的有效性和精准度。

1973年,日本正式过渡到浮动汇率制度。这一转变对日本经济产生了多方面的影响:一是在浮动汇率制度下,日元的价值开始更多地受到市场供求关系的影响。这意味着日本央行在调控汇率方面的能力减弱,而市场力量在决定汇率中的作用增强;二是浮动汇率制度增加了汇率的波动性,这对日本企业的国际贸易和投资带来了新的挑战。企业需要管理汇率风险,这可能涉及对冲策略和汇率风险管理工具的使用。同时,汇率的波动也对日本的经济政策提出了更高的要求,特别是在平衡国内和国际经济关系方面;三是浮动汇率制度赋予了日本央行更大的货币政策自主性。在固定汇率体系下,日本央行的货币政策很大程度上受到维持汇率稳定的约束。而在浮动汇率制下,日本央行能够更灵活地运用货币政策工具,以应对国内经济的变化和挑战;四是浮动汇率制度也反映了日本经济成熟度的提高和国际化程度的增强。随着日本经济结构的转型和全球经济一体化的深化,浮动汇率制为日本经济的进一步发展提供了更多的灵活性和适应性。

二、新兴经济体的汇率制度

(一)固定与浮动的混合

新兴经济体在全球经济一体化的背景下,面临着众多复杂且多变的挑战,其中选择合适的汇率制度无疑是其中的关键一环。汇率制度的选择对一个国家的经济发展、国际贸易、金融市场稳定性等方面产生深远影响。在当今世界经济格局中，新兴经济体在选择汇率制度时面临的特殊挑战尤为突出，这些挑战不仅来源于内部经济结构的转型，也受到外部国际市场变化的影响。新兴经济体的特点在于它们正处于经济发展的关键阶段，经济体制和市场机制往往尚未完全成熟。这使得它们在面对全球经济波动时，往往比发达国家更为脆弱。因此，汇率制度的选择必须能够适应其经济发展的实际需求，既要保证汇率的相对稳定，以促进外贸和吸引外资，又要保持一定的灵活性，以应对国际市场的不断变化。

例如，在实际操作中，许多新兴国家并没有单纯选择传统意义上的固定汇率制度或浮动汇率制度，而是采用了两者的混合形式。这种混合制度的关键在于它试图在汇率稳定性和适应全球市场变化之间找到一个平衡点。具体来说，这种混合制度通常包括将本国货币与一种或多种主要货币（如美元、欧元）或一篮子货币（如特别提款权SDR、主要贸易伙伴的货币）挂钩。这样做的目的是通过与主要货币或货币篮子的挂钩，减少由于外汇市场波动造成的经济冲击，同时保持一定的汇率灵活性，以适应国际市场的变化。这种固定与浮动汇率制度的混合形式可以说是新兴经济体在汇率制度选择上的一种创新。它旨在结合固定汇率制度的稳定性优势和浮动汇率制度的灵活性优势，从而更好地应对全球经济环境的不确定性。通过这种方式，新兴经济体能够在保持汇率的相对稳定性的同时，也保留了一定程度上应对外部冲击的灵活性。这种策略有助于减少外汇市场波动对国内经济的负面影响，促进经济的稳定增长。

因此，新兴经济体采取的固定与浮动汇率制度的混合形式，体现了在复杂多变的全球经济环境中寻求最佳平衡的智慧。这种策略不仅有利于保护经济不受外部冲击的过度影响，还能够在一定程度上提高经济对外部变化的适应能力。因此，这种混合汇率制度在很大程度上符合新兴经济体的实际情况和需求。

(二) 汇率政策与经济发展

在当前全球化的经济环境中,新兴经济体在制定汇率政策时面临着诸多挑战和考虑。汇率政策不仅仅是一个纯粹的经济问题,它也关系到一个国家的政治、社会稳定以及国际关系。对于新兴经济体来说,制定合理的汇率政策是其经济发展的关键。

①新兴经济体在制定汇率政策时,需要考虑的第一个重要因素是国内经济发展的阶段。不同的发展阶段对外汇政策的要求是不一样的。对于处于初级发展阶段的国家,他们可能更侧重于通过出口推动经济增长,因此可能倾向于采用低估本币的策略,以提高出口产品的价格竞争力。然而,这种策略并不适用于所有国家。对于那些经济已经较为成熟的新兴经济体来说,他们可能需要更加关注国内市场的稳定和可持续发展,而不是单纯依赖出口驱动经济。

②外部经济环境是影响汇率政策的另一个关键因素。全球经济的波动、主要贸易伙伴的经济政策以及国际金融市场的变化,都会对新兴经济体的汇率政策产生重大影响。例如,在全球经济衰退期间,一些国家可能会采取贬值本币的策略,以维持其出口产品在国际市场上的竞争力。然而,这种策略可能会引起其他国家的不满,导致国际贸易紧张关系的升级。

③货币长期低估不仅可能引起贸易伙伴的不满,还可能导致贸易战或报复性措施的发生。这种情况下,受影响的不仅仅是货币低估的国家,全球经济也可能因此受损。贸易战不仅会影响到双方的出口业,还可能导致全球供应链的混乱,进而影响全球经济的稳定。

④本币低估还可能增加国内通货膨胀的风险。当本币价值低于其真实价值时,进口产品的成本将会增加,进而导致国内物价上涨。这种通货膨胀不仅会影响国民经济的购买力,还可能引发社会不满和不稳定。因此,新兴经济体在制定汇率政策时,必须权衡本币价值与通货膨胀之间的关系,确保经济的长期稳定和健康发展。

因此,新兴经济体在制定汇率政策时面临着一系列复杂的内外因素。这些国家需要根据自己的经济发展阶段、外部经济环境以及国内经济的实际情况，制定出合适的汇率政策。只有这样，才能在全球经济中找到适合自己的位置，实现经济的稳定和持续发展。

（三）资本流动性与汇率压力

在全球化的大背景下，新兴经济体在资本流动性方面面临着巨大的挑战。这些挑战不仅影响着它们的短期经济表现，更深远地影响着长期的经济增长和稳定。

①资本流动性的挑战是新兴经济体在全球化进程中必须面对的首要问题。资本的快速流入虽然带来了短期的经济利益，如增加投资、提升就业率和货币升值等，但也存在不容忽视的负面影响。这些包括资产价格泡沫的形成及对外部资金的过度依赖，这两者都可能导致经济的不稳定和未来的危机。例如，过度的外部投资可能会导致房地产市场过热，一旦国际资本市场出现动荡，这种泡沫便可能破裂，从而引发金融危机。

②当国际投资者信心下降时，资本的快速流出可能会对经济造成巨大的冲击。这种冲击主要表现为货币贬值、通货膨胀和经济衰退。货币贬值会增加国家的外债负担，减少外汇储备，同时也会引起进口成本的上升，导致通货膨胀。经济衰退不仅会增加失业率，还会减少政府的税收收入，从而影响政府的财政稳定和社会福利项目。

为应对上述挑战，新兴经济体需要采取一系列措施：一是实施资本流动性管理措施以减缓资金流动的速度是非常必要的。这可以通过设置资本管制来实现，如限制短期资本流入的数量，或对外国投资者的投资进行限制。二是加强货币市场监管以防止投机行为同样重要。这包括加强对金融机构的监管，确保它们的资产负债表健康，以及防止市场操纵等不法行为。三是建立充足的外汇储备也是应对资本逃逸的有效手段。外汇储备可以在资本大量流出时提供必要的流动性，从而维持货币稳定。

第五章 人民币汇率研究

第一节 人民币汇率管理机制的特征和趋势

一、事实特征

这里,"事实"一语所指为中国汇率制度在实际发展过程中所呈现出的特定特点和现实情况,这些特点和情况为我们提供了一个清晰而详尽的视角,以便更好地理解这一在全球化时代中扮演着重要角色的经济议题。

在这个全球化浪潮的时代背景下,汇率制度作为一个国家对外经济活动的核心环节,其重要性不言而喻。特别是对于中国这样一个在国际舞台上日益崭露头角的新兴市场经济国家而言,汇率制度的发展走向与安排成为国际社会和国内经济领域的热点话题。在这一领域,汇率形成机制无疑是关键所在,它不仅反映了中国如何适应全球经济的演变,也展示了中国在引领这些变化方面所付出的努力和取得的成就。中国的汇率管理体系经历了六个重要的发展阶段,每个阶段都有其独特的特点和意义:

第一阶段:1994年之前,在这个阶段,中国采用了行政手段来直接设定银行买卖外汇的牌价。这种定价方式,是基于当时中国经济基础相对薄弱,国内企业竞争力不足的实际情况。在这种背景下,固定汇率制度成为维护国内经济稳定发展的重要工具,以此抵御外部经济的冲击。尽管这一阶段的汇率管理带有明显的行政定价特征,但政府仍然会根据市场供求关系适时调整汇率，这表明市场力量在汇率形成过程中也起着一定的作用。

第二阶段：中国在1994年实施的汇率制度改革，标志着中国经济体制向市场化迈出了重要一步。此时，银行间外汇市场上形成的汇率成为买卖牌价的基准。这一改变彰显了市场在汇率形成中的基础性作用。企业和个人在外汇买卖方面享有了更多的自由，这种变革对中国经济的进一步开放和增长起到了促进作用。

第三阶段：2005年7月21日，我国进行汇率制度改革，并一度延续至2008年6月。在这一阶段，中国的汇率形成机制经历了重要的转变：不再仅仅依赖美元，而是转向参考一篮子货币。这一转变显著提升了汇率机制的灵活性和适应性。在此期间，随着中国在全球经济中的角色日益凸显，汇率政策的调整有助于更加准确地反映中国在国际舞台上的地位和作用。

第四阶段：2008年，面对国际金融危机的挑战，中国政府通过调整汇率政策，有效地缓解了危机对国内经济的冲击。这一阶段的政策调整不仅展现了中国政府面对外部冲击时的灵活应对能力和坚定决心，也体现了对维护国内经济稳定与发展的不懈努力。通过这些政策调整，中国成功地将国际金融危机带来的负面影响降到最低，同时也为国内经济的稳健发展奠定了坚实的基础。

第五阶段：在2010年6月19日，中国人民银行宣布了一项重要的决定，即重启汇率制度的改革。此次改革的核心在于引入一种全新的汇率确定机制，该机制以一篮子货币为参考基准来调整人民币的汇率。这一举措充分反映了中国在面对国际市场波动时的高度敏感性，也体现了中国在经济微观管理方面的灵活性。采用这种有管理的浮动汇率体系，显著提升了汇率机制的透明度，并增强了市场在面对汇率波动时的适应能力。这样的调整将有助于促进中国经济的稳定和健康发展。

第六阶段：2015年至今，中国人民银行对人民币兑美元的汇率进行了更加精细和精准的调整。这些调整不仅有助于稳定汇率市场，还进一步增强了中国在国际资本市场上的影响力。这些政策的制定体现了中国人民银行对外汇市场动态的深刻理解和对宏观经济趋势的准确把握。通过实施这些措施，中国成功地展示了其作为全球经济大国的责任感和远见卓识，有效维护了国内外经济的稳定与持续增长。

二、趋势判断

中国的汇率形成机制在近年来不断演进，体现出以市场化为主导方向的发展趋势。但是，在这一过程中，适当的过程控制措施也显得尤为重要。未来，我国汇率管理将面临诸多挑战和机遇，从未来我国汇率管理的趋势来看，我们认为汇率管理需要重视以下几个方面的举措：

（一）重视"中间价"的预期引导作用

在当前全球经济一体化的背景下，中国的汇率制度改革逐渐成为经济发展中的一个重要议题。在这个过程中，"中间价"制度及其预期引导作用的重视显得尤为关键。

一方面，推进"中间价"的透明化与市场化，我们应当采取更加积极和稳妥的措施。将"中间价"与前一交易日的收盘价挂钩，并适当延长其公布周期，能够有助于促进市场对价格走势的合理预期，同时也有利于市场化价格发现体系的建立与完善。在此过程中，提高"中间价"制定的透明度也是至关重要的。当前，中国人民银行授权的中国外汇交易中心公布了人民币汇率中间价。但是，值得注意的是，该中间价并没有完全公开涉及的做市商报价，这在某种程度上制造了"黑匣子"效应，不利于市场交易者形成稳定的预期。因此，有必要考虑公开市场做市商的报价，并通过加权计算形成的中间价作为开盘价，以提高透明度。另外，需要对做市商的报价行为进行适当约束，以确保其报价在交易价格中的基础性作用得以发挥。

另一方面，"中间价"的市场化进程中，应当更加注重对币值调节机制的完善。目前，人民币汇率调节主要参考一篮子货币，这在一定程度上提供了灵活性，但在参考标准不够灵活或决策出现偏差时，可能导致汇率波动主要反映国际外汇市场的波动，而对国内经济基本面的反应不足。因此，在适当时机，可以考虑取消直接参考一篮子货币进行的调节，改为宣布实行有管理的浮动汇率制度。通过采用这种策略，还可以避免受到国际市场波动的影响，从而保持国家经济的稳定和持续发展。此举将显著提高人民币汇率的弹性和市场化水平。

（二）平衡供需与增强风险控制

在推动汇率价格市场化的过程中，深入理解外汇供需的特征极为关键，其中汇率管理机制对于调节外汇供需有着不可忽视的作用。我国现行的外汇管理体制特色之一是在划分不同账户类别的基础上，对供需两端采取差异化的管理策略。在经常项目账户下的外汇流动，已基本上实行了自主决定的结售汇制度：国家政策逐渐趋向于鼓励民众持有外汇。例如，企业外汇收益的保留比例已从较低的水平提高至较高水平。个人外汇使用的上限也逐渐提升。另一方面，在资本项目下，结售汇依旧受到众多限制，这使得外汇市场呈现出以经常项目结售汇为主的特点，仅反映了外汇供需关系的一部分，导致供需易于失衡。资本项目下的结售汇需要审批，历史上对外资直接投资的结汇相对较为宽松，而对于基于资本外流的售汇控制较严。外汇结售汇管理需要与国家资本项目开放的步伐相匹配，优先向抗风险能力较强的企业和个人开放，加深市场参与者对风险的认识。通过合理的制度设计，适当保护抗风险能力较弱的市场主体。当前售汇制度下的真实贸易背景要求，导致许多外汇供求未能进入市场，许多企业对汇率风险的合理防范需求未得到充分满足。应鼓励资本项目下的交易进入外汇市场，并构建一个以汇率风险管理为核心的外汇交易头寸体系，从而拓宽外汇市场的供需范围，使市场更为全面和丰富。

我国目前的外汇市场由两个层次构成：分别是银行间市场和零售外汇市场。银行间市场是一个高门槛、会员制的交易环境，主要由少数几个交易主体构成。在这个市场中，基准汇率的形成至关重要，因为它直接影响到第二层次市场——零售外汇市场。零售市场，即我们常说的柜台市场，是普通消费者直接参与外汇买卖的场所。在这里，银行依据基准汇率发布买卖价，供消费者交易。银行间市场以其独特性和专业性著称。交易主体数量有限，且受到严格的监管和规范。例如，中央银行对市场参与者设定了外汇买卖和结算的周转限额。这些会员机构必须在规定的限额内操作，超额部分则需无条件卖给中央银行。这种制度虽然保证了市场的稳定，但也限制了市场的多样性和竞争力。为了提升银行间市场的多元化和活跃度，有必要调整做市商的入门门槛，甚至可以引入新形态的做市商。这种改革还能间接促进零售市场的竞争，提高市场的整体透明度。加强市场参与者之间的沟通，促进信息的流通和共享，对于市场的健康发展至关重要。另一方面，零售外汇市场则更贴近普通民众的日常生活。在这个市场中，消费者可以直接参与外汇的买卖交易。银行根据银行间市场形成的基准汇率，制定自己的买卖牌价，从而吸引客户进行交易。不过，这个市场的价格通常会受到银行间市场的影响，因此提升银行间市场的效率和透明度对零售市场同样具有重要意义。为了让零售市场的买卖价差缩小，必须在宏观层面上培育理性的汇率预期。这意味着市场参与者需要基于宏观经济基本面来做出判断和决策，而不是单纯依赖短期的市场波动。这种基于宏观基本面的汇率预期，可以有效促进市场价格的合理化，减少不必要的波动和投机行为，从而保证外汇市场的稳定和健康发展。

（三）处理好汇率浮动灵敏度与稳定性的关系

在当代经济体系中，汇率的稳定性与灵活性的平衡至关重要。一方面，汇率的适度浮动反映了市场经济的活力和调整能力，另一方面，过度的波动则可能引发市场不稳定，对经济产生负面影响。因此，如何恰当地处理这两者之间的关系，成为中央银行的一项重要任务。汇率政策的制定需要兼顾市场的自由与经济的稳定，确保货币价值在国际交易中的合理性和稳定性。在实际应用中，中央银行通常会通过设定汇率波动的限制范围来平衡市场自由度与干预空间。这种策略的核心是维持一种平衡，既不过度干预市场，也不完全放任汇率波动。此外，对银行之间的买卖价差进行管理，可以有效防止银行利用市场优势进行不正当竞争，同时也保护消费者的利益。然而，在面对极端市场情况时，这种管理机制也需要进行灵活调整。例如，在金融危机等特殊时期，为了缓冲外汇市场的冲击，保障国家经济的稳定，加强对汇率的干预变得尤为重要。这种时候的干预，不仅是对经济的一种保护，更是对国家利益的维护。总之，汇率政策的制定和执行是一个动态的、需要不断调整和优化的过程，其目标是在保障经济稳定的同时，也兼顾市场经济的灵活性和效率。

（四）汇率与货币政策协调中求平衡

在深入探讨宏观经济管理的课题中，我们不得不提货币政策与汇率市场化之间的紧密联系。货币政策，作为宏观经济调控的重要工具，其调整和优化对经济的稳定运行起着至关重要的作用。特别是在推动资本项目可兑换和利率市场化的过程中，如何有效避免汇率市场化导致货币政策失去自主性，成了一个需要深思熟虑的问题。在外汇储备迅速增长的背景下，中央银行不可避免地要投放更多的基础货币。尽管银行采用了各种冲销策略，试图减轻这种投放对货币供应量的影响，但这种影响并未能被完全消除，从而对物价稳定等宏观调控目标造成了一定的干扰。汇率作为反映国际货币和金融市场之间交易的基准，是重要的经济指标。目前，汇率市场化改革是一个复杂而深远的过程，需要在其他宏观经济领域进行适当的协调。这一改革应该是全面的、协同的，以实现国际货币市场的稳定和可持续发展。

汇率稳定虽然是货币政策的一个重要目标，但在追求稳定的同时，也不能忽视货币政策的灵活性和主动性。这就要求在汇率管理与货币政策执行之间，找到一个合理的平衡点，确保两者之间能够相互配合，相互促进。通过适时的调整和协调，我们能够实现汇率的稳定，同时还能保证货币政策的有效性和灵活性。这种方式可以有效地维护宏观经济的整体稳定和发展，为国家的可持续发展提供支持。在这个过程中，不断优化货币政策框架，探索更加高效和合理的经济管理模式，是实现经济长期稳定增长的关键。

第二节 有效汇率制度及人民币汇率分析

一、有效汇率制度

有效汇率制度通常指的是一种衡量一个国家货币相对于其主要贸易伙伴货币的综合强弱的汇率指标。这个系统主要有两种形式：名义有效汇率和实际有效汇率。

名义有效汇率：这是一个衡量某国货币相对于一篮子其他国家货币的平均汇率。这个计算通常基于该国的主要贸易伙伴的货币，并考虑它们在国际贸易中的比重。名义有效汇率提供了一个关于国际竞争力的粗略指标，但它不考虑价格水平的变化。

实际有效汇率：实际有效汇率在名义有效汇率的基础上进一步考虑了价格水平的变化，即通货膨胀率。它是通过调整名义有效汇率，反映一国货币的购买力。实际有效汇率被认为是衡量一个国家国际竞争力的更为准确的指标，因为它考虑了价格水平和成本变化的影响。

有效汇率制度对于经济分析和政策制定非常重要。通过观察名义有效汇率和实际有效汇率的变化，决策者和分析师可以评估一个国家的货币是否被高估或低估，以及它的出口产品在国际市场上的竞争力如何。此外，这些指标还能帮助理解汇率变动对国家经济（如贸易平衡、通胀和经济增长）的影响。

二、人民币有效汇率指数的重要性

自1997年东南亚金融危机爆发后，中国政府做出了关键性的决策：坚持人民币不贬值，并实际上维持了人民币对美元的汇率稳定。这一决策引发了一个核心问题：人民币汇率稳定，到底是指对美元单一货币的稳定，还是对一篮子货币的汇率稳定？

近年来，墨西哥、东南亚、巴西等国的货币危机显示，在资本项目开放的环境下，单一汇率挂钩制度难以持续。我们的研究发现，仅仅维持人民币对美元的名义汇率稳定，并不能确保人民币的对外币值稳定。

汇率机制与波动分析研究

要准确衡量一种货币的对外价值，通常采用有效汇率指数这一工具。学者徐剑刚和唐国兴曾深入探讨过有效汇率指数的问题。简而言之，一种货币的有效汇率指数是该货币对一组其他货币汇率的加权平均值，通常以指数形式表示。这个指数能更全面地反映一种货币相对于一篮子货币的价值变动，从而为分析币值稳定提供了更加综合的视角。

建立一种货币的有效汇率指数，如人民币，旨在从对多种货币的双边汇率变动中提取关于该货币对外价值的核心信息。这种指数的构建考量到了样本货币的选择和权重分配，这些因素都依赖于特定的分析目标。有效汇率指数具有多方面的应用价值，例如，在比较国内产品与国外产品的价格竞争力方面，它扮演着关键角色。此外，它也可以用于评估外国经济和金融发展对国内价格水平的影响，以及分析对国内外货币资产的需求变化。

在中国，人民通常通过观察人民币对美元的汇率变动来衡量人民币的对外价值。然而，随着经济全球化的加深，仅凭人民币对美元的汇率变动已不足以全面反映人民币的对外价值。因此，出现了对一种更全面的指标——人民币有效汇率指数的需求。这个指数不仅能够衡量中国产品在国际市场上的竞争力，还能反映人民币相对于一篮子货币的价值变化。更为重要的是，它考虑到了中国主要贸易伙伴国的结构变动，以及欧元等重大货币事件的影响。

在东南亚国家货币经历大幅贬值之后，学界对人民币的价值评估展开了广泛的讨论。众多学者在分析时主要考虑了人民币相对于主流货币——如美元、日元、英镑，以及东南亚各国货币的双边汇率变动情况。然而，这种分析方法可能存在局限性。例如，在同一时间段内，人民币可能相对于某些货币呈现升值趋势，而相对于另一些货币则可能贬值，这种情况下，评估人民币整体对外价值变化就变得复杂。

为了更准确地把握人民币的真实价值变动，可以引入"人民币有效汇率指数"。该指数不仅考虑到人民币与主要货币之间的汇率波动，还综合考虑了人民币与其他货币的交易情况，因而能够更全面地反映人民币对外价值的变化。这样的综合分析方法有助于我们更深入地理解人民币在国际货币市场上的定位和价值。

三、人民币有效汇率指数的编制方法

在探讨人民币有效汇率指数的编制过程中，我们不可避免地会触及两个关键环节：样本货币的选取和权重的计算。这一过程在某种程度上类似于价格指数的编制，但也有其特殊性。下面将分别对这两个方面进行详细阐述。

（一）样本货币选择

在编制人民币有效汇率指数时，我们需要决定哪些国家的货币应被纳入样本。这一选择的标准基于各国与中国的贸易关系紧密程度。如果某国对中国的出口或从中国的进口占比达到了或超过了1%，则该国家货币将被纳入样本货币的研究范畴。值得注意的是，这一标准不是固定不变的，每年的样本货币都可能有所不同，以反映贸易关系的动态变化。

（二）权重

确定样本货币后，下一步便是赋予这些货币合适的权重。人民币有效汇率指数的目的是衡量人民币对外价值的变化，并通过这一变化分析中国产品在国际市场上的竞争力。因此，样本货币的权重分配应体现贸易竞争力的角度。在权重的设计上，存在多种可能的方法，例如可以基于双边贸易份额，也可以考虑多边贸易份额。在实际编制人民币有效汇率指数时，我们需要综合分析这些不同的方法，并选择最能反映实际贸易关系和竞争力变化的权重设计方案。

1.双边贸易份额为权重

摩根信托采取了一种以双边贸易份额作为权重的方法计算美元对外价值。这种计算方式着眼于各个样本货币国与美国之间的贸易额，将其占美国总贸易额的比例作为该样本货币的权重。这种以双边贸易份额为基础的权重，简称为双边贸易权重。

这种计算方法的核心，在于强调了中国与样本货币国之间贸易的重

要性。然而，它并未充分考虑到在第三国市场中的竞争影响。举例来说，如果人民币对泰铢的汇率发生下浮，根据双边贸易权重计算的人民币有效汇率指数能够反映出中国对泰国产品需求的下降趋势。但这种计算忽略了中国与泰国在第三国市场（即非中国和泰国的其他国家市场）上产品需求变化的情况。这就意味着，如果在第三国市场上中国和泰国的竞争发生重大变化，仅凭双边贸易权重得出的汇率指数可能并不全面。

因此，在没有第三国市场效应的情况下，双边贸易权重或许是一个合理的计算方法。但是，随着全球化贸易的发展，第三国市场的影响日益显著，这就要求我们在评估货币对外价值时，必须考虑更加全面和复杂的因素。这不仅包括直接的双边贸易关系，还应当涵盖在全球多边贸易体系中的竞争关系和市场动态。这种全方位的考量，将有助于我们更准确地理解和评估货币的真实价值，以及其在国际经济中的作用和影响。

2.多边贸易份额为权重

在计算美元的国际价值时，美国联邦储备银行采用了一种特别的方法，即以多边贸易份额作为权重。具体来说，这种方法将每个参与样本的货币国在所有样本国贸易总额中的份额，作为该样本货币的权重，这种权重体系被称为多边贸易权重。

多边贸易权重体系强调了各样本货币国在全球市场竞争中的重要性，并且考量了它们在全球市场而非仅仅在本国市场的竞争影响。然而，这种方法并未充分考虑每个国家在特定市场中的竞争影响。如果两个国家在完全不同的市场进行外贸活动，那么仅依赖多边贸易权重计算的有效汇率指数可能无法准确反映其综合竞争力的变化。例如，从1985年初开始，美元的升值达到高点后开始贬值，而日元和荷兰盾相对美元的升值幅度几乎一致。这导致日元和荷兰盾相对于其他货币的变动幅度也几乎一样。但是，日本的外贸主要依赖美国市场，而荷兰则主要依赖其他欧洲国家市场，而这些国家的货币对荷兰盾的汇率变化不大。因此，日本相对于荷兰在综合竞争力上的损失更大，但是通过多边贸易权重计算出的有效汇率指数却无法准确反映这一点。

3.可变权重

在设计人民币有效汇率指数时，需要考虑双边贸易权重和多边贸易权重的优缺点。我们采用了里海提出的权重计算方法，称为可变权重。这种权重是基于对贸易竞争力的评估，样本货币的权重取决于该货币国的产品在与中国产品竞争的所有市场上的市场份额。因此，如果某个国家的产品在这些市场上的份额较大，那么在人民币有效汇率指数中赋予该样本货币的权重也会更高。可变权重的计算过程遵循这样的原则。

四、样本货币权重

在当今全球化的经济格局中，货币扮演着不可或缺的角色，尤其对于中国这样的贸易大国来说更是如此。准确评估人民币有效汇率指数，离不开对样本货币权重的精确计算。这种计算方法基于最新的贸易数据，能够灵活地适应时代及市场的变化。

①利用最新数据来计算货币权重的优势十分明显。这不仅保证了计算结果的时效性，还能够及时反映中国与主要贸易伙伴关系的变化。在全球经济持续变化的背景下，一个固定不变的权重计算方法往往无法准确反映实际的贸易结构。例如，中国的贸易伙伴可能会因政治、经济或环境因素的变化而发生变动，而这些变动只有通过不断更新的数据才能被准确捕捉。

②对于欧元区国家的特殊考虑也是基于最新数据的重要方面。在权重计算中，将欧元区的11个国家视作一个统一的贸易伙伴，有效地排除了这些国家间使用同一货币的内部贸易，从而更真实地反映了中国与这些国家的贸易关系。相比之下，如果采用固定权重计算，这些内部贸易可能会被错误地包含在内，导致实际贸易状况的扭曲。

③值得一提的是，权重计算还考虑了对贸易量变动的敏感反应。当任何国家与中国的贸易额显著增长，且该国在中国的进出口比重达到或超过1%时，这个国家的货币就会被考虑纳入样本货币。反之，如果某

国与中国的贸易额大幅下降，其货币权重也会相应地减少或被排除。这种动态调整机制确保人民币有效汇率指数能够真实反映市场的实际情况，而不仅仅是基于历史数据。

因此，样本货币权重的计算不仅是对国际贸易变化的及时响应，也是对经济全球化发展的适应。这种灵活而精确的计算方式，使我们能够更深入地理解和分析人民币在国际市场中的地位和作用。

五、稳定人民币汇率和汇率指数

在现代金融体系中，维护一国货币的稳定性是至关重要的。对于中国而言，确保人民币汇率的稳定不仅仅意味着保持人民币对美元的名义汇率稳定，更重要的是要维持人民币的实际对外价值稳定。这就要求我们不单纯关注人民币对美元的名义汇率，而应更加重视人民币实际有效汇率指数的稳定，这样做有助于维持中国产品在国际市场上的综合竞争力。

人民币实际有效汇率指数作为汇率政策的管理目标，意味着我们需要紧密监控这一指标。具体做法可以是计算最近一个月度的人民币实际有效汇率指数（鉴于价格指数通常以月度计算），并结合其历史变动趋势以及对未来中国物价水平的预测，来确定人民币实际有效汇率指数未来的变动区间。依据这一区间，中国人民银行可以决定是否以及如何干预外汇市场。

在正常情况下，若人民币实际有效汇率指数的波动保持在预定的区间内，中国人民银行无须进行市场干预。然而，一旦市场出现非常规波动，如名义汇率出现较大幅度的波动，就需要重新调整前一期确定的人民币实际有效汇率指数的变动范围。根据市场的实际动态，中国人民银行可以选择发出干预信号或直接介入市场，以此稳定人民币的实际有效汇率指数。此外，稳定人民币汇率的策略还需考虑到全球经济环境和国内经济政策的变化。国际金融市场的波动、主要贸易伙伴国的经济政策调整以及国内经济的增长速度等因素，都可能对人民币汇率产生影响。因此，中国人民银行在制定汇率政策时，需要综合考量这些内外因素，灵活调整策略，以保持人民币汇率的长期稳定。

因此，人民币汇率政策的制定既要考虑国际市场的变化，也要考虑国内经济的实际需要。通过科学合理地计算和调整人民币实际有效汇率指数，中国人民银行可以更有效地实现汇率稳定，促进中国经济的平稳健康发展。同时，这种政策的灵活性也为中国应对国际市场波动提供了更多策略空间，增强了国际贸易和金融活动中的主动性和抗风险能力。

第六章 汇率波动的影响效应研究

第一节 汇率波动对消费的影响

汇率波动及其对消费影响的研究,一直是开放经济学领域的核心议题。在一个国家面临内需不足的情况下,开放经济学的理论和实证研究对于宏观经济策略的制定显得尤为关键。自从全球经济面临次贷危机和欧洲债务危机以来,我国在依靠进出口贸易推动经济增长方面遇到了一定挑战,使得加强内需成为经济增长的关键。因此,在当前这种背景下,深入探讨汇率及其波动对消费增长的作用,对于引导我国经济的健康发展具有重要意义。

一、汇率对消费的影响渠道

在近几年的贸易格局中,我国的两大贸易伙伴——欧盟和美国,由于经历了债务和次贷危机,其在全球市场中的份额有所下降。同时,我国对新兴市场的出口增长也显示出限制,这对我们传统以出口为主导的经济增长模式构成了严峻挑战。因此,激发和增强国内需求,成为当前我国面临的主要任务之一。

(一)贸易渠道

汇率对消费影响的第一个渠道就是贸易渠道,一方面,汇率变动直接作用于进口消费品的定价,进而调整消费品的进口量及种类结构,短期内,这种调整会对国内与进口消费品的构成产生显著影响。另一方面,汇率波动也会触及进口生产材料的成本,影响国产商品的部分生产

第六章　汇率波动的影响效应研究

成本。长远来看，这将进一步作用于国内消费品的市场价格，最终影响消费品的市场需求量。

假设国内消费者的需求在短期内保持稳定，国内对外国商品的需求将主要受外国商品在国内市场的定价影响。在理想情况下，如果汇率变动能够完全传递至进口商品价格，那么本币的贬值或升值将直接影响进口商品的价格。但在实际情况中，汇率变动并非直接传递至价格，其受到诸多影响。①进口商品的价格弹性是一个关键因素。价格弹性指的是价格变动对需求量的影响程度。如果进口商品的价格弹性较高，即消费者对价格变化较为敏感，则汇率变动导致的价格变化将会显著影响消费者的购买决策。②进口产品与国产产品之间的可替代性也是一个重要因素。如果进口商品与国内商品具有较高的可替代性，消费者在面对进口商品价格上涨时，可能会转而购买国产商品。在这种情况下，汇率变动对进口商品价格的影响将会减小。③国内外市场的相对竞争程度也会影响汇率的传递效应。在竞争激烈的市场中，供应商可能更倾向于吸收汇率变动带来的成本变化，而不是将其转嫁给消费者。相反，在垄断或寡头垄断的市场中，供应商可能更容易将汇率变动带来的成本转嫁给消费者。④跨国公司的存在可能会减弱汇率变动对价格的传导效应。跨国公司可以通过其全球供应链和内部交易来规避价格风险，从而在一定程度上稳定其在不同市场中的定价。⑤贸易壁垒和结算货币的选择也会对汇率的价格传递产生影响。例如，如果某个国家对进口商品征收高额关税，这可能减弱汇率变动对进口商品价格的直接影响。同时，如果交易双方选择使用第三方货币（如美元）进行结算，这也可能影响汇率变动对价格的直接传递效果。

同时，我们还需注意汇率对国内消费品价格的传递存在一定的滞后性。汇率首先影响生产原料的进口成本，而这些原料转化为成品通常需要较长时间。

从贸易途径的角度看，本币升值会使进口商品的相对价格下降，导致国内居民对进口商品的消费比重增加。同时，使用进口生产原料的国内消费品制造商的成本也会降低。短期内,这可能导致国内总体消费减少,但长期来看,国产商品价格的下降或许会缓和消费下降的趋势。

(二)就业和收入渠道

除了通过贸易途径作用于国内消费外,汇率还会通过影响就业和收入,进而在长期内调整国内消费水平。

①汇率的波动会改变进口生产材料的成本,从而影响企业的生产支出。进而,这种波动通过改变成品的相对价格,会影响出口企业的销售额,继而对企业的盈利状况造成影响。长期来看,企业盈利的变化会调整其利益相关者的收入水平,通过部门资源的重新配置及劳动力的流动,进一步影响工资水平和就业情况,最终作用于居民的收入和消费。

②汇率的波动对企业的投资决策也会产生影响。企业可能倾向于生产利润更高的产品,从而改变就业结构和比例。劳动力的收入受到影响时,国内消费水平也会随之变化。汇率的不稳定性越高,投资风险也越大,企业可能会削减劳动力的雇佣,从而形成就业与汇率波动之间的负相关关系,进而降低劳动力收入,减少国内消费。

(三)金融渠道

汇率变动不仅影响就业和收入,还会引起消费者的财富效应。汇率的变化会改变国内外资产和消费品的相对价格,从而影响国际资本流动和国内资本数量,进而作用于国内金融市场。财富的变化随之影响消费。当本币升值时,短期内外资的流入可能推高股价和房地产价格,国内居民财富的增加会提高消费水平。因此,对本币升值的预期可能促进消费增加。

此外,外资的流入可能导致本国增加货币供应以保持汇率稳定,这将增加国内市场的货币量,长期而言可能提升物价水平,甚至引发通货膨胀。

二、汇率波动对消费的影响

(一)汇率水平变化对消费的影响

汇率水平变化对消费的影响是一个多维度和复杂的话题。汇率上升，即本币升值，会使进口商品相对变得更加便宜。这样的变化可能会导致消费者更多地购买外国商品，因为这些商品提供了更高的性价比。对于那些高度依赖进口的国家而言，本币升值可以显著降低进口成本，从而减轻通货膨胀的压力，提高居民的购买力。但是，这种情况对国内生产的商品可能产生不利影响，因为消费者可能会倾向于购买价格更低的进口商品，从而减少对国内产品的需求。

相反，当汇率下降，即本币贬值时，进口商品的价格会上升。这可能导致消费者转向更便宜的国内产品，从而可以刺激国内产业的发展和促进国内就业。但这种情况也可能带来通货膨胀的风险，尤其是对那些依赖进口原材料的国内商品来说，因为这些商品的成本将会增加。长期来看，这可能会影响消费者的购买力，特别是在那些严重依赖进口的经济体中。此外，本币的贬值可能会导致资本外流，对国家的金融稳定造成威胁。

进一步来说，汇率变动不仅影响消费者的购买选择，也会影响国内企业的竞争力。当本币升值时，国内生产的商品在国际市场上可能变得相对昂贵，从而影响出口。这可能导致国内企业的营收下降，进而影响其投资、扩张和雇佣决策。在这种情况下，国内生产的商品可能需要提升竞争力，通过提高质量或创新来吸引消费者。此外，汇率变化也可能影响政府政策。例如，为了对抗本币升值对出口的负面影响，政府可能会采取贸易保护措施，如提高进口关税，以保护国内产业。而在本币贬值的情况下，政府可能需要采取措施来控制通货膨胀和稳定金融市场。因此，汇率水平的变化对消费的影响是复杂的。它不仅影响着消费者的购买力和选择，还影响着国内企业的竞争力和政府政策的制定。汇率变化对消费的影响是多方面的，既有积极的一面，也有消极的一面。

（二）汇率波动性变化对消费的影响

汇率波动性的增加与消费行为的关系在当代经济中占有重要地位。被经济学家们普遍认为，汇率波动性相当于对经济的一种冲击，其结果就是使得不确定性加大。这种不确定性的主要受害者是消费者和各个企业，尤其是那些高度依赖进出口业务的企业。

对于企业来说，当汇率波动性白天，将直接面临更大的外汇风险。一方面，由于产品进出口价格会受汇率波动影响，进一步影响利润，可能导致公司的整体收益波动。不确定的汇率环境可能使得企业需要支付更多的资源来规避风险，或者面临更大的损失。因此，企业在这种环境下可能会选择减少投资和扩张计划。这将可能带来就业减少和员工的收入水平下降的态势，进而影响总体的消费水平。

对消费者而言，汇率波动性同样会带来较大的影响。从经济学原理来看，消费者的消费需求受其收入水平影响较大。当汇率波动性增大时，消费者可能会因为担心未来收入的不确定性而选择减少消费支出，转向增加储蓄，这会进一步削弱消费需求。另外，汇率波动性的增强可能导致进口商品价格的上升和下降，给消费者的购买决策带来不确定性。这种不确定性可能使消费者在购买进口商品时犹豫不决，导致消费的萎缩。

短期来看，汇率波动可能会对消费产生抑制效应，把消费者和企业置于不利的地位，但长远看，通过政策措施，如稳定汇率、增加产出、降低消费品价格、改善贸易条件和提高贸易开放度，都可以削弱这种效应，助力实现消费长期增长。在这样的情境下，政策制定者在面临汇率变动挑战的时候，首先需要思考如何稳定汇率的波动，降低其带来的不确定性。这样既能缓解其对消费的冲击，也能消除消费者和企业面临的不确定环境，从而提高消费信心。其次，政策制定者需要考虑通过其他宏观经济政策如增加总产出、降低消费品价格、改善贸易条件和提高贸易开放度等方案，来促进国内消费的增长。这样的政策可以抵消汇率波动对消费的负面影响，使经济情况得以恢复，为消费增长创造有利的环境。

第二节 汇率波动对利率的影响

一、相关理论研究

利率平价理论是国际金融学的核心理论之一，它深刻揭示了利率与汇率之间的相互作用和影响。这一理论的核心在于其平价方程，将利率和汇率视为调节宏观经济的关键工具，它们在全球经济环境中扮演着至关重要的角色。尤其是在开放的经济体系中，利率与汇率的互动不仅影响着一个国家的内部经济平衡，也牵动着国际经济的稳定。传统的利率平价理论虽然在形式上简洁，但它却能够有效地反映出在国际资本高度流动的背景下，汇率决策的多元影响因素以及外汇市场汇率波动的特性。这一理论对于国家宏观经济政策的制定具有重要的指导作用，因此，它一直是世界各国政府、智囊团和学术界高度关注的焦点。但是，随着经济全球化的加速发展，国际资本流动加剧，投资者资产组合的调整和变动也越来越频繁。这些变化，加上交易成本、利率变动和汇率波动等因素的影响，使得传统利率平价理论在指导当今实际宏观经济政策时面临着挑战。因此，传统理论的适用性和有效性受到了越来越多学者和实践者的质疑。为了解决这一问题，许多学者开始对传统利率平价理论进行修正和拓展。他们的目标是在保留原有理论框架的基础上，更全面地考虑影响利率和汇率动态变化的因素，以更准确地刻画它们之间的动态影响效应。通过这些修正和拓展，学者们希望能够发展出更加贴近现实，能够为国家宏观经济政策提供有效指导的新型平价方程式。

自20世纪50年代起，西方学术界在传统利率平价理论的基础上，针对国际金融市场的新变化，进行了深入研究。这一时期，学者们系统地探讨了远期汇率的决定因素，并对利率平价理论进行了扩展和完善，形成了现代利率平价理论。这一理论主要包括抛补利率平价和非抛补利率平价两大部分。在这一领域的研究中，学者Aliber对利率平价理论提出了新的解释。他指出，许多研究忽视了套利机会和预期角度在利率平价中的重要性。Aliber提出了三个重要因素来解释这一理论：交易成本、违约风险和非货币收益。他强调，这些因素的组合对理解利率平价理论至关重要。另一位学者Frankel则从黏性价格货币模型出发，构建了一个基于实际利率差异的实证模型。他研究了1980年至1985年间美元实际汇率上升的原因，探讨这一上升是由于美元长期期望汇率的调整，还是由于美国与七国集团和其他国家之间加权实际利率差的增大。Frankel的研究结果表明，在大多数情况下，美元的升值主要是由实际利率差的增大所引起。这些研究不仅加深了我们对传统利率平价理论的理解，还为我们提供了新的视角来分析国际金融市场中的汇率变动。通过这些学者的贡献，现代利率平价理论成为国际金融领域研究的一个重要分支，对理解和预测汇率变动提供了重要的理论支持。

自21世纪开始，关于利率平价理论的修正与扩展方面的研究日益增多，研究者们广泛运用实证方法对这一理论进行检验。众多经济学家通过研究发现，利率平价理论在长期范围内通常有效，但在短期内效果并不明显。在具体研究中，Flood和Rose针对90年代金融危机前后的情况，分析了23个国家的数据。他们的研究聚焦于非抛补利率平价，并得出结论：在金融危机期间，非抛补利率平价的效应比金融稳定期更加显著。此外，Chinn和Meredith通过实证研究发现，在西方七国中，非抛补利率平价长期内是成立的，但在短期内则不尽然。另一方面，Mark和MOH采用了一种非线性可调整的动态模型，他们研究了美元利率与其他国家汇率之间的关系，发现这种联动关系在长期内显著高于短期。此外，Kim在研究中对价格指数进行了区分，建立了贸易品价格、非贸易品价格和总体价格的实际利率模型。他运用单位根检验方法考察了不同国家间实际利率差异的稳定性，并指出不同的价格指数会对实际利率平价假设的检验结果产生显著影响。

在当前的经济学研究领域，对于利率平价模型的探索和拓展是一个持续热点。尽管国内学者在这一领域的研究与国际水平相比还有待提高，但他们的努力和成果同样值得关注。以往，学者们在对利率平价模型的修正中，尝试着将更多实际因素纳入考量。例如，早期研究者考虑将交易成本纳入模型，这是对传统模型的重要补充。尽管在数学表达和推导方面尚存不足，但这一思路为后续研究提供了新的视角。另一些学者指出，汇率变动不仅仅与利率之差有关，还受到诸如体制因素等摩擦系数的影响。随着中国经济体制改革和金融市场的开放，这种摩擦系数逐渐趋近于零，这对于利率平价理论的预测能力有着积极的影响。进一步地，有学者通过实证检验，探讨了改革开放以来人民币汇率的波动及其与利率的关系。在这些研究中，交易成本和资本管制等因素被纳入考虑，使得利率平价公式更加完善，从而更好地解释了人民币汇率、利率与资本流动间的关系。后续的研究中，学者们围绕交易成本和摩擦系数进行了深入探讨。有的研究强调，随着国内金融市场的逐步开放和经济体制的深化改革，制度摩擦系数将趋于零，交易成本也将下降。这表明，利率平价理论将成为外汇市场上汇率定价和预测的重要工具。此外，还有研究通过将交易成本和制度摩擦系数同时考虑进来，对传统利率平价理论进行了拓展。随着全球经济一体化的加速和我国金融市场的开放，这两个因素将逐步减小，从而增强了利率平价理论在解释利率和汇率联动机制方面的能力。对于中美两国利率与汇率的相互影响，也进行了实证评估。研究表明，利率变化是美元对人民币汇率和美国内部利率变化的一个重要因素。同时，美国的利率政策变动对人民币汇率和我国利率政策的影响更为显著。最后，有学者提出了一种新的模型——资产价格套利模式，对利率平价模型进行了创新性的修正。这一模型通过资产加权收益率平价的概念，结合数值模拟方法进行验证，为我国利率与汇率的协调配合提供了新的思路。

在当前的金融研究领域，对于利率平价理论的探讨已经取得了一定的进展。许多国内外学者通过对这一传统理论的拓展和修正，为宏观经济政策的制定提供了新的思路。然而，深入分析这些研究，我们不难发现其中仍存在一些不容忽视的问题。

①在理论模型的构建上，大部分现有研究仍然基于传统利率平价理

论的四个严格假设。这些假设在理论上虽然严谨，但与现实经济环境的差距明显。现实经济环境复杂多变，这些假设往往无法完全适用，因此，在这些假设基础上进行的理论拓展很可能缺乏足够的现实性和可信度。传统的利率平价理论是国际金融领域的一个基础理论，它基于一些核心的假设条件。这些假设条件在理论的发展和应用中扮演了重要的角色，虽然在现实经济环境中可能存在一定的局限性。下面是这四个严格的假设条件：一是资本自由流动：这是利率平价理论的一个核心假设。它假定资本可以在不同国家和地区之间自由流动，没有资本控制或其他形式的限制。这意味着投资者可以自由地在不同国家的资产之间选择投资，以追求最高的回报率。二是完全的市场效率：理论假设金融市场是高度有效的，即所有可用信息都会立即被市场吸收并反映在资产价格上。这个假设排除了市场摩擦（如交易成本）和信息不对称的可能性，认为所有市场参与者都能够即时获得并正确解读所有相关信息。三是无套利机会：在利率平价理论中，假定市场机制会消除任何无风险套利机会。这意味着在考虑汇率变动的情况下，不同货币的利率差异会被汇率变动所抵消，因此投资者无法通过利用利率差异来获得无风险利润。四是预期的汇率稳定或可预测：这个假设认为未来的汇率变动是可以预测的，且投资者的预期是一致的。在实际应用中，这通常表现为对未来汇率变动的一种单一预期，这与现实中汇率的不确定性和多样性预期有所差异。

②关于实证研究方面的问题也同样突出。大量文献仍然基于传统利率平价理论来开展实证分析。即使有些研究尝试对理论进行拓展和修正，例如引入数值模拟的方法，这些研究往往也未能有效脱离理论模型的限制，难以深入挖掘和反映经济实务中的复杂性。这导致了研究结果在实际应用中的指导意义受到限制。

③目前的研究尚未全面深入地探讨利率与汇率之间的动态互动机制。特别是在精确描述利率与汇率互动的路径和影响方面，研究尚显不足。这一现状对于政策制定者在推进汇率制度改革和实行稳健的利率政

策方面,显然不能提供充分的理论和实践指导。

鉴于此,本章旨在基于传统利率平价理论,适度调整与实际状况不甚吻合的苛刻假设。我们将对该理论进行适当修正与扩充,目的是形成一个更加符合实际情况的利率平价模型。在此基础上,我们将寻找能够较好地反映资本流动成本变化的指标,并对修正后的利率平价理论进行实证验证。最终,我们期望能够更精确地分析我国利率、汇率以及资本流动成本之间的动态相互作用,深入探讨利率与汇率的动态传导机制及其效果,为政策制定者在调整和制定宏观货币政策及汇率政策时提供必要的参考依据。

本章主要贡献体现在以下几个方面:以上我们弃用了传统利率平价理论中的严格假设,修订并扩展了传统的利率平价理论。这一新模型更加符合实际情况,为基于严格假设的传统理论进行进一步研究提供了新的严谨思路。二是我们基于这一理论框架,从理论上界定了利率平价理论有效的中性区域,明确资本流动的临界点。这对国家在调整利率政策、避免资本剧烈流动所产生的套利行为具有重要意义。三是结合现实背景,我们选择了外商直接投资总额作为分析对象,利用利润率和投资额的数据,并采用成本加成定价法来描述资本流动成本。在利率平价理论定义的中性区域内,我们全面分析了利率、汇率和资本流动成本之间的动态关系,并深入探讨了利率与汇率互动传导机制的路径和影响。这些发现对我国政府在制定货币政策、调控利率与汇率互动的宏观经济政策具有重要的指导和参考价值。

二、利率—汇率联动传导机制分析

理论上而言,利率—汇率传导机制可以通过利率(或汇率)的变动影响经营项目变动、资本项目变动和本外币资产转换的中介传导作用机制所引起的一系列效应进行传递,具体表现如下。

(一)经常项目变动机制

从经常项目变动机制来看,利率的变化主要通过两个途径影响汇率:投资和消费。在投资途径上,利率的波动首先触及投资成本,进而影响企业的生产成本，最终改变该国产品的相对竞争力，从而引起国际收支的变动，影响汇率。在消费途径上，利率变动首先影响居民消费需求，这同样会改变经常项目的收支情况，进而影响外汇市场供需平衡，导致汇率波动。汇率的波动也会反作用于经常项目。汇率变动会影响国内外商品的本币价格，进而影响进出口商品的价格，从而改变经常项目收支。这种变化引发的"攀比效应"和"成本效应"将进一步导致国内物价水平的变化，进而影响货币市场的供需平衡，引起实际利率的变化。此外，利率与汇率之间的互动不仅体现在经常项目，还涉及资本项目和货币市场。资本项目变动机制中，利率和汇率的变化可以影响跨境资本流动的方向和规模，进而影响汇率。同时，本外币资产转换机制也是一个重要环节，其中汇率变动会影响投资者对不同货币资产的偏好，进而影响资本项目的流动性和方向。

（二）资本项目变动机制

在目前全球经济中，利率的波动往往会对跨国套利资本的流动产生重要影响。这些资本，通常被称为投机性热钱，会因利率变化而引发迅速的跨境流动，从而通过一种被称为"套利效应"的过程影响到一个国家的汇率水平。与此同时，汇率对利率的反作用主要体现在其"预期效应"上。例如，当一个国家的货币汇率贬值时，通常会形成进一步贬值的心理预期，这种预期可能引发短期资本的外流，导致国内货币供应减少，进而促使利率上升。因此，在资本项目变动机制中，利率和汇率之间存在着相互影响和传导的关系。这种关系主要是通过"套利效应"和"预期效应"两种机制实现的。这一过程不仅反映了全球化金融市场的复杂性，也揭示了宏观经济政策决策中需要考虑的重要因素。通过深入理解这种互动关系，可以更有效地把握和调控经济波动，稳定金融市场。

（三）本外币资产转换机制

当利率发生变化时，通过"货币替代效应"和"预期效应"，汇率也会随之波动。具体来说，一个国家的利率变化会影响到本币资产与外币资产之间的相对收益率。如果本币利率升高，意味着持有本币资产的收益率也会增加。这种情况下，居民倾向于将外币资产转换为本币资产，以获得更高的收益。这种转换行为，即"货币替代效应"，可能导致外汇市场上的外汇供应量增加，从而引发本币贬值。同时，一个国家货币的贬值通常会触发进一步贬值的预期，即所谓的"预期效应"。这种预期会促使居民大量卖出本币资产，导致本币资产的价格下跌，收益率上升，进而引起利率的上升。

第三节 汇率波动对投资的影响

一、汇率对投资的影响效应

自从汇率机制进行了改革，人民币参考一篮子货币，实施有管理的浮动汇率制度。此后，人民币的价值呈上升趋势，汇率的波动性和灵活性都有了明显的提升。在这种情况下，研究汇率波动对投资活动的影响具有极为重要的实际意义。

汇率对投资的作用主要通过利率平价和购买力平价两个途径体现。利率平价直接关系到投资者对资产的选择，而购买力平价则影响着商品的国际竞争力。汇率的变动通过财富效应、需求效应、成本效应以及风险效应等多种机制，对投资产生了深远的影响。

（一）汇率的财富效应

汇率的波动性对一个国家的经济具有深远影响。具体来说，汇率的变化会直接影响国家资产的价值。当本国货币相对于外币升值时，国内资产的相对价值提升，这会使得同等数量的国内商品能够兑换更多的国外商品。这种变化不仅影响国内市场，也会对国际贸易产生重要影响。例如，货币升值会增加出口企业的竞争力，因为它们可以以更优惠的价格提供商品给国际市场，从而提高出口量。

此外，货币升值还会吸引国际资本流入。外国投资者通常会追求更高的资产回报率，而货币升值预期会增加这种吸引力，因为它意味着未来兑换成外币时会有更高的回报。这种资本流入会进一步推高国内资产的价格，从而提升国家的总财富水平。随着国家财富的增加，投资水平和其他经济变量也会相应增长。

然而，汇率的波动性同样会带来风险。尤其是对于那些依赖于进出口的企业来说，汇率波动会增加交易成本和汇兑风险。例如，当本国货币相对外币贬值时，进口原材料的成本会增加，这可能会抑制企业的投资意愿和能力。因此，汇率波动的增加通常与国内投资水平的降低呈负相关关系。

汇率水平的变化和预期未来汇率的变化都是影响国家投资水平的重要因素。同时，汇率波动的程度也与国内投资水平有着直接的关联。因此，在分析一个国家的经济状况时，了解和掌握汇率动态对于制定有效的经济政策至关重要。

（二）汇率的需求效应

汇率的波动对国内外市场的需求产生显著影响，这主要体现在汇率变动导致的国内产品与国际产品间相对价格的变化上。具体来说，当本国货币升值时，国内货币的购买力增强，使得国际产品对国内消费者更具吸引力。这种情况下，国内消费者更倾向于购买外国产品，因为相比之下，国内产品的价格相对较高。但是，这种货币升值同时也会对国内生产企业造成不利影响。由于国内产品的相对价格提高，国际市场上对这些产品的需求可能会降低。这种需求的减少会直接影响国内企业的出口业务，从而可能导致生产水平和生产能力的下降。在这种情况下，国内企业可能会减少投资，因为出口市场的不确定性增加了投资风险。此外，国内消费者对外国产品的增加需求也可能导致国内市场对本国产品的需求减少。这不仅会影响国内企业的销售，还可能进一步减少企业的投资意愿，因为市场需求的减少直接关系到企业的收入和盈利能力。

（三）汇率的成本效应

汇率的波动对企业的成本构成产生了深远的影响，特别是在劳动力成本和原材料成本方面。一方面，汇率变化改变了劳动力的相对价格。例如，当本国货币升值时，本国劳动力成本在国际市场上相对增高，这使得以出口为主的企业面临更高的生产成本。为应对这一挑战，这些企业可能会寻求更低成本的劳动力，例如通过将生产线转移到劳动力成本较低的国家，以保持竞争力。这种转移不仅影响了国内就业市场，还可能导致国内投资水平的下降。另一方面，汇率的升值也会降低进口原材料的成本。当本国货币价值提高时，以本币计价的进口原材料成本会相对下降。这对于依赖进口原材料的企业来说是一个利好消息，因为它可以降低他们的生产成本，提高利润率。因此，这些企业可能会增加投资，扩大生产规模，以利用成本优势。但是，国内投资水平的总体变化是复杂的，它不仅取决于出口企业因劳动力成本升高而减少的投资，还取决于依赖进口原材料的企业增加的投资量。这两者之间的动态平衡对国家经济的总体表现产生重要影响。

（四）汇率的风险效应

汇率的波动性在现代经济体系中扮演着关键角色，尤其是在风险管理和企业决策方面。不稳定的汇率不仅带来直接的财务风险，还可能间接影响企业的投资决策和市场策略。

①汇率的不稳定性直接影响劳动力成本。当一个国家的货币汇率波动剧烈时，这种不稳定性会使得劳动力成本难以预测和控制。企业在面临这种不确定性时，可能会减少投资，以避免因成本不可控而导致的潜在损失。例如，当本币贬值时，国内劳动力成本相对于国际市场变得更加昂贵，这可能会迫使企业减少国内投资，转而寻求成本较低的劳动力市场。

②汇率波动还会引起商品价格的波动。这种价格波动对于出口导向型企业尤为重要。当本币贬值时，国内商品在国际市场上变得相对便宜，可能会刺激出口。然而，这种变化同样带来了不确定性，因为汇率的不稳定可能会导致企业难以准确预测销售收入。这种不确定性可能会导致企业在做出长期投资决策时更加谨慎。

二、人民币汇率波动对投资的影响

（一）人民币持续升值会不利于国内企业投资水平

人民币的持续升值对国内企业的投资活动构成了显著挑战。随着人民币价值的增强，国内企业在采购国际市场上的原材料和雇用国际劳动力时，所承担的成本相对增加。这不仅增加了企业的经营成本，还可能导致其产品在国际市场上的价格竞争力下降。尤其对于那些依赖进口原材料或外国劳动力的企业而言，人民币升值直接影响了其成本控制和盈利能力。此外，由于内部和外部市场环境的变化，企业在进行长期投资和扩张决策时会面临更大的不确定性和风险。人民币升值还可能影响国内市场的消费趋势。消费者可能更倾向于购买价格更具竞争力的进口商品，这对本土企业形成额外的市场压力。随着进口商品的吸引力增加，国内企业可能在本土市场上失去一部分市场份额，这直接影响其销售收入和投资回报。此外，升值还可能导致资本流出，投资者可能选择投资外币资产以寻求更高的收益。这种资本流动的变化对国内企业的融资造成压力，进一步影响其扩张和发展计划。

人民币的持续升值虽然对进口商品和消费者有利，但对国内企业尤其是出口导向型和高投资型企业来说，却构成了显著的负面影响。因此，为了保持国内企业的投资动力和整体经济的均衡发展，需要考虑采取更加灵活和多元的货币政策，以平衡和缓解人民币升值带来的各种影响。

（二）人民币持续升值不利于吸引外商直接投资

人民币不断升值，可能会削弱外资在国内的投资热情。随着人民币价值的增长，外国投资者在进行资金兑换时面临更高的成本。例如，若外币相对于人民币的价值下降，外商需支付更多的本国货币以获得等值的人民币，这直接增加了他们在中国市场的初始投资成本。高投资成本会使得部分外国公司对于扩大或新建在华投资的计划持谨慎态度，尤其是那些资金敏感型的中小企业。

另一方面，人民币升值虽然可能对金融市场有吸引力，但对于那些寻求在中国的产品市场或制造业领域进行长期实体投资的外商来说，持续的货币升值并不具有吸引力。这是因为货币的稳定性对于外商来说至关重要，它能够帮助他们更准确地预测未来的经营成本和收益。在当前的全球经济环境中，许多企业更倾向于在有着相对稳定货币政策的国家进行投资。因此，中国政府在制定货币政策时，应当充分考虑到人民币价值的稳定性对于吸引和保持外商直接投资的重要性，以及这一政策对国内市场和国际投资者信心的长期影响。

（三）人民币汇率波动增强不利于国内投资

由于人民币汇率波动性的提高，国内企业所承受的外汇风险随之加大。特别是对于那些依赖进口原材料的企业来说，原材料的采购成本会因为汇率的波动而产生不确定性。这种不确定性不仅影响企业的成本管理，也使得收入预测变得更加困难。此外，对于出口导向型企业而言，产品在国际市场上的价格同样会受到汇率波动的影响。这样的情况下，企业的盈利能力和市场竞争力都可能受到负面影响。此外，由于汇率波动带来的不确定性，许多企业可能会采取更加保守的策略，降低投资规模以避免潜在的风险。这种情况下，国内的投资活动可能会受到抑制，进而影响经济的整体发展。长远来看，人民币汇率的稳定性对于国内投资环境的健康发展至关重要。只有在汇率相对稳定的环境中，企业才能更好地规划未来，有效管理风险，从而保障投资的持续增长和经济的稳定发展。因此，维护人民币汇率的稳定不仅是金融政策的重要目标，也是推动国内投资增长的关键因素。

第四节　汇率波动对经济增长的影响

一、汇率和经济增长的理论关系和模型构建

（一）汇率和经济增长

在经济增长的众多影响因素中，如资本、劳动力、技术和资源等，

汇率机制与波动分析研究

汇率作为一个间接但重要的因素,其作用在开放型经济体系中尤为显著,使得经济增长的影响机制更加复杂。汇率的波动对国际贸易和资本流动产生直接影响,进而牵动国内的投资、消费水平、物价、货币供应、外汇储备、就业和总收入等经济指标。因此,汇率变动对经济增长的影响不容忽视,研究其波动对经济增长机制的作用至关重要。从理论角度分析,汇率对经济增长具有双重作用,即扩张效应和紧缩效应。这两种效应共同构成了汇率对经济增长的复杂影响。

1. 扩张效应

汇率在经济增长中的扩张效应主要体现在本币贬值所带来的连锁反应。本币贬值短期内使国内出口产品的国际市场价格更具竞争力,进而刺激出口需求的增长,增加出口企业的盈利。同时,本币贬值还鼓励国内生产进口商品的替代品,促进国内投资增长,提升国内的总产出水平。长期而言,本币贬值可能进一步扩大国内生产能力,推动生产可能性曲线外移,从而增加整体供给水平。

2. 紧缩效应

汇率对经济增长的紧缩效应则反映在本币贬值引发的一系列负面影响上:一是本币贬值可能导致国家外债相对成本增加,引发国内债务问题,迫使政府减少开支,从而影响经济增长;二是本币贬值往往伴随着资本流出,减少了国内的投资和生产扩张机会。此外,本币贬值还可能引发国内价格上涨,导致政府实行紧缩政策,不利于经济增长;三是本币贬值导致进口产品价格上升,不利于依赖进口原材料的本国企业的生产和扩张。

因此,汇率波动特别是本币贬值对一个国家的总产出水平产生的影响是复杂且多变的。如果扩张效应超过紧缩效应,则本币贬值有助于刺激国家的产出水平。相反,如果紧缩效应更为显著,则本币贬值可能对经济增长产生不利影响。因此,理解和分析汇率变动对经济的影响,需要考虑多重因素和长远影响。

(二) 经济增长的汇率传导

1. 经济增长的两种分类

经济增长,是指总产出的增加,在经济增长理论中,人们认为,人均产出的增加被称为经济增长,自斯密开始,一直到现在,大量学者对经济增长的内涵、外延、度量、传导、原因等方面进行了大量的研究。

经济增长的成果可以从产出水平的提升来观察,这是衡量经济增长的一个重要指标。但如果我们从源头探寻经济增长,我们则可以发现,增长的动力可以从投资、消费、净出口拉动的角度来解析,也可以从技术进步的角度来理解。这些都是驱动经济增长的要素,但根据诸因素的影响程度和作用机制的不同,经济增长可被划分为两类联动效应。由生产率的提升所引发的经济增长,我们将这种经济增长称为"技术进步型经济增长"。这种增长主要依赖于生产效率的提升以及技术的创新和应用。另一种是由资源投入所引发的增长,我们将其标识为"投入型经济增长"。这种增长主要是通过增加投入,如资本、劳动力及原材料等,实现对总产出的提升。概念上看,无论是技术进步型还是投入型,其效应都受到汇率和其波动的影响,但两者在作用机制和效果实现上存在明显差异。

2. 汇率及其波动对经济增长的影响

①汇率升值对技术进步型经济增长的影响。当本币升值时,国内产品、服务及资产的相对国际价格上升,对外贸易和资本流动产生直接影响。这种升值会使得出口减少,同时进口商品由于价格相对较低变得更具吸引力,增加了国内消费者对进口商品的需求。结果是国内储蓄率下降和资本存量减少。在这种情况下,为了维持经济增长,企业必须提高生产效率,而不仅仅依赖于增加资本和劳动力的投入。因此,本币升值导致的经济增长,主要是通过提升生产率来实现的。

②降低生产成本对经济增长的贡献。降低生产成本可以提升单位投入的产出效率,从而间接提高生产率。生产率的提升带动了产出水平的

增长,这在本质上反映了一种技术进步型经济增长。

③汇率贬值与投入型经济增长的关系。当本币贬值时,本国出口商品由于相对价格下降而变得更具竞争力,导致出口量增加。同时,进口商品价格上升,导致进口量减少。这样的变化增加了净出口量,刺激了经济总需求,从而促进了经济增长。此外,本币贬值还降低了相对于外币的劳动力成本,促使企业增加对劳动力的需求。因此,本币贬值带来的经济增长主要是由于劳动力和资本投入的增加。

从更深层次来看,本币升值如果导致经济增长,通常意味着企业效率的提升和国内商品的竞争力增强,是技术进步的体现,也是国家发展的标志。相反,本币贬值引起的经济增长通常是由资源投入的增加驱动的,这种增长方式对国家的技术和效率改善作用有限,长期看可能不利于国家的竞争力提升。汇率变化引发的经济增长并非自动发生的过程。例如,本币升值可能不会增加国内产出,反而由于成本增加导致企业破产。因此,我们需要通过深入分析汇率变化与总产出模型的关系,以及汇率变化对劳动生产率的影响,来全面评估汇率波动对经济增长的真实影响,无论是技术进步型还是投入型经济增长。

二、模型设计和变量选取

在探究汇率与经济增长之间的复杂联系时,我们设计了一种模型,并精心挑选了相关变量,以便准确捕捉这两者之间的动态互动。本研究的核心在于揭示汇率如何影响经济的增长路径和技术发展水平。

我们采用国内生产总值作为衡量经济增长的主要指标。国内生产总值作为经济活动的总量指标,能够全面反映一个国家或地区的经济规模和发展速度。此外,为了深入分析汇率变化如何影响经济增长的类型和质量,我们特别引入了全要素生产率这一指标。全要素生产率不仅衡量了劳动力和资本的投入产出效率,而且反映了经济增长中技术进步的贡献。

在探索汇率与技术进步型经济增长之间的关系时,我们首先需要构建一个切实可行的技术进步指标。在众多研究文献中，全要素生产率被广泛用作衡量技术进步的关键指标。基于索洛模型，我们假设技术进步呈希克斯中性，并假定规模报酬不变。据此，我们建立了一个衡量技术进步水平的度量模型。

我们使用柯布-道格拉斯（C-D）生产函数来计算全要素生产率，进而明确汇率波动与技术进步之间的关联。首先，我们确定了我国人均资本存量的初始水平，并据此计算出各个时点的实际资本存量。全要素生产率的关键影响因素包括产出增长、外商投资水平和贸易开放度。实际情况中，产出增长越快，代表研发和技术投入水平越高。同时，外商投资水平的提升有助于国内企业吸收国际先进技术和管理经验，而贸易开放度的提高则有利于促进国际资本流动，进而推动全要素生产率的提高。最后，我们引入了汇率波动指标，以此来解释全要素生产率的变化情况。通过这一指标，我们能够更好地理解汇率变动对技术进步型经济增长的影响，从而为经济政策制定提供更为科学和实证的依据。

通过这种综合模型的设计和实证分析，我们旨在深入剖析汇率波动如何通过影响技术进步，进而作用于经济增长的整体轨迹和质量。这不仅为理解国际经济波动的微观机制提供了新视角，也为经济政策的制定和调整提供了重要的理论支持。

三、实证结果分析

为了洞察经济增长的内在机制，我们构建并估算了一个汇率指数以及汇率波动对总体产出和全要素生产率影响的协整模型。分析结果揭示了中国的产出水平仍主要依赖于出口、投资和政府开支的推动，其中人民币贬值对提升我国的产出水平起到积极作用。但是，观察全要素生产率的模型，可能会让人对中国的经济增长模式有所质疑。我国经济增长的主要推动力并非来自技术进步，而汇率和其波动对全要素生产率也未呈现出显著的推动效应。同样，外商投资水平的增加和贸易开放度的提升都未能有效提高中国的全要素生产率。因此，对于中国来说，关键在

于调整经济增长方式,从量的增长转型为质的增长,以实现更为内在和持续的经济增长。这种变革需要从以下五个方面着手:

①对外贸易与技术升级的深度结合。在全球化的背景下,我国的对外贸易必须实现质的飞跃。这不仅意味着在保持劳动密集型产品出口的基础上,更要积极引进和开发技术含量更高的产品。外贸企业应增加研发投入,力求在技术创新和产品升级上取得突破,同时积极摆脱对传统资源密集型生产方式的依赖,将技术创新作为企业发展的核心驱动力。

②政府引导与资金导向的优化。政府在引导企业研发和技术进步方面发挥着重要作用。应将社会资金更多引导至企业的研发和技术升级中,而非过度集中于房地产和资本市场投资。重点在于通过政策支持和财政补贴,为企业创新提供充足的资金和良好的发展环境,从而推动经济增长方式的转型。

③贸易结构的调整与市场竞争力的增强。调整贸易结构,改变进出口企业的现状,尤为关键。我们需要增加高新技术产品的出口,以提升国内企业的市场竞争力。这要求企业根据国际市场的需求来确定未来的发展方向,并将这些需求反馈到企业的研发和生产领域中。同时,增加对国际高新技术产品的进口,引进技术人才和先进技术,以此激发企业由学习到创新的转变。

④政策法规的完善与金融体系的健全。完善的政策法规和健全的金融体系对于支持高新技术企业的发展至关重要。政府应合理引导资金流向,特别是增加对创新型企业的扶持力度,出台相应的法规和政策,以促进经济从粗放型、资源密集型产业向技术进步型和知识密集型产业的转型。

⑤人民币汇率与经济增长的关系。人民币的汇率变化对我国经济增长有一定影响。人民币贬值在一定程度上促进了产出增长,但持续的升值可能会削弱经济增长的动力。政府面对人民币升值压力时,需要谨慎决策,保证经济增长的稳定。

总体来看，人民币汇率虽然对经济增长有一定作用，但并不能直接促进产业技术进步或提高全要素生产率。产业结构的不合理性是其中一个原因，更重要的是，政府在推动产业结构转型和贸易结构调整方面需付出更多努力。目前，我国的经济增长仍过分依赖于资源的拉动，亟须转变。

第七章　人民币汇率改革的探讨

以下我们将就人民币可自由兑换，人民币汇率政策与货币政策、利率政策和外贸政策的关系，人民币汇率形成机制以及人民币的国际化等人民币汇率改革的相关问题进行初步探讨。

第一节　人民币自由兑换

一、货币自由兑换的概念

货币自由兑换，主要是指在外汇市场上使用本国货币自由购买外币，或用外币兑换本国货币的过程。然而，现实中，多数国家对这种兑换实施了限制，由此产生了不同类型的货币自由兑换方式。从国际经济交易的性质出发，货币自由兑换分为两大类：一是基于经常账户的自由兑换；二是基于资本与金融账户的自由兑换。前者主要涉及日常的外汇支付和转移，如对外贸易、服务业务及短期银行信贷等；后者则关乎资本的流入和流出。目前，许多发达国家已逐步放宽对资本与金融账户的控制，推动金融市场的全球化。需要注意的是，会员国不得对付款行为施加兑换限制，但收款行为不在此限。这意味着，国家可能要求居民将外汇收益上缴。同时，对贸易的限制并不违反该条款，只要相关企业能在获取必要许可后合法使用外汇支付。资本与金融账户的兑换自由化意味着对资金流动的无限制，随着经济发展，越来越多国家放宽管制。在实践中，大多数实行这一制度的是工业化国家，而发展中国家和地区的比例相对较小。

因此，货币兑换自由化是一个涉猎广泛、复杂的过程，不仅关系到宏观和微观经济，还牵涉到实体经济与金融经济，以及国内外经济平衡、价格、利率等多方面因素。

二、人民币完全可兑换的作用及实现顺序

货币的自由兑换是国际金融发展的核心组成部分，同时也是衡量一个国家经济开放程度的关键指标。人民币在经常项目下已实现可兑换，接下来在资本项目下实现可兑换，最终达到全面可兑换，对于我国加快金融开放步伐，促进市场经济体系完善，融入国际经济大潮，确保国家经济持续健康发展，以及在全球经济体系中提升地位，具有至关重要的意义。为了积极参与国际经济合作与竞争，提高我国在国际市场的影响力，维护国家的国际经济利益，实现人民币的全面可兑换成为必然要求。人民币可兑换对于我国经济发展的推动作用主要体现在以下几方面：

①人民币可兑换有助于将中国的价格体系与国际市场接轨，从而优化国内微观价格机制和提升企业运营效率。这样的融合有助于引导国内外经济主体在相互利益原则下，在国内外市场中自主运作，根据市场价格信号做出决策，缩小国内与国际市场价格差异。在这一机制下，价格调节作用得以最大化发挥，增强企业应对价格波动的能力，提升在国际市场的竞争力。

②促进中国与全球各国和地区在商品交易、劳务互换和生产要素自由流通等多方面建立更加全面的合作关系。这种合作有助于更高效地利用国内外资源，实现资源的有效分配，降低投资风险，并进一步融入国际的分工与合作体系中，从而增强并巩固中国的比较优势。

③有助于推动中国金融行业的改革与发展。这包括但不限于推进国有银行的商业化改革、激励金融创新、提升银行业务的服务效率和质量。同时，这也将促进资本市场的国际开放，并加强与世界金融市场的连接。

④有助于我国汇率机制和外汇交易更好地实现市场化，与国际外汇

市场实现全面对接。这一举措能够更真实地体现中国外汇市场的供求关系,进而使人民币汇率的确定更加合理。客观来看,实现人民币可兑换是我国外汇管理体制改革的关键目标之一,也是我国开放型经济发展的一个重要标志。从经济运作的视角分析,我们越是深度参与到贸易自由化和资本流动的进程中,就越需要全面推动这一过程,并强调实现人民币可兑换的重要性。同时,只有在人民币可兑换的前提下,汇率机制才能真正基于市场供求来进行调解,从而使汇率政策更加合理和有效。此外,人民币可兑换也是金融国际化的重要组成部分,它不仅能吸引更多的外资流入,还能加速我国对外贸易的发展,从而为国家创造一个更加稳定的货币金融环境。

但是,实现人民币的完全可兑换对中国经济的稳定发展同样带来一定的挑战和多方面的问题。特别是在准备条件还不完善的情况下,仓促推行人民币自由兑换可能导致严重的负面影响和不可逆转的损失。从俄罗斯金融危机和亚洲金融风暴中我们可以清晰地看到这一点的体现。考虑到不同国家在经济基础、结构和发展模式上的差异,实现货币可兑换并没有统一的模式。但是,通过参考世界上多数国家通行的做法和基本步骤,汲取国际实践中的经验与教训,并结合中国作为发展中大国的具体情况,我们认为,实现人民币全面可兑换应该是一个既积极又稳妥、有序进行的过程。

三、实现人民币完全可兑换的条件

为了实现人民币的完全可兑换,中国需要满足一系列关键条件,以确保货币政策的顺利实施和宏观经济的稳定。

(一)良好的宏观经济状况

当人民币实现完全可兑换,它将促进商品和资本的国际流动,这对中国的宏观经济将产生深远影响。因此,中国的宏观经济不仅在实现货币可兑换之前需要保持稳定,而且在之后也要有能力应对各种挑战。这需要在以下几个方面展现出良好的宏观经济状况:

①宏观经济的平稳运行:中国需要避免严重的通货膨胀或经济过

热，同时保持较低的失业率。此外，保持财政赤字在可控制的范围内，确保金融业的稳健运行，避免大量不良资产的产生，并维护良好的金融秩序至关重要。

②发达的市场体系：价格应能准确反映供求状况，及时响应市场变化。金融市场应拥有多样化的金融工具，确保市场交易的活跃性和规范性。此外，各种利率的形成和变动应能反映不同的融资供求关系。

③政府的宏观调控能力：政府应能够运用各种政策工具及时准确地对经济进行调控，应对复杂局面。同时，通过完善的金融监管体系和先进的监管手段，政府需要对金融运行实施严格监管。

④充足的外汇储备：为了干预外汇市场和平衡国际收支，中国需要拥有充足的外汇储备。

（二）健全的微观经济主体

在货币自由兑换的背景下，国内市场与国际市场的无缝对接必然带来更加激烈的市场竞争。这种竞争不仅来自国内企业，也包括来自世界各地的同行业企业。在这样的环境中，企业尤其是国有企业的经营状况，将直接关系到货币自由兑换的稳定性和发展规模。因此，中国的企业，特别是国有企业，必须深化体制改革，实现经营机制的根本转变。这包括建立现代化企业体系，使企业成为真正意义上的市场竞争者，拥有自主经营、自负盈亏的能力，并实现自我约束与自我发展。同时，企业必须加速技术革新和新产品的研发，不断提升产品的科技含量，以增强在国内外市场的竞争力。这不仅意味着提高产品质量，还意味着不断创新，适应市场的变化和需求。

对于商业银行而言，稳健经营，提高资本充足率，严格控制不良资产成为其发展的关键。在人民币实现资本项目自由兑换的过程中，商业银行的健康运营尤为重要。因此，必须加快国有银行的改革步伐，确保它们能够作为真正的商业银行运作，这不仅可以有效约束它们的经营行为，还可以减少因过度借贷而产生的偿债风险。最为重要的是，在金融业对外开放的大背景下，如果国内银行存在较多的不良资产，可能会导致国民将大量资金从国内银行转移至外国银行。这种资金流动不仅会影响国内银行业的经营状况，还可能引发更为严重的债务危机和支付危机。因此，商业银行的健康发展和稳健经营对于维护整个国家金融体系的稳定至关重要。

（三）较强的经济实力和合理的开放状态

经济实力是国家硬实力的重要体现，这种实力不仅在于国家的经济总量，更在于经济结构的合理性和产品在国际市场上的竞争力。一个国家若能在国际舞台上拥有强劲的经济竞争力，并且能够持续保持较高的经济增长速度，它就更有底气和能力去应对货币自由兑换过程中可能出现的各种金融风险，以及控制这一过程可能带来的负面影响。从全球化日益深化的角度来看，一个国家的经济实力不仅仅体现在其独有的经济实力上。相反，其对外经济开放程度与国际贸易密切相关，这在很大程度上体现了国家经济实力的多元化。对于一个开放的国家来说，经济实力的提升不仅需要国内市场竞争的刺激，还需要对外出口和国际投资的支持。然而，对外开放的程度并非越高越好，而是需要根据国家的实际经济发展水平和经济体制来适度调整。如果盲目追求高度开放，不仅可能加剧货币自由兑换过程中的风险，甚至可能导致经济危机的爆发。

从历史的角度来看，经济开放和货币自由兑换是一个国家经济成熟的标志，但这种成熟并非一蹴而就。它需要一个漫长而稳健的过程，需要在全面考量自身经济结构、国际环境、金融体系稳定性等多方面因素后，做出审慎的决策。在这个过程中，政府需要发挥引导和调节的作用，既要促进经济的健康发展，又要防止经济过热或过冷，确保经济在开放中保持稳定。此外，货币自由兑换的实施还需要考虑国内金融体系的成熟度。一个成熟、健全的金融体系能够更好地吸收和分散因开放带来的风险，而一个脆弱的金融体系则可能在面对突如其来的资本流动时显得力不从心。因此，加强金融体系的建设和完善，提高金融监管的效能，是确保货币自由兑换顺利进行的另一关键。

因此，货币自由兑换不仅是一个技术性的金融操作，更是一个国家经济战略决策的重要组成部分。它要求国家在综合考虑自身经济实力、对外开放程度、金融体系成熟度等多方面因素的基础上，采取一系列合理的策略和措施。只有这样，一个国家才能在全球经济大潮中稳健前行。

(四) 适当的汇率制度与汇率水平

汇率水平恰当不仅是货币自由兑换的前提，也是货币自由兑换后保持汇率稳定的重要条件。在货币自由兑换的环境中，汇率若定价过高或过低，均容易触发市场投机，进而对整体经济和金融市场的稳定造成负面影响。例如，汇率被高估可能导致本国货币购买力下降，而低估则可能刺激过度的出口和资本流入，这些都可能引发经济波动和不稳定。因此，选择一个适宜的汇率制度对于保持汇率水平的适当性至关重要。通常，在允许货币自由兑换的情况下，采用浮动汇率制度似乎更加合理。浮动汇率制度是一种货币汇率的制度安排，其特点是汇率由市场供求关系决定，具有更大的弹性，可以更加灵活地反映国际经济和市场变化。这种制度虽然使汇率更具适应性，但同时也可能带来更大的市场波动和不确定性。

汇率水平和制度的选择是一个复杂的决策过程，涉及众多因素。这些因素包括但不限于国家的经济状况、通货膨胀率、国际贸易状况以及全球金融市场的动态。一个国家在选择其汇率制度时，必须综合考虑这些内外因素，以确保其货币政策既能反映国内经济的实际需求，又能适应国际市场的变化。

(五) 健全的货币管理机制

构建一个完善的货币管理机制是任何经济体稳定发展的基石。这种机制的健全性主要体现在两个关键方面：一是中央银行必须拥有足够的权威和独立性来制定和执行货币政策；二是中央银行需要掌握一系列有效的货币政策工具，以便精确控制货币供给。

中央银行的权威性和独立性是其有效运作的基础。这意味着在制定货币政策时，中央银行能够不受政治干预，独立地做出最有利于国家经济稳定和长远发展的决策。一个独立的中央银行能更有效地应对经济波动，调节通货膨胀，以及维护金融市场的稳定。

此外，中央银行必须掌握多种有效的货币政策工具，这些工具包括但不限于利率政策、存款准备金率调整以及公开市场操作等。通过这些工具，中央银行能够精准地控制货币供给量，进而影响经济增长速度、调控通货膨胀率以及稳定金融市场。

（六）完善的金融市场

完备的金融市场，特别是发展成熟的货币市场，对于中央银行而言，不仅是实施公开市场操作的基础平台，也是对外汇供求和汇率进行直接、灵活调控的关键场所。在这样的市场环境下，中央银行通过调整货币供应量，以此来影响汇率，或者在对外汇市场进行干预之后，采取相应的"冲销性操作"以抵消国际储备变动对货币基础的影响。

当货币市场出现过剩需求时，中央银行可以通过提升短期利率来引导资金流向货币市场，从而减轻外汇市场的资金压力；相反，当需求减少时，资金则会流回外汇市场。这样的调控策略使得金融市场能够更加灵活地响应经济变化，保证金融体系的稳定性和效率。

然而，要实现人民币完全自由兑换，目前仍面临一些挑战和不足。关键在于，我国的对外开放是在经济体制转型的背景下进行的，这意味着外汇体制的改革不足以独立满足所有先决条件，它还需要与其他领域的改革相互配合。例如，与经济体制转型相关的财政、税收和企业管理等方面的改革，都对实现人民币自由兑换具有重要影响。

当前，我国对资本项目的管控仍然较为严格。在这一背景下，要实现人民币在资本项目下的自由兑换，仍然需要时间和更多的制度创新。这包括金融市场的深化改革，包括提升金融市场的透明度、增强金融监管能力、促进金融创新等多个方面。同时，国际经济环境的变化也对人民币自由兑换的进程产生着重要影响。

四、人民币完全可兑换的实现探讨

为实现人民币完全可兑换，我们应当在保持人民币汇率基本稳定的前提下，拓展人民币汇率的弹性，并完善人民币汇率形成机制。可采取的主要措施包括：拓宽人民币汇率波动范围，推动自愿结售汇，扩大外汇指定银行结售汇周转头寸限额，以更准确地反映市场参与者的预期；增设银行间外汇市场交易的币种和品种；扩大银行间市场参与者的范围；按照国际惯例完善人民币外汇市场组织结构，逐步实现人民币的完全可兑换。

(一) 人民币资本项目可兑换的基本原则和前景

人民币资本项目的开放应遵循有序、积极、稳妥的开放原则。首先，应实现资本项目有条件的可兑换，逐步推进至资本项目的完全可兑换。即便实现了完全可兑换，在必要时仍可实施必要的资本管制。因此，人民币可兑换的总体战略应该是有序、积极、稳妥的，循序渐进。在面对加入世界贸易组织的挑战时，加快人民币自由兑换进程的紧迫性已被提上议程，具体操作原则如下：

①步步为营，循序渐进：在实现人民币资本项目可兑换的过程中，要步步为营，循序渐进，既不可过分超前，也不能因犹豫而错失良机。借鉴国际上开放资本项目的经验教训，结合我国人民币经常项目可兑换成功的经验，可采取"积极稳妥，先易后难，宽松但有度"的方针。

②开放的阶段性步骤：根据多数发展中国家的开放经验，可采取逐步放宽的策略。首先，放宽长期资本流动的管制，随后放宽短期资本流动的管制。先对直接投资实施宽松，再逐步放宽对间接投资的管制。在金融领域，可先开放证券投资，然后逐步放宽对银行信贷的管制。对境外筹资，先放宽对境外筹资的管制，再放宽对非居民境内筹资的管制。在金融机构方面，可先开放对金融机构的管制，再逐步放宽对非金融机构和居民个人的管制。

③促进资金流出方面的措施：在促进资金流出方面，对不影响国际收支经常项目平衡的情况，可在人民币经常项目自由兑换后放宽。对于可能影响经营项目平衡或资本频繁移动的情况，可以先试行并积累经验，再逐步推广。

④促进资金流入方面的措施：为促进资金流入，应逐渐实施外商直接投资的汇兑自由。此外，可以逐步放宽外国投资者在我国金融市场上的投资，推动证券资本的流动。同样，逐步放松国内企业向境内外资银行融资的限制，为资金流入创造更宽松的环境。

⑤对待资本流出方面的处理：在对待资本流出方面，应放宽境内居民和机构对海外投资的限制。同时，可以适度允许境内金融机构向非居民融资，但对非居民金融机构在我国境内筹资要保持谨慎态度。

人民币资本项目的可兑换是一个渐进过程，需要根据国内外的经验教训，综合考虑各方面因素，有序推进，确保我国金融市场的稳定和健康发展。

（二）资本项目下人民币可兑换的具体步骤

①需要放宽并争取尽早取消对外商直接投资项目下的兑换限制。与国际间接投资存在差异，外商直接投资的主要目标并非短期投资收益，而是追求长期的利润增长。因此，外商直接投资与一国经济增长速度、市场规模变化和投资增长密切相关，具有相对较好的稳定性。尽管现行法规规定，境外法人或自然人作为投资汇入的外汇未经外汇管理当局批准不得结汇，但在实际运行中，由于国家对外商直接投资持鼓励态度并实施优惠政策，外汇管理部门在接受企业结汇申请后，审核外汇来源、资本金账户余额、对账单和结汇人民币资金用途后，一般均允许结汇。而且，外商投资收益的汇出属于经常项目收支行为，其汇兑限制已经取消，因此，取消直接投资项目的限制只涉及法规条文的改变，实际上并不会带来太大的实际障碍。在取消对外汇资本金兑换人民币的限制后，为防止在特定阶段上套汇、套利资本的大量流出，可保留对外资汇兑行为的真实性、合法性进行审查，并将其交由外汇指定银行完成。此外，由于世界贸易组织规定外商投资企业应享受东道国国民待遇，因此，允许外资资本金直接办理银行结汇的规定无疑会推动对外资实行国民待遇的进程。这一规定不仅有助于提升我国对外商投资的吸引力，也有利于加强国际经济合作与交流。通过这一步骤，我们将为人民币资本项目的

可兑换提供更为便捷和灵活的通道，促进资本的自由流动，同时维护了资本市场的稳定性和透明度。

②针对外资股权融资所获得的外汇资金，中国已取消了需要外汇管理当局审批的结汇规定。这一变化不仅简化了股权资本转换成人民币的流程，也体现了中国对外资流入的积极态度。在过去，境内机构从境外获得的资本项目外汇收入，必须全部调回国内。上市公司回流的外汇，除了部分用于进口资本货物和必要的股东收益支出，其他部分均需转换为人民币。当前政策的调整，既反映出对国际金融市场的应变策略，也为企业创造更为宽广的灵活性。这一措施将进一步鼓励和支持国内优秀企业走向国际市场，尤其是境外上市。

③外债管理方式的优化。政策已经开始适当放宽企业外债结汇和购汇偿债的汇兑限制。同时，为了确保国家对外债规模和结构的监控，该政策保留了这一控制手段。这种平衡的做法，旨在加强对居民与非居民之间债务的统计和管理，保障金融市场的稳定。通常，外债项目大部分属于信贷类别，这类项目的开放应该更加提前。尽管人民币的可兑换期限尚在过渡期，但在此期间以及之后的一段时间里，我们不能放松对外债的监管。尽管中国的债务指标整体表现良好，但需要注意的是，外债中非生产性投资占比较高，商业贷款存在浮动利率的风险，同时外债余额占比也相对较大，这表明外债潜在风险仍然需要引起重视。因此，在放宽政策的同时，也应加强对外债的宏观管理和项目管理。政府鼓励企业合理利用低成本长期优惠贷款，以此促进经济的健康发展。

④在中国金融市场改革开放的过程中，放宽银行信贷政策和外资进入中国证券市场的限制。随着金融服务业对外开放的步伐加快，银行信贷的汇兑限制必须尽快取消。与此同时，开放证券投资市场成为不可避免的趋势。中国企业已经开始在海外市场融资，而中国证券市场的现行外汇管理规定显然需要调整，以符合世界贸易组织关于对等开放、市场准入和国民待遇原则的要求。这意味着允许外国企业在中国境内上市融资，并在汇兑方面享受与内资企业相同的权利。但是，由于中国证券市

场的资本流动性强，且市场尚不成熟，存在着市场冲击的风险。部分上市公司的质量参差不齐，市场退出机制还未完全建立。中国股市的规模相对较小，经济的证券化水平有待提升。非市场化行为仍然对股市产生较大影响。因此，在逐步放开证券市场的过程中，有必要建立和完善合格境外投资者的市场准入制度，并严格控制外资在证券总量中的比例，以确保市场稳定。

⑤允许外资企业汇出清算结业的外汇资金，但保持对外资企业清算结业后分得的人民币资金的购汇限制，以后再逐步放开。中国作为一个大国，在吸引外商直接投资方面具有显著优势。外商直接投资的人民币利润再投资在未来还将继续增长。理论上，外商持有的人民币债权和股票数量甚至可能超过中国政府的外汇储备和外币债权，这无疑增加了金融危机的可能性。因此，保留对外资企业清算结业后分得的人民币资金的购汇限制，是在资金兑换环节上的一种风险控制措施，以确保资金在一定程度上留在国内。

⑥放松对境内资本境外投资的汇兑限制。中国对外直接投资虽起步较晚且规模不大，但作为开放型大国，应坚持"双向开放"原则，鼓励中国企业积极实行"走出去"策略。这意味着依据企业的比较优势，主动参与国际分工，利用国内外两个市场，实现生产要素在更广泛范围的优化配置，从而捍卫国家最大利益。因此，从理论上讲，不应设置对海外投资的汇兑限制。但是，鉴于中国对外投资项目的成功率尚需提升，且当前主要是国有及国有控股企业为主的对外投资格局，在国有企业改革尚未完全实施的背景下，放松内资企业对外投资的汇兑管制可能导致国有资产流失，增加资本外流风险。因此，根据现状分析，放宽内资对外投资的汇兑限制时，必须同步强化金融监管，确保中国对外投资的稳健发展。

这些政策调整反映了中国在金融市场开放中寻求平衡的态度。一方面，中国积极拥抱全球化，通过放宽政策吸引外资，促进金融市场的发展和国际竞争力的提升。另一方面，中国也在谨慎地管理和控制风险，以防止市场过度波动和潜在的金融危机。这种平衡的策略不仅有助于保护国家的金融安全，也为国内外投资者提供了一个更为稳定和成熟的投资环境。

（三）资本逃避与货币替代

人民币实现完全可兑换意味着我国货币的完全对外开放，国际资本流动将更直接地对我国经济产生影响，资本逃避和货币替代将是我们必须密切关注和认真对待的问题。

1.资本逃避问题

资本逃避，也称为资本外流，是指在恐惧、不确定性或为躲避特定风险和管制下，资本异常地流向其他国家。这种现象与一般的资本流出有所不同，它通常是基于安全考虑或其他特殊原因导致的非正常资本流动。资本逃避主要发生在资本所有者重新分配其资产组合时，由于国内外资产的收益和风险差异，引发了这种现象。从收益角度考虑，本国资产的低收益率可能由以下因素引起：一是本币汇率被高估（潜在的汇率贬值会导致损失）；二是国内实行的金融紧缩政策造成的低利率；三是高通货膨胀导致的实际利率下降。从风险角度考虑，国内政局的不稳定、新的管制政策出台或政策频繁变动，以及法律体系的不完善，都可能导致本国资产面临更大的风险。

资本逃避的本质是一种风险规避行为。当资本所有者对国内投资环境感到不确定或不安全时，他们倾向于将资产转移至认为更稳定或更有利的地区。这种现象通常发生在经济或政治不稳定的国家，其中包括严重的汇率波动、政治动荡、法律制度的不健全或政策的不确定性。这些因素共同作用于资本所有者的决策过程，促使他们将资产转移至其他国家。

资本逃避行为可以通过诸多合法和非法的方式展开。多数时候，大规模资本逃避的发生是在资本和金融账户能自由兑换的状态下，因为这时的资本逃避可以合法完成。而在设有资本和金融账户兑换管制的环境下，资本逃避往往通过许多规避管制的非法手段实施。一种较为常见的操作方式是在国际贸易中使用虚假的发票价值，使其与实际的交易合同价值出现偏差。具体而言，进口时，国外供应商会发出高于合同价格的发票，进口商依据发票金额从货币部门申请外汇并汇往国外供应商。然后，国外供应商会将多收的部分存入进口商的海外账户，这样资本就完成了出境，我们称之为"高报进口"。同样，在出口时，本国供应商会发出低于合同价格的发票，国外进口商将少付部分存入出口商的海外账户，我们称之为"低报出口"。

如果资本逃避行为发生，对我国的经济发展将带来极大的负面影响。短期看，大规模的资本逃避可带来经济的混乱和动荡。长期看，资本逃避将降低我国可用的资本数量，这无疑会放慢经济发展的步伐，降低政府的税收收入，增加了外债的负担，进而引发一系列严重的经济后果。因此，创建一个持久稳定的宏观经济环境就显得异常重要，并须在此之前实施严格的资本和金融账户管制，以此来遏制和预防资本逃避行为。在现实中，资本逃避不仅仅限于上述形式，还有如同走私以及其他各种灰色地带的操作。它们以更隐蔽、巧妙的方式将资本漏洞转移到海外，给国内经济带来无形的压力以及不稳定性。此外，资本逃避还对国际经济的协调性和国内金融市场的健康发展带来了挑战，不仅威胁着国家的经济安全，也挑战了国际金融秩序的公正性和公平性。

资本逃避是一个涉及宏观经济、金融市场以及国际贸易的复杂问题。解决它需要我们在加强金融法制、严格金融监管、促进经济稳定发展等多个层面同步努力。这不仅是为了避免我国经济陷入资本逃避带来的问题，也是为了更健康长远的全球经济环境。

2.货币替代问题

货币替代是一种当社会对本国货币的稳定性及收益性产生怀疑时发生的经济现象，是指当本国货币的价值稳定性失去市场信心，或者本国货币资产收益率相对较低时，外币就有可能在货币的各项功能上，部分或者全面取代本国货币的角色。这时，市场对人民币持续贬值和未来走势的不确定性的担忧，会削弱人民币的价值储藏性能，使得其作为支付工具的便捷性减弱。当人民币价值的不稳定性越发明显,公众对其作为交换媒介的接受度也会降低。

若发生严重通货膨胀或其他因素导致本国货币价值剧烈波动,人民币作为储备、支付工具以及交易媒介的功能可能会遭受重大损害。货币替代的现象在实现货币自由兑换后会更为明显。而实际上,有些货币在全球范围内都广受认可,比如美元。美元长期以来保持了良好的购买力,并在国际享有高度信誉。美元的使用领域早已超越美国的国界,进入其他国家的储值、支付和流通三大领域。诸如拉美国家层出不穷的"美元化"现象,就是最具代表性的例子。值得明确的是,货币替代与著名的"劣币驱逐良币"的格雷辛法则有着本质的区别。货币替代实际上是一种"良币驱逐劣币"的现象。这真切说明了,在全球化的经济体系中,一个国家货币的稳定性、收益性及其国际影响力,不仅决定着这个国家经济的稳定发展,也会影响到全球金融市场的运行和全球经济的格局。

当我们探讨货币替代现象及其对国内经济的影响时,必须深入理解该现象的复杂性和多变性:一是本国居民可以持有外国货币,外国居民也可以持有人民币。这种交替持有的特点使得汇率决策变得更加复杂,由此可能导致汇率波动加剧;二是从对货币政策的影响角度看,货币替代可能使得货币定义更加模糊。例如,国内居民持有的外币现金和存款是否应纳入货币统计范畴,这是一个值得深思的问题。同时,当大量外币在国内流通时,国内的利率决策和货币政策的有效性也会变得更加难以预测。

此外,货币替代对财政政策的影响也不容小觑。当国内流通大量外币时,政府从本币发行中获得的铸币税和通胀税收入可能会减少,进而影响政府财政收入的稳定性。在货币自由兑换的背景下,国家政府面临着避免货币替代的挑战。如何应对这一挑战呢?一方面,提高本币的稳定性和实际收益率,增强人们对本币的信心,是解决货币替代问题的关键。这要求政府有效控制通货膨胀和其他可能导致宏观经济不稳定的因素。另一方面，提升国内经济的整体实力和国际竞争力，也是确保货币稳定的重要措施。

第二节　汇率政策与货币政策

一、管理浮动汇率制下的货币政策

自20世纪90年代起，我国的对外经济交往迅猛增长。自1994年起，我国采取了管理性质的单一浮动汇率制度。

（一）国际收支变动对货币供给的影响

随着全球经济一体化的加速发展，国际收支变动对国家货币供给的影响日益显著。特别是在外汇管理体制不断完善和汇率政策调整的背景下，出口贸易的蓬勃发展显著促进了经济的增长。这种增长不仅体现在对外贸易的扩张上，更在于经常账户盈余在国民经济中所占比重的逐年提高。同时，外商直接投资的大量涌入也成为推动经济发展的重要因素。在此过程中，长期性的直接投资成为主流，而证券投资则相对较少，主要以境外股票发行为主。这样的资本结构使得短期资本流动压力相对较小，但国际收支的变化无疑对货币供给产生了深远的影响。

在开放经济体系中，基础货币的供给不再仅由中央银行控制，而是受到国际收支变动的共同影响。这一点从中央银行资产负债表的变化中可见一斑。自20世纪末起，财政赤字不再依赖中央银行透支来填补，而是通过调整现金、法定准备金和超额储备等方式来管理。在汇率保持稳定的条件下，国际收支的盈亏变化导致中央银行必须通过买卖外汇来调节基础货币的供给量。这种情况下，中央银行虽能直接控制再贷款和政策性贷款，但对国际收支变动的直接控制能力有限。国际收支的波动是由国家经济体系内在因素决定的，如国民收入水平、进出口状况及外资流入程度等。

在这个全球化的经济大环境中，国内的货币政策与国际经济的动态联系日益紧密。国际资本的快速流动使得对国家货币供给的管理变得更为复杂和多元化。这一现状不仅对政策制定者提出了更高的要求，也给经济学的研究带来了新的视角和挑战。国家货币政策制定者需要在考虑内部经济因素的同时，更加关注国际经济环境的变化和趋势，以及这些变化对国内货币政策的可能影响。

此外，货币供给的调控策略也需要更加灵活和多样化。在面对国际资本流动的复杂性时，政策制定者需要结合国内经济状况和国际市场变化，灵活运用各种货币政策工具。这包括但不限于利率调整、外汇储备管理以及货币供给量的控制等。同时，也需要加强对金融市场的监管，以减少国际资本流动可能带来的风险和不确定性。通过这些措施，可以更好地应对全球化背景下国际收支变动对货币供给的影响。

(二) 货币政策工具的协调方向与政策调整

在当前管理浮动汇率的经济体系中，国际收支的波动对基础货币产生了显著的影响。然而，中央银行面临着一个挑战：它们无法直接控制这些波动。在这种背景下，中央银行可以考虑的货币政策工具和策略有几种：第一种是可以考虑扩大汇率的浮动范围。这样做的优势在于，通过汇率的自然调整，可以一定程度上缓解国际收支波动直接对基础货币供给造成的影响。但这种方法的局限性在于，较大的汇率波动可能会对经常账户产生不利影响。第二种是加强流动性管理工具在货币政策中的作用是另一个可行的方案。通过优化流动性管理，中央银行能更有效地应对国际收支波动带来的挑战。这种策略的关键在于均衡和精准地调整市场的流动性，确保货币供应的稳定性。第三个选择是限制新的金融工具和机构的产生，并扩大贷款规模在整个金融体系中的作用。这一策略的目标是通过控制贷款规模来直接影响基础货币的供应量。然而，随着金融市场的不断深化和复杂化，这种方法在总量和结构上可能难以适应市场的变化，因此可能不适合作为长期的解决方案。在分析了以上几种策略后，未来货币政策的调整方向或许应该转向加强流动性管理，特别是建立以公开市场操作为核心的货币政策工具组合。公开市场操作的优势在于其灵活性和有效性，能够更好地应对市场的即时需求。中央银行可以逐步采用公开市场操作来替代传统的再贷款方法，作为主要的调节手段。通过这样的转变，可以更加精确和高效地管理货币供应，从而应对国际收支的波动和其他经济变量的不确定性。这样的策略转变不仅能够提高货币政策的适应性和有效性，还能够增强中央银行对经济的宏观调控能力，从而在全球化和高度联动的经济环境中保持货币政策的稳定性和前瞻性。为了实现这种转变，可作如下的政策性调整：

①中央银行再贷款的收回规模须与其资产运用的规模保持一致。这要求根据货币供给增长的目标以及货币乘数的变化，合理确定中央银行资产运用的扩张幅度。在此过程中，中央银行需密切关注其资产的变动情况，以此来调整再贷款的收回规模，确保基础货币供应目标的达成。

②调整存款准备金率时，必须充分考虑国际收支盈余的影响。鉴于我国当前存款准备金率相对较高，在国际收支盈余显著的情况下，降低存款准备金的前提应是增加收回再贷款的规模。否则，降低准备金率可能导致货币乘数增加，在基础货币投放量不变的情况下，货币供应量将随之增加。

③面对较大的国际收支盈余，适当放宽目标汇率的波动范围是一个可行的策略。在这一建议下，通过短期汇率的波动可以减少国际短期资本的套息活动，同时降低国际收支波动对基础货币的直接影响。因此，这种灵活的汇率管理策略有助于稳定国内货币市场，并缓和外部因素对基础货币的影响。中央银行在管理货币政策时，常通过减少对商业银行的贷款来中和外汇占款增加对基础货币的冲击。这种策略能有效控制基础货币的增长，确保货币供给始终保持在适当的水平。适度的货币供给增长对于保障物价稳定和促进经济适度增长至关重要。

④中央银行应考虑构建前瞻性和灵活性的货币政策。这要求中央银行采用多种货币政策工具，如公开市场操作和再贷款政策等。同时，中央银行应根据不同经济环境的变化，灵活调整这些工具的使用。尤其在当前全球经济一体化的背景下，中央银行需要密切关注国际金融市场的

动态，并及时做出反应，以维护国内经济的稳定增长。

总之，中央银行在制定和执行货币政策时，应充分考虑到国际经济环境的变化，确保政策的有效性和适应性。通过精确的货币供给管理，可以在确保经济稳定增长的同时，防范可能的金融风险，维护国家经济的长期健康发展。

二、人民币完全可兑换下的货币政策

根据诺贝尔经济学奖得主保罗·克鲁格曼的理论，他提出了一种独特的"三元悖论"，这在开放市场经济的背景下对国家的宏观经济政策提出了重要指导。这一理论阐述了三个宏观经济政策目标：货币政策的自主性、汇率的稳定性以及资本的自由流动性。克鲁格曼指出，在现实的国际经济环境中，一个国家或经济体不可能同时实现这三个目标，而只能在它们之中选择并实现其中的两个。

①如果一个国家选择将汇率稳定作为其主要政策目标之一，那么它在货币政策的自主性和资本的自由流动性之间必须做出选择。这是因为，要保持汇率的稳定，就必须通过调节货币政策来应对国际市场的波动，这就牺牲了货币政策的自主性。同时，为了维持稳定的汇率，往往需要限制资本的流动，以防止资本的快速流入流出对汇率造成冲击。

②如果一个国家选择货币政策的自主性作为其主要政策目标，则在资本流动性和汇率稳定性中只能选择其一。具体来说，为了维持经济的稳定，可能需要频繁调整货币政策，这会影响市场对该货币的预期，进而引发货币投机或资本流出。因此，为了减轻这种影响，国家可能需要对资本流动实施一定程度的控制。

③如果一个国家选择资本的完全自由流动，那么它将不得不放弃货币政策的自主性，这可能意味着加入某个货币联盟或实施货币局制度。这种选择使国家的货币政策更多地受到国际市场的影响，而减少了国内经济政策的独立性。

克鲁格曼的"三元悖论"理论提供了对国际经济政策选择的深刻洞见。在全球化的背景下，各国在制定宏观经济政策时，必须在货币政策的自主性、汇率稳定性和资本自由流动性之间做出明智的平衡和选择。这种平衡是国际经济关系中一个复杂且重要的议题。

在当前的经济环境下，人民币的资本账户并未实现完全自由兑换，这导致资本跨国界流动受到一定的管制。这种管制使得货币政策工具，如利率和货币供给，主要受国内政策和经济变量的影响。然而，若在未来实现人民币的完全可兑换，资本流动的限制将被解除，这将对货币政策的有效性产生深刻影响，并增加宏观经济调控的复杂性。以通货膨胀的抑制为例，政府可能实行紧缩性货币政策，通过提高利率和减少货币供应量来达到目的。但这一策略在资本自由流动的情境下可能带来意想不到的后果。利率的提高可能吸引大量国际资本流入，这不仅抵消了紧缩政策的效果，还可能导致人民币供应量的增加。相对地，当政府需要通过扩张性货币政策刺激经济增长时，它可能会降低利率和放松银根来增加货币供应量。但在资本自由流动的背景下，低利率可能引发资本外流，从而减少人民币的供应量，并对人民币汇率造成下降压力，这使得货币当局的调控措施变得更加困难。此外，资本的自由流动还会削弱固定汇率制度下货币政策的效力。在开放的国际资本市场中，国内利率水平将不仅仅受到国内信贷政策的影响，还会受到全球利率水平的影响。这意味着，即便货币当局试图通过调整利率来控制货币供应和经济活动，其效果也可能因国际资本流动而受到限制。

在深入分析中国经济的当前状况后，我们可以看到，尽管我国经济已步入市场经济体系，但市场机制仍在不断完善之中。在这个阶段，政府的宏观调控在很多方面仍扮演着至关重要的角色。面对全球化带来的资本自由流动的新趋势，中国必须在开放市场的同时，保持对货币政策的有效控制。要实现这一目标，关键在于运用灵活多变的利率政策和货币供给策略，有效引导国际资本的流入和流出。这种策略的目的在于缓解由于国际资本盲目流动所可能引发的经济波动，从而保障宏观经济和金融市场的稳定运行。这一点对于一个正在转型和逐步开放的经济体来说尤为重要。因此，针对中国经济现状和全球化的挑战，我们建议采取结合自主货币政策和资本自由流动的策略。同时，配合这一策略，有必要实施一种有管理的浮动汇率政策。这种政策的灵活性可以帮助中国更好地适应国际经济环境的变化，同时保持国内经济的稳定和持续增长。通过这样的政策组合，中国能够在全球经济的大潮中稳步前行，同时确保国内市场的健康发展。

第三节　人民币可兑换与利率政策

一、不同汇率制下的利率政策

在探讨资本账户开放下不同汇率制度对利率政策的影响时，我们发现固定汇率制度下的一个主要缺点是，中央银行在利率政策上的自主性受到限制。资本账户一旦开放，资本流动将对汇率产生更大的影响。特别是当短期资本账户得到进一步开放时，国内外货币的利率差异将极大地影响外汇的供求关系。在这种情况下，当资本大量流入时，会导致本币货币供应的增加，进而加剧通货膨胀的压力。为了应对这种压力，如果中央银行决定提高本币利率，这一措施又会吸引更多的国际短期资本流入。这样一来，中央银行在利率政策上就会陷入一个两难的境地，既要防止通货膨胀，又要避免过多的资本流入，从而难以有效地控制货币供给。

在理论上，浮动汇率被视为能够减轻资本流动对国内货币供应和短期利率的影响。然而，实际操作中出现了不同的情况：市场的短期因素（例如市场预期）常常导致外汇市场的供求关系出现异常波动。为了应对这一挑战，中央银行通常需要采取干预措施来控制短期利率，目的是抑制资本的短期流动，以稳定外汇市场。由于外汇市场本身的不确定性，面对本币可能的贬值，投资者倾向于增加外汇的持有量以规避风险。在这种背景下，各国中央银行往往不得不提高短期利率以维持市场平衡。尽管汇率自由浮动并不能完全排除资本流动对汇率的影响，但从长远来看，浮动汇率制度为各国中央银行在制定利率政策时提供了更大的灵活性。这种灵活性有利于各国根据自身的经济情况和国际市场的变动，调整其货币政策，以促进经济的稳定与增长。

二、人民币完全可兑换下汇率与利率的关系及其市场行为

在当前的中国金融市场中，我们观察到一些关于人民币利率设置的问题。首先，人民币利率的形成在很大程度上受到非市场因素的影响，这些因素可能是直接或间接的政策干预。这意味着这些利率并不完全是由市场自然运作的结果。其次，当我们将人民币利率与国际货币市场的利率进行比较时，显然存在一定的差异。这种差异可能导致人民币成为国际投机资金的目标。尽管如此，由于中国在资本账户上的管控依然严格，这种利率差异并未直接影响人民币汇率。中国的利率政策主要是基于国内经济稳定和发展的考量。这种政策导向限制了人民币利率的自由浮动，进而影响了利率和汇率之间的相互作用，以及它们对国际资本流动的调节作用。从一个更广阔的视角来看，中国金融市场的这种现状反映出国家政策与市场力量之间的复杂互动。一方面，政策干预旨在保持经济稳定和持续发展，但另一方面，过度的控制可能阻碍市场的自然调节机制。因此，在未来的金融市场改革中，寻找这两者之间的平衡点将是一个重要的课题。这不仅关系到中国金融市场的健康发展，还关系到中国在全球经济中的地位和影响力。

随着我国经济一步步走向全球，我国实施人民币完全可兑换政策后，会逐步塑造出由货币市场、本币资本市场及外币资本市场，这三大部分构成的深广、复杂的金融市场。当国内经济环境产生微妙变化，使得货币和本币资本的需求出现波动时，外币资本的需求和汇率也会应声产生波动。引发外币资本需求变化的原因是多种多样，但如果从金融的角度去解析这个问题，那么主要的影响因素可能是外币利率、本币利率、当前的汇率以及所预期的通货膨胀率。如果我们暂且不考虑通货膨胀因素的影响，那么外币资本的需求则更依赖于汇率和利率的变动关系。一般情况下，利率的升高会带动对本币资本的需求增加，而使对外

币资本的需求相应减少。这种情况下,利率与外币资本需求呈相反的变化趋向。同一时间,外币资本需求的上升会导致本币对外价值下滑,使得外币升值,本币贬值。反之,外币资本需求的减弱将会带动本币升值,外币贬值,形成了外币资本需求与本币汇率反向变化的微妙关系。

在现代宏观经济的运作中,利率经常会与理论上的均衡利率产生偏差。例如,当市场利率低于均衡利率时,投资者往往倾向于减少对本币资本的投入,而选择出售本币资本以寻求更高收益。相对地,当市场利率高于均衡利率时,本币资本变得更具吸引力,投资者对其的需求随之增加。另一个影响经济市场的重要因素是汇率。当人民币的实际价值低于市场评估值时,以外币兑换人民币变得更为划算。在这种情况下,投资者通常会卖出外币以换取人民币,进而将这些人民币投资于货币市场。这样的操作会导致外币需求的降低和人民币需求的增加。相反,如果人民币的市场价值被高估,使用人民币购买外币则显得更加有力。因此,投资者可能会从货币市场撤资,卖出人民币并购买外币。

三、人民币完全可兑换下汇率与利率的政策协调

利率与汇率作为两种不同的政策目标和工具,在宏观经济运行中扮演关键角色。当这两者出现偏离其均衡状态的情形,市场便会做出相应的反应。特别是在不平衡状态较为严重时,即便在金融市场高度发达的国家,政府亦需借助货币政策与汇率政策来指导市场,发出明确的指引。例如,扩张型货币政策通常会导致利率及人民币汇率同步下降,而紧缩型货币政策则会使它们同步上升。此外,在人民币完全可兑换的情况下,内外平衡之间的矛盾由于对外收支因素的影响变得不可避免,这使得制定经济政策变得更为复杂。

在宏观经济运行的过程中,利率与汇率的偏离情况尤为关键。这些偏差主要分为四种状态:利率及人民币汇率双双偏低;利率偏高而人民币汇率偏低;利率及人民币汇率双双偏高;利率偏低而人民币汇率偏高。面对这些不同的经济状态,政府需采取合适的政策组合来进行调整。

在第一种状态，当利率与人民币汇率均偏低时，市场上通常存在着人民币的过剩或本币资本的供给超过需求。此时，政府可以通过在外汇市场售卖外币来回收流通中的人民币，增加市场资金的稀缺性。同时，也可以提升贴现率，以此吸引存款，减少市场上的流动性。此外，财政部门还可以考虑发行高利率的短期国债，以此来回收部分流通货币。反观第三种状态，即利率偏高而人民币汇率偏低时，政策的调整方向应当相反。在这种情况下，可以通过在外汇市场购入外币来增加市场上的人民币供应，同时降低贴现率，刺激经济活动。此外，政府还可以考虑在货币市场回购短期国债，以此增加市场流动性。

在第二种状态，即利率太高而人民币汇率太低的情况下。当利率已达到相对高位时，继续提高利率就显得不太实际，因为这同时意味着货币供应量已经达到了紧缩的上限。在这样的背景下，利用传统的利率调控和货币市场紧缩手段来解决人民币汇率低迷的问题变得无效。同样，单纯依赖卖出外汇储备来平衡因需求增加而扩大的外汇市场也不是一个长期可行的解决方案。面对这种复杂情况，政府可以采取一系列更为综合和多元的策略：一是引进外资是一个重要的手段。通过吸引外国投资，不仅可以增加国内货币供应量，同时也有助于提升人民币汇率；二是降低贴现利率也是一个有效的方法。降低利率可以刺激国内经济活动，增加市场流动性，并可能对汇率产生积极影响；三是减少进口也是调整经济的一种方式。控制进口可以有效减少外汇的流出，这有助于缓解国际收支逆差的压力。这样的策略不仅可以稳定汇率，还能改善国家的贸易平衡。此外，政府还可以考虑采用一些财政和货币政策的组合，例如调整税率，增加公共支出等，以进一步稳定经济和汇率。

在第四种状态，即利率太低而人民币汇率太高。这种情况下，如果银行紧缩货币供应并提高利率，将会导致人民币汇率进一步升高。反之，如果政府在外汇市场大量买入外汇，以期平衡市场供求关系，这一举措将释放更多人民币进入市场，从而进一步降低利率。面对这种状况，政府可以考虑采取一系列与第二种状态（即利率高而人民币汇率低的情况）相反的政策组合：一是限制外资流入是一个可行的策略。这样做可以控制国内的货币供应量，从而有助于提高利率；二是提高贴现利率同样是一个重要的手段。这不仅可以吸引更多的外资，还有助于稳定人民币汇率。此外，增加进口是另一个关键措施。通过增加进口，可以减少外汇的积累，从而减少国际收支顺差。这种策略有助于降低人民币汇率，并使之更加符合市场实际情况。

第四节　汇率政策与对外贸易

一、人民币汇率变动对出口贸易的影响

（一）汇率变动对出口价格的影响

人民币汇率的波动直接影响中国出口产品的国际价格竞争力。汇率升值意味着外国货币兑换成人民币的数量减少，从而使得中国商品在国际市场上的价格相对升高。相反，汇率贬值则会使得中国商品在国际市场上的价格降低，增加其价格竞争力。

例如，假设一台中国生产的电视机在汇率稳定时的国际市场售价为500美元。如果人民币对美元升值10%，那么为了保持相同的人民币收入，出口商可能需要将售价提高到550美元。这样一来，这台电视机在国际市场上的竞争力就会降低，因为其他国家生产的同类产品价格可能更具吸引力。

（二）出口量和市场份额的变化

汇率变动不仅影响出口产品的价格，还进一步影响出口量和市场份额。汇率升值通常会导致出口量减少，因为产品变得更昂贵，需求下降。反之，汇率贬值则有可能促进出口量增加，因为产品价格更具竞争力。

市场份额的变化也与汇率波动紧密相关。例如，中国在某一特定市场的出口份额可能会因为人民币汇率的贬值而增加，因为中国产品相对

汇率机制与波动分析研究

于其他国家的产品更为便宜。但是,这种增加可能是短暂的,因为其他国家可能会通过调整自己的汇率政策来应对。

(三)出口企业的应对策略

面对汇率波动,出口企业需要采取灵活的应对策略来维持竞争力。

①企业可以通过提高产品质量和创新来减少对价格竞争的依赖。例如,通过研发新技术或改进设计,企业可以创造出有独特卖点的产品,从而即使在价格上不具有优势,也能保持市场份额。

②企业可以通过多元化市场来分散风险。依赖单一市场的出口企业在汇率变动时更容易受到冲击。因此,开拓多个国际市场,特别是那些货币波动与人民币不同步的市场,可以帮助企业稳定收入。

③金融工具的运用也是应对汇率风险的重要手段。例如,企业可以通过期货合约来锁定未来的汇率,从而减少因汇率波动带来的不确定性。

人民币汇率的变动对出口贸易产生重大影响,包括出口价格的变化、出口量及市场份额的调整,以及出口企业的应对策略。企业和政策制定者都需要对汇率变动保持关注,并采取相应的策略。

二、人民币汇率变动对进口贸易的影响

(一)进口成本的变化

人民币汇率的波动直接影响进口商品的成本。当人民币升值时,以人民币计价的进口商品成本下降,因为需要较少的人民币来兑换同等数量的外币。这使得进口商可以以较低的成本购买国外商品,从而降低进口产品的售价或提高利润率。

相反,当人民币贬值时,进口成本上升。例如,如果一家中国公司计划购买价值100万美元的外国设备,人民币对美元的汇率从6.5升至7,那么这家公司需要支付更多的人民币来购买同样价值的设备。这种情况下,进口商可能被迫提高产品价格,以保持利润率。

(二)进口结构的调整

汇率变动不仅影响进口成本,还可能导致进口结构的调整。当人民

币升值时，较便宜的进口成本可能鼓励企业和消费者增加从国外购买高质量或高价值商品的比例，例如进口车辆、高端消费品和先进的工业设备。这种趋势有利于提升国内市场的产品质量和技术水平。

相反，人民币贬值可能导致企业和消费者减少对高价值进口商品的需求，转而寻求国内替代品或更便宜的进口来源。这种情况可能会导致进口结构从高端商品向中低端商品转移。

（三）消费者行为的变化

汇率变动还可能影响消费者的购买行为。当人民币升值时，进口商品变得更加经济实惠，可能会吸引更多消费者购买进口商品，尤其是那些通常价格较高的进口商品，如进口食品、化妆品和电子产品。但是，当人民币贬值时，进口商品价格上升，可能导致消费者减少对进口商品的消费，转而购买国内商品。这种情况下，消费者可能更加注重价格因素，而非品牌或质量。

因此，人民币汇率的变动对进口贸易有着显著影响。这些影响不仅体现在进口成本的直接变化上，还包括对进口结构和消费者行为的间接影响。对于进口企业和政策制定者来说，理解这些影响并据此制定相应的策略是至关重要的。通过灵活调整进口策略，优化产品组合，以及适应市场变化，可以有效地应对汇率波动带来的挑战。同时，这也是中国经济更加深入融入全球经济体系，逐步实现贸易结构优化和升级的重要途径。

三、人民币汇率波动对贸易平衡的影响

（一）贸易顺差与逆差的动态

①人民币升值与贸易顺差：当人民币升值时，进口变得更加便宜，导致进口量增加。同时，出口商品在国际市场上变得更加昂贵，可能导致出口量下降。短期内，这可能导致贸易顺差减少，甚至转为逆差。然而，升值也可能促进国内产业升级，长期来看有可能提高出口商品的附加值，进而增加出口。

②人民币贬值与贸易顺差：相反，当人民币贬值时，进口商品价格

上涨，减少进口量；出口商品在国际市场上价格更具竞争力，增加出口量。这可能导致贸易顺差扩大。但长期来看，贬值可能抑制国内产业升级和转型，从而影响出口商品的质量和竞争力。

（二）汇率波动对贸易平衡的长期影响

①产业竞争力：长期而言，汇率波动影响各行各业的国际竞争力。人民币升值可能刺激企业提高效率和产品质量，而贬值可能导致依赖低成本竞争优势，阻碍产业升级。

②进口依赖度：汇率水平也影响中国对外部资源的依赖程度。人民币升值时，进口原材料和先进技术设备成本较低，有助于国内产业发展。相反，贬值可能增加对这些关键输入品的成本，影响产业链的效率。

③宏观经济调整：汇率变动还可能迫使宏观经济政策做出调整。例如，人民币升值时，可能需要通过财政政策或货币政策来刺激内需，以平衡减少的出口。在人民币贬值时，则可能需要控制通货膨胀和避免过度依赖出口驱动的增长。

④全球经济环境：中国作为全球第二大经济体，其货币政策和汇率水平对全球经济产生影响。人民币汇率的稳定性对全球贸易和投资流动至关重要，任何大幅波动都可能在全球范围内引发连锁反应。

四、人民币完全可兑换条件下对外贸易发展的战略选择

汇率波动显然是影响贸易发展的关键因素之一。在汇率变动的背景下，确保对外贸易的稳定增长，对于维护外部平衡和经济增长至关重要。随着对外开放程度的加深和社会主义市场经济体系改革的深入，人民币的全面可兑换性和更加灵活的汇率政策将得到实现，这表明人民币汇率的波动幅度可能会增大。同时，由于我国经济增长速度远超全球平均水平，受哈罗德·巴拉萨·萨缪尔森效应的影响，人民币汇率在更大幅度的波动中可能会呈现出升值的趋势。因此，在这种汇率变化的环境下，持续优化和升级贸易结构，将成为中国对外贸易未来稳定和可持续发展的重要战略选择。

（一）贸易结构升级有利于对外贸易的稳定发展

在全球化经济体系中，对外贸易是国家经济发展的重要推动力。近年来，随着国际市场的变化和人民币汇率的波动，如何确保对外贸易的稳定成了一个重要课题。特别是贸易结构的优化升级，不仅关系到经济增长，还直接影响到汇率政策的效果。从汇率波动的角度分析，先进技术产品相对于传统产品，具有更高的市场价值和竞争力。这些产品通常包含独特的技术和设计，使其在国际市场中拥有更加稳定的需求。此外，先进产品的生产企业往往更注重长期发展，不会因短期汇率波动而轻易改变市场策略。这种行为模式有助于减少汇率变动对贸易流量的影响，从而维持对外贸易的稳定。进一步来看，贸易结构的优化升级，特别是向高附加值产品的转变，不仅提升了出口产品的国际竞争力，也增强了我国在全球市场的议价能力。在这个过程中，汇率波动对高附加值产品的影响较小，因为这些产品在价格上的弹性较低。此外，高技术含量的产品往往具有更长的产业链和较高的沉淀成本，这也使得这些企业在面对汇率波动时能够更加稳健地应对。但是，贸易结构升级也存在一定的挑战。例如，随着高附加值产品比重的增加，国内市场对原材料和中间品的需求也会相应增长，这可能导致贸易逆差的扩大。此外，高附加值产品的出口增长可能会影响货币贬值政策的效果。如果货币贬值无法持续，那么短期内的汇率不完全传递效应可能会降低出口的竞争力。从长远来看，贸易结构的优化升级对于稳定对外贸易发展具有重要意义。随着技术的进步和市场的扩大，先进产品的市场份额有望不断增长。在这一过程中，政府的汇率政策将扮演重要角色。一方面，政府需要通过合理的货币政策来维持汇率的稳定，另一方面，也需要通过贸易和产业政策来促进高附加值产业的发展。

因此，对外贸易的稳定发展不仅取决于产品的市场竞争力和贸易结构的优化升级，还需要货币政策与产业政策的有效配合。通过这样的综合策略，我们可以更好地应对国际市场的波动，促进经济的持续健康发展。

(二) 贸易结构升级有利于对外贸易的长远发展

在全球经济一体化的大背景下,中国的对外贸易发展迎来了新的挑战与机遇。特别是在经济高速增长的推动下,人民币实际汇率的趋势性升值已成为不争的事实。这种汇率变化对我国在国际市场上的贸易竞争力产生了显著影响,进而对贸易收支平衡和经济长远发展提出了新的要求。在此背景下,优化和升级贸易结构显得尤为重要。自传统劳动密集型产品向基于技术和创新的核心高附加值产品转变,不仅仅是适应国际竞争格局的必要举措,而且更是推动我国对外贸易实现可持续发展的关键性举措。实证研究显示,与传统劳动密集型产品相比,技术和资本密集型产品在出口贸易中的份额提升对经济增长的促进作用更为显著。这一点从我国近年来在高科技产品出口方面取得的成绩中可见一斑。对外贸易结构的升级,不仅意味着产品种类和质量的提升,更是产业升级和经济结构调整的体现。通过引入新技术、研发新产品,提升产品附加值,我们不仅可以提高在全球市场上的竞争力,还能够减轻因汇率升值带来的不利影响。这种结构性变革,有利于缓解因汇率变化导致的出口贸易萎缩和贸易收支逆差的风险。此外,贸易结构的升级还与国家经济战略紧密相连。通过优化出口产品结构,不仅可以提升我国在国际贸易中的地位,还能够促进国内产业的转型升级,推动经济高质量发展。同时,这也是对国际经济新规则的主动适应,有助于我国在全球价值链中的稳步上升。

在当前的经济格局中,我国已逐渐形成了推动贸易结构优化的条件。从资源配置角度来看,我国资源配置的演变正为贸易结构的优化提供了坚实的支撑。伴随经济的蓬勃发展,资源配置在我国呈现出显著的转变,其中对贸易发展极为关键的是实物资本和人才资本的大幅增长。在实物资本领域,总体投资额的持续攀升是一个关键指标。近年来,我国的年投资总额已呈现出持续上升的趋势。在人才资本方面,受过良好教育的劳动力的供需状况是一个重要的参考指标。以普通高等教育毕业生的供需为例,近年来我国高等教育毕业生的数量已呈现供大于求的局面。由于当前中国仍处于经济快速发展阶段,因此对高技能劳动力和高科技产品生产的需求仍然是持续上涨的趋势。在这种情况下,若不能有效解决人力资源供需矛盾,必然会导致部分优秀的大学毕业生无法被合理地安置,同时也会造成人力资源的浪费。因此,从实物资本和人才资本的资源配置变化来看,我国已具备了发展劳动和资本密集型产品、资本和技术密集型产业的基础。

观察全球市场的需求趋势,近年来国际市场对非技术劳动密集型产品的需求日渐饱和,这类产品的出口竞争日益加剧。消费者对此类产品的质量标准不断提高,对非技术劳动力难以满足的高质量要求日益显著。这种需求的变化导致我国这类产品的出口收入和价格弹性逐渐减小,而与之相对的,资本和技术密集型产品的市场需求却逐渐增长。与此变化相呼应,中国的经济增长模式正从依赖简单劳动力逐步转向更多依赖物质资本和人力资本。这一转变表明未来的贸易发展方向应更加注重优化出口商品结构,重点发展资本和技术密集型产业。同时,考虑到就业扩张的需要,维持非技术劳动密集型产品的出口规模仍是必要的,但这不应妨碍贸易结构的升级步伐。

(三)促进对外贸易结构升级的政策措施

在我国外贸发展的关键时期,促进贸易结构升级显得尤为重要。在维持劳动密集型产品出口的基础上,国家应更加注重对机械、电子、化工等高附加值行业的支持,增加对这些行业的政策倾斜,以优化我国的贸易结构。通过这种方式,可以有效促进我国对外贸易的稳定和持续发展。

①鉴于我国外贸收支显现出巨大的顺差,我们应摒弃通过货币贬值来扩大贸易的做法。因为货币贬值可能对贸易结构升级产生负面影响。即便在更深入的贸易自由化进程中,或是在加入WTO之后,出现货币贬值的情况下,也应建立起对高端产业和产品的政策支持体系,以减轻贬值对这些行业和产品发展的不利影响。此外,深化市场导向的改革,建立健全的市场信号形成和反应机制,对于实现贸易结构的有效升级至

关重要。这种改革不仅有助于创造良好的市场环境，而且可以为以贸易结构升级为目的的政策实施提供坚实的基础。通过这些措施，我们可以更好地应对国际市场的变化，促进我国外贸的多元化发展。

②为了推动高新技术产业的发展，我们需要综合考虑汇率政策和边境措施的作用。在全球化的背景下，名义汇率对于一个国家的贸易和产业发展有着重要的影响。但是，名义汇率并不总是能够准确反映一个国家在国际贸易中的真实竞争力。为了更有效地管理和调控贸易，我们可以引入有效汇率的概念。

有效汇率，包括进口有效汇率和出口有效汇率，是通过考虑边境措施，如关税、补贴等，对名义汇率进行调整后的结果。这种调整能更准确地反映出国际贸易中的实际成本和收益。例如，一个国家可能通过提高进口关税，降低进口产品的竞争力，从而保护本国产业；或者通过提供出口补贴，增加本国产品在国际市场上的竞争力。计算进口有效汇率和出口有效汇率的公式如下：

进口有效汇率=进口名义汇率×（1+平均进口关税税率+进口附加费比率+数量限制等值的升税比率）

出口有效汇率=出口名义汇率×（1+出口补贴比率+其他出口激励比率）

基于这些概念，我们可以定义贸易倾向为出口有效汇率与进口有效汇率之和。贸易倾向反映了一个国家的贸易政策倾向：当贸易倾向小于1时，意味着国家更倾向于保护国内市场；当贸易倾向接近1时，表明国家采取的是中性贸易政策；当贸易倾向大于1时，则显示国家更倾向于出口促进。

为了促进高新技术产业的发展，我们应该根据产业成长状况，灵活运用边境措施和汇率政策。在进口方面，可以通过调整关税结构，提供有效保护，特别是对高技术产业和产品。这样做可以增强这些产业的国际竞争力，确保技术进口中高技术和低技术产品适用不同的名义有效汇率。在出口方面，应采取鼓励高技术产品出口的政策，提高这些产品在国际市场上的名义有效汇率和出口收益。

③调整外资投资政策是促进国家产业发展和升级的重要手段。在全球化的大背景下，适时优化这一政策，对于提升国家产业竞争力和经济发展具有重要意义。

第一，我们应当增强对高新技术产业的投资支持。这包括对于那些具有创新潜力、能够带动产业升级、有利于改善国家贸易结构的产业部门给予更多的政策倾斜。具体而言，可以通过税收减免、财政补贴、信贷支持等方式，激励外资投资这些领域。同时，对于新兴产业和高技术产业的重点项目，应当进行精准招商，吸引具有技术优势和市场潜力的外资进入。

第二，需要逐步加强对低技术和低资本含量产业的投资限制。对于那些主要依赖自然资源和低成本劳动力，而技术含量低、创新能力弱的劳动密集型产业，应当取消或减少优惠政策。这一措施旨在引导外资流向更具技术含量和市场潜力的产业，从而提高整个产业结构的技术水平。

第三，应当在外商投资企业的立项、注册、审批等环节加强管理，确保外资投资符合国家产业政策和市场需求。这包括对外资企业的技术水平、资金实力、市场前景等方面进行严格审查，以确保其能够对国家产业发展产生积极影响。

通过这些措施，可以有效地引导外资流向对国家经济有利的领域，促进产业结构优化升级，增强国家在国际贸易中的竞争力。同时，这也有助于实现经济的可持续发展，促进国家长期稳定繁荣。总之，合理调整外商直接投资政策，对于实现国家经济和产业的全面升级具有重要意义。

第八章 人民币汇率波动对我国经济的影响

第一节 人民币汇率波动对经济的影响

随着外商直接投资在全球经济增长中的作用日益凸显,人民币汇率、FDI与经济增长之间的相互关系引起了广泛的关注。特别是自2005年7月中国进行汇率改革以来,人民币呈现出持续升值的趋势。此外,2008年全球金融危机的冲击、2010年的第二次汇率改革,以及2012年2月10日人民币对美元汇率首次突破1:6.3的历史性事件,都加剧了汇率的波动,这些变化对国内经济增长和国际资本流动产生了更加深远的影响。在这种背景下,一个重要的问题浮现:人民币汇率的变动(尤其是升值)如何影响外商直接投资的流入和经济增长?反之,经济增长又如何影响国际资本流动和人民币汇率?同时,外商直接投资的变化如何作用于经济增长和人民币汇率?这些问题不仅引起了国内外学者的兴趣,也促使他们进行了大量研究,取得了许多重要成果。

一、人民币汇率与外商直接投资之间的关系研究

关于人民币汇率与外商直接投资之间的联系,当前学界有两种基本观点。

一种观点主张人民币汇率的贬值会刺激外商直接投资的流入,这个观念的主要代表者是Cushman、Froot和Stein。他们的理论主张与"相对生产成本理论"和"相对财富假说理论"相呼应,认为货币的贬值可以降低本地产品生产的费用,从而提高外商直接投资的收益率,以及相对

来说提升外国投资者的财富。这一理论被国内的陈浪南所验证,他采用实证研究方法探索了中国、美国、日本的汇率变动对外商直接投资流向的影响,并发现人民币的价值提升确实导致中国外商直接投资的减少。

第二种观点:在汇率与外商直接投资流动的关系探讨中,部分学者如Campa和Benassy-Quere提出了一种独特的观点。他们认为,人民币汇率的升值能有效促进外商直接投资的流入。这一理论基于跨国公司投资决策的核心逻辑:企业在海外的投资主要取决于对未来收益的预期。如果投资目的国的货币较为强劲,那么该国市场的未来收益预期相应较高,从而吸引更多的外商直接投资。在这种情况下,当一个国家的货币实际升值时,该国企业可以以较低成本收购国外资产,进而推动外商直接投资的流入。Benassy-Quere还补充指出,汇率水平对外商直接投资的影响与投资者的市场定位密切相关。例如,如果投资者主要针对东道国市场,那么东道国货币的升值会增加其市场规模,进而吸引更多外商直接投资。在国内,学者潘锡泉和项后军的经验研究也支持这一观点。他们发现,人民币的升值能迅速吸引国外的短期资本(俗称"热钱")流入,这些资本主要参与投机性的套利活动。这样的研究结果为我们理解汇率变动对外商直接投资流动的影响提供了新的视角,同时也提示投资者和政策制定者在考虑汇率政策时需综合考虑这些因素。

二、人民币汇率对宏观经济增长的影响效应研究

在探讨人民币汇率与宏观经济增长的关联性方面,众多学者已经进行了深入的研究。这些研究包括了国内外学者如Dombusch、Wemer、Berument、Pasaogullari、萧政、沈艳、曾铮、陈开军、卢万青和陈建梁等人的论文与分析,他们的研究成果表明,汇率波动对经济增长的影响是一个复杂的综合效应,涵盖了相对财富效应、价格效应以及利率效应。通过这些研究,我们可以看到,汇率的变化对经济增长的影响并非单一方向的。它既可能带来正面影响,促进经济增长,又可能产生负面效应,抑制经济发展。同时,汇率变化的最终效应也存在不确定性,这主要取决于多种因素的综合作用。例如,汇率的升值或贬值可能会影响

出口和进口的成本和价格，从而对国内生产和消费产生影响。此外，汇率变动还可能影响跨境资本流动和国际投资，进而影响国内的利率水平和金融市场的稳定性。因此，当我们探讨人民币汇率对宏观经济增长的影响时，必须考虑到这一问题的复杂性和多维性。从长远来看，汇率政策的制定需要综合考虑国内外经济环境、市场需求、国家财政状况等多方面因素，才能更有效地促进经济的健康、稳定增长。这些研究不仅为我们提供了理论指导，也为实际政策制定提供了重要的参考依据。

第一，汇率贬值对经济增长具有"紧缩效应"，即汇率贬值不利于经济增长。汇率变动对经济增长的影响一直是经济学研究的重要话题。早期，Alejandro和Cooper通过研究发展中国家的案例，首次揭示了汇率贬值可能导致的经济紧缩现象。尽管他们的研究在当时并未受到广泛重视，但开启了后续学者对此问题的深入探讨。1978年，克鲁格曼和泰勒发表了一篇开创性的论文，系统阐述了"紧缩性贬值"理论。该理论认为，货币贬值往往会引发经济紧缩，而实际汇率的升值则可能促进经济增长。此后，Gylfason和Radetzki运用宏观经济模型对发展中小国进行模拟，也得出了类似的结论，即货币贬值通常会导致国家实际产出的下降。Rogers和Wang以1977至1990年的墨西哥经济数据为基础，建立了一个包含多个经济指标的VAR模型。他们的研究表明，虽然墨西哥经济增长的主要动力是内在的经济因素，但汇率贬值的冲击同样会使经济增长率有所下降。此外，Rodriguez和Diaz对秘鲁经济的研究也发现，汇率贬值会对国家的产出水平产生负面影响。在更深入的研究中，Kamin和Rogers将美国利率视为外生变量，通过对实际汇率和产出等内生变量的建模分析，得出了汇率持续贬值会在较长时间内对经济产生不利影响的结论。Cespedes等人在研究小国开放经济模型时，引入了金融加速器和负债美元化的概念。他们的分析结果显示，本币贬值会加剧产出损失并延长经济衰退期。Gertler等学者通过建立含有金融加速器的模型，模拟了韩国在1997至1998年金融危机期间汇率对产出的影响。他们发现，汇率的贬值会导致产出的更大幅度下降，从而证实了汇率变动对经济产出具有重要影响的观点。这些研究不仅深化了我们对汇率变动影响的理解，也为政策制定者提供了宝贵的参考。

第二，汇率贬值对经济增长具有"扩张作用"，即汇率贬值通常有助于推动经济增长。这方面的经典研究之一，由Paulo Gala进行，他使用购买力平价偏差的计量经济方法。Gala的研究基于1960至1999年间58个发展中国家的数据，显示汇率贬值对经济增长有明显的促进作用。另一位学者施建淮运用向量自回归模型对中国汇率升值与经济增长间的关系进行了探究。他的研究发现，在某种程度上，货币升值会导致中国的经济产出下降，从而否定了"紧缩性贬值"理论的观点。这些研究表明，汇率政策和经济增长之间的关系复杂且具有重要意义。

第三，汇率贬值对经济增长的影响充满变数。有两种主流观点：一是汇率贬值会带来"扩张效应"，另一是会产生"紧缩效应"。通常情况下，扩张效应似乎占据上风，但实证研究显示，不同国家的情况却大相径庭。例如，Cylfason和Risager通过建立一个小型国家模型，发现在发达国家，货币贬值往往带来经济扩张，而在发展中国家，则可能引起经济紧缩。此外，Edwards在研究12个发展中国家时发现，汇率贬值在第一年内可能导致轻微的紧缩效应，但到第二年则会转变为扩张效应；从长远来看，贬值对实体经济的影响似乎趋于中性。进一步研究也证实了这一发现。例如，Dombusch和Wemer针对墨西哥的研究显示，汇率贬值对经济增长有显著的扩张作用。相反，Berument和Pasagullari的研究则表明，从长期来看，汇率贬值对一个国家的经济增长可能没有显著的扩张效应，甚至可能产生较强的紧缩效应。此外，Acar通过对18个发展中国家的数据进行分析，得出结论：货币贬值在第一年可能导致紧缩效应，但一年后开始显现扩张效应。Huang和Malhotra的研究进一步深化了这一认识。他们基于1976至2001年亚洲12个发展中国家和欧洲18个发达国家的数据，发现对于亚洲的发展中国家，汇率政策对经济增长的影响较大，而对于欧洲的发达国家，其影响则相对较小。在中国的情况下，由于人民币汇率长期升值的趋势和近期的升值预期，许多研究也关注了人民币汇率变动对宏观经济的影响。

国内汇率议题在当前经济形势下备受关注，尤其是人民币汇率。近年来，人民币汇率呈现出一种长期升值的趋势，这对宏观经济产生了显著的影响。多项研究表明，人民币汇率的升值对贸易和投资产生了不利影响，进而对经济增长产生了紧缩效应。

李未无在研究中基于蒙代尔-弗莱明模型构建了一个理论框架，专门分析人民币实际有效汇率如何影响经济增长。他的研究结果表明，汇率的贬值对中国经济增长有显著的扩张效应。曾铮和陈开军的研究进一步指出，人民币实际有效汇率的上升会导致外资流入减少，不利于整体经济增长，也不利于外商直接投资的流入。

魏巍贤通过建立一个中国可计算的一般均衡模型，综合评估了人民币汇率升值的宏观经济效应。他的研究认为，人民币的升值对中国经济整体会产生一定的负面影响。但是，如果升值幅度较小，则这种影响并不显著。他还发现，人民币汇率对宏观经济的影响呈现出非线性特征，这意味着政府需要采取措施保持人民币汇率的稳定，避免大幅度地升值，以维护经济的稳定增长。

在探讨人民币实际有效汇率与中国经济增长之间的关系时，多位学者提出了各自的理论框架和实证研究。这些研究不仅深化了我们对汇率波动与经济增长关系的理解，而且为宏观经济政策的制定提供了重要参考。何国华和陈骏运用宏观经济一般均衡模型，分析了人民币实际有效汇率与经济增长的关系。他们的研究发现，在短期内，人民币实际有效汇率的贬值有利于经济增长，但长期来看，这种贬值并不利于经济的持续增长。卢万青和陈建梁对人民币汇率的波动性及其对经济增长的影响进行了探讨。他们认为，汇率在一定范围内的升贬值对经济增长的影响较小，但如果人民币出现大幅波动，则会产生显著的影响。赵西亮通过对11个发达国家和9个发展中国家的分析，揭示了汇率变动对这些国家经济增长的不同影响。在发达国家，汇率升值通常伴随着经济的扩张，而在发展中国家，汇率升值往往会导致经济产出的下降。王曦和冯文光

第八章　人民币汇率波动对我国经济的影响

在利率管制的假设下，建立了一个分析人民币升值与宏观经济关系的模型。通过SVAR模型的分析，他们指出，人民币升值可能导致中国经济产出持续下降约六年，之后才会缓慢回升。李星和李玉双将汇率变动分解为预期和未预期的变动，并构建了一个宏观经济模型。他们的研究表明，未预期的汇率升值对总需求的影响是不确定的，但对总供给有正向作用，而预期的汇率升值则会扩大国内总供给，减少国内总需求。耿强和章雳构建了包含金融加速器的动态随机一般均衡模型，考察了国外需求下降和人民币升值对中国经济波动的影响。研究发现，国外需求下降对中国经济的影响不如预期中严重，内需扩大可以促进经济走出低谷。但是，人民币升值带来的负面效应更加显著。王凯的研究发现，人民币实际汇率与经济增长之间的关系并不确定。短期内，人民币贬值可能不利于中国经济增长，但从长期来看，却可能带来"扩张效应"，有利于经济增长。徐伟呈和范爱军在劳动力市场动态均衡模型的基础上构建了厂商利润最大化模型。他们的研究验证了汇率变动影响产业结构调整的机制，并考察了人民币实际有效汇率变动对中国产业结构调整的影响，认为人民币实际有效汇率升值能够促进中国产业结构的优化升级。

三、外商直接投资与经济增长之间的关系

在分析外商直接投资与经济增长的关联性方面，萧政和沈艳针对中国及其他23个发展中国家的综合时间序列数据进行研究，揭示了国内生产总值与外商直接投资之间的相互作用和促进效应。进一步地，贺红波和屠新曙应用MWALD方法对非平稳变量进行格兰杰因果关系检验，并利用EG方法进行两变量间的协整分析，从而发现国内生产总值与外商直接投资之间存在长期的稳定平衡关系。在这种关系中，国内生产总值并非外商直接投资增长的原因，而外商直接投资正是推动国内生产总值增长的原因。薄文广、姚树洁和岳书敬等人的实证研究也支持了这一观点，他们认为外商直接投资与中国经济增长之间不仅有稳定的正向平衡，而且存在单向因果关系，即外商直接投资的增长促进了国内生产总值的增长。然而，也有一些学者的研究表明，外资对中国经济增长的影响并不显著。

尽管相关研究已经取得了一定成果,但在某些方面仍存在明显的不足。

①现有的研究往往分别关注人民币汇率与外商直接投资、外商直接投资与经济增长之间的关系,而忽视了这三者构成的互动体系。这三个要素之间存在着密切的联系和动态互动,它们共同构成一个相互影响、紧密相连的整体。如果仅仅研究其中两者之间的关系而忽视三者的综合效应,就无法深入理解整个体系的运作机制。

②在研究外商直接投资与人民币汇率、外商直接投资与经济增长的关系时,现有研究成果并不统一。这种分歧可能源于两个方面:一是研究方法的局限性。目前的研究普遍采用简单的线性回归分析或因果关系检验,这些方法可能无法准确捕捉到这些变量之间复杂的动态关系。二是数据样本的限制。多数研究使用的是年度数据或季度数据,这限制了样本的规模,影响了研究结果的准确性和可靠性。因此,为了得到更为精确的结论,有必要采用更为复杂的统计方法,并尝试使用更大规模的数据样本进行分析。

③在考量诸如外商直接投资、人民币汇率与经济增长等变量间的关系时,传统的计量经济学方法可能面临一定的局限性。目前,许多研究倾向于使用基于同阶单整的Engle-Granger(EG)两步法协整检验方法和基于向量自回归(VAR)模型的Johansen协整检验方法。然而,这些方法在面对非同阶单整现象时可能不够精准,尤其是在经济危机或汇率制度改革等外部因素冲击的情况下。

考虑到这些问题,研究人民币汇率、外商直接投资与经济增长之间的关系时,有必要引入更为精细和适应性强的方法。例如,采用能够更精确描述这些变量随时间变化的月度数据,可以更好地捕捉它们之间的动态关系。此外,引入Pesaran等学者提出的方法,这种方法能有效应对非同阶单整的问题,为协整检验提供了新的视角。通过这种方法的应用,我们可以更系统地研究人民币汇率、外商直接投资与经济增长之间的动态时变效应。这不仅能够为我们提供更为可靠和精确的研究成果，也能够为政府和决策者提供更为丰富和实证的结果，从而有助于他们制定更为科学和合理的政策。在经济全球化的今天，这种精细化、动态化的研究方法将对理解和引导经济发展起到关键的作用。

第二节 人民币汇率波动对物价的影响

一、问题的探索

自2004年起，我国的消费者价格指数逐步进入上升趋势，并在2006年中期开始加速攀升。特别是2007年，食品价格的大幅度上涨和2008年雪灾的影响，使得消费者价格指数月度同比增长率达到了历史新高。在这一背景下，许多经济学家（如Liang和Qiao，施建淮，哈继铭，张葆君和胡宗义等）和国际政要（以奥巴马政府为代表）都认为，人民币升值是抑制国内通货膨胀的有效手段。自2005年7月汇率改革以来，人民币汇率虽然出现了显著升值（截至2008年底累计升值超过20%），但通货膨胀的趋势并没有如预期的那样明显降低，反而呈现出愈发严重的趋势。2007年，我国消费者价格指数上涨了4.8%，而2008年上半年CPI的涨幅更是达到了7.9%。这与施建淮、宋国青等人根据汇率传递效应研究得出的结论存在较大差异，即加快人民币升值能有效抑制通货膨胀。从2008年至2020年期间，中国的CPI经历了多种波动，这反映了中国经济状况的各种变化。尤其是在2020年，受到一些因素的影响，消费者价格指数年初出现明显上涨，但随后在政府的稳价措施和经济复苏的双重作用下，消费者价格指数走势呈现出"先升后降"的趋势，年度累计上升2.5%。这一波动趋势在政府设定的目标范围内，显示了对通胀水平的有效控制。值得一提的是，这段时期，尽管消费者价格指数波动显著，生产者价格指数却呈现出下降趋势，全年下降了1.8%。这种下降在一定程度上被年底国内需求的逐渐增长和国际商品价格的上升所抵消。

在2008年至2020年这一时间段内,中国面临的通货膨胀压力和价格稳定的阶段交替出现,这不仅是国内政策调整的结果,也受到了国际经济趋势的深刻影响。这一时期的复杂局面凸显了中国作为一个庞大且快速发展的经济体在管理通胀方面所面临的挑战和动态性。这种情况的探索,不单是对"升值抑制通胀"这一经济理论在中国实施的可行性的重新考量,也是对于国内外舆论逼迫人民币升值的压力给出客观回应的基础。同时,这也为我们提供了一个分析的平台,用以科学解释人民币快速升值与持续高涨的通货膨胀并存的现象。此外,深入探讨人民币汇率变动对国内消费者价格指数影响的程度,对于理解以消费者价格指数为核心指标的国内通货膨胀具有重大的理论和实际意义。

特别重要的一点是,正如Choudhri和Hakura所强调的,了解汇率变动对国内消费价格指数的影响,是当前货币政策实施中的关键内容。这直接关联到政策制定者如何制定合适的货币政策和汇率政策,以实现物价稳定的目标。同时,这也是对现行货币政策和汇率制度有效性的全面回顾和深入反思。

二、相关理论研究

关于人民币汇率与物价指数的关系,国内外学者进行了深入研究,探讨汇率变动如何影响物价。自Krugman和Dorbusch开始,包括Goldajn、Werlang、McCarthy、Devereux、Engle、Farugee、Fujii、Cagnon、Ihrig、Frenkel、Campa、Goldberg、Choudhri、Hakura等在内的多位学者,都对此领域做出了重要贡献。研究发现,汇率不完全传递是常见的,其传递效应正呈下降趋势,但关于汇率对物价指数影响程度的具体分析,各家观点仍存在差异。

例如,McCarthy对OECD国家的研究,Ariel对货币大幅贬值国家的研究,以及Takatoshi对东亚国家的研究均表明,汇率变动对消费价格的影响相对有限。而Michele Ca Zorzi、Elke Hahn、Marcelo Sanchez关于新兴市场国家的研究发现,人民币名义有效汇率的升值对中国CPI有显著影响。Ghosh和Rajan在研究韩国和泰国时,也发现了不同国家间的差异。Bouakez和Rebei基于加拿大数据的研究,以及Wing、Peter对美国数据的分析,Hans对瑞典的研究,Hyder和Shah关于巴基斯坦的实证研究,均表明汇率变动对进口价格有显著影响,但对通货膨胀的影响较小。同时,也有研究发现,在某些国家和行业中,汇率传递效应较为显著,接近完全汇率传递。如Farugee的研究表明,18个月后,欧元区出口价格和进口价格的汇率传递系数分别达到0.5和1。Choudhri等人的研究则发现,汇率变动对捷克消费者价格指数的传递系数为0.47,而斯洛文尼亚接近1。Clark对博茨瓦纳的研究也支持了汇率对国内物价有明显影响的观点。

在探讨人民币汇率与国内物价水平关系的研究领域,国内学者虽相较国外研究较少,但也有重要成果。卜永祥运用协整和误差修正模型对人民币名义有效汇率的影响进行了分析,其研究结果显示,人民币名义有效汇率对国内物价水平的长期影响较为显著,而短期内的动态影响则较为有限。陈六傅和刘厚俊的研究进一步证明了人民币有效汇率对中国消费者价格指数的传递效应,尽管统计上显著,但实际影响程度较低。范志勇基于1994至2005年的季度数据进行静态回归分析,发现名义汇率波动在传导到消费者价格的过程中受到货币政策的冲击作用,因此对国内物价的实际影响并不显著。毕玉江和朱钟棣采用了协整与误差修正模型,研究了人民币实际有效汇率变动对国内进口价格、消费者价格以及工业品出厂价格的影响。他们的研究表明,汇率变动对中国物价水平的传递存在一定的滞后性。从长期来看,进口价格对汇率的弹性达到-1.92,而消费者价格指数对汇率的弹性则仅为-0.27。杜运苏和赵勇则采用VAR模型研究了中国进口价格、生产者价格和消费者价格对人民币有效汇率变动的传递效应。他们发现,尽管这三类价格指数对汇率变动的传递效应在统计上显著,但其传递率非常低,特别是对消费者价格指数而言。此外,封北麟、梁红、刘亚、施建淮、倪克勤、曹伟、王晋斌和李南等学者也对汇率传递问题进行了深入研究。他们运用了各种不同的方法,得出的共识是汇率传递效应并不完全,且与国内的通货膨胀环境密切相关。

在探究人民币汇率与物价关系的研究领域,学术界的观点多元。虽然众多实证研究支持"升值抑制通货膨胀"的理论,但这一观点并非没有异议。以吕剑的研究为例,通过分析1994至2005年的月度数据,他发现消费价格指数、生产价格指数与零售价格指数对汇率变动的反应呈现正向弹性,即人民币升值并未抑制物价上涨,反而可能加剧了物价的上升。类似地,张纯威和曹伟等学者的研究也表明,人民币升值可能会加剧通货膨胀。但是,不论是支持还是反对"升值抑胀论"的研究,很多时候都忽略了宏观经济环境和经济体制变化的影响。例如,2005年7月的汇率制度改革就可能导致经济变量的数据生成过程和协整方程参数发生结构性变化。若研究中忽略这一点,可能会导致结论的偏差。施建淮、王晋斌和李南等学者在他们的研究中考虑到了这一点,他们以2005年7月的汇率制度改革作为一个结构性变化点,将样本分为两个子集进行分析。

不过,这种方法同样存在不足。现实中,经济对政策的反应通常有一定的滞后性。如果基于政策实施的时间直接设定为结构突变点,而未考虑实际的经济反应时间,那么得出的结论可能会失去一定的准确性和说服力。在经济学研究中,结合政策实施的时间节点与实际经济反应的滞后性进行分析,对于得出更为精准的研究结论至关重要。

2005年7月的汇率制度改革,作为中国经济发展史上的里程碑,对人民币汇率产生了深远影响。这一改革增强了人民币汇率的市场敏感性,更好地体现了市场的供需关系。改革之后,人民币对美元展现出一种缓慢而稳定的升值趋势,这一变化直接影响了进口商品的价格和国内的通货膨胀水平。人民币的升值,理论上可以降低进口商品的成本,从而有可能在一定程度上抑制进口商品价格的上涨。

同时,从2005年至今,中国经济体制和宏观经济环境经历了显著的变化。经济增长的驱动力从依赖出口和投资逐步转向以内需为主导。这一转变对货币政策的制定以及通货膨胀的控制策略产生了深刻的影响。

第八章 人民币汇率波动对我国经济的影响

此外，全球金融危机和随后的欧洲债务危机对中国的经济格局也产生了不可忽视的影响，尤其在贸易和资本流动方面。

考虑到政策实施与经济反应之间存在的时间滞后性，将2005年的汇率制度改革直接作为经济结构变化的分界点可能过于简化。实际情况是，政策影响的显现通常需要一段时间才能在经济数据中得到体现。因此，在分析汇率政策与通胀之间的关系时，必须考虑到这种时间上的滞后效应。

鉴于这些因素，后续研究应当更加关注汇率政策与宏观经济变量之间的互动和动态关系。例如，研究者可以采用事件研究的方法来分析政策变动对市场的即时反应，或者运用向量自回归（VAR）模型等计量经济学方法来探究汇率变化、通货膨胀和其他宏观经济指标之间的长期关联。这些方法可以帮助研究者更准确地理解汇率政策与宏观经济指标之间复杂的相互作用，从而为经济决策提供更为科学的依据。

2005—2008年：在2005年进行的汇率制度改革之后，人民币相对于美元呈现了一种逐步上升的趋势。这段时期，中国政府试图平衡对外贸易的压力和国内经济增长的需求。人民币的渐进升值，既反映了中国经济的稳健增长，也是对国际贸易环境变化的一种应对。

2008—2009年：2008年的全球金融危机对中国经济造成了巨大的冲击。在这段危机时期，中国政府采取了一系列财政刺激措施来应对经济下滑的风险。这些措施不仅改变了国内的经济结构，也影响了货币政策的制定。在这一时期，人民币汇率政策的重点转向了稳定性，以维持出口的竞争力和经济的持续增长。

2010—2013年：金融危机过后，中国经济开始了重要的转型过程，由原来的出口和投资驱动逐渐转向以内需为主导的模式。在这一阶段，中国政府不仅推动了人民币的国际化，而且维持了相对稳定的汇率政策。这些举措旨在适应经济结构的变化，同时保证经济的平稳过渡。

2014—2016年：在2014到2016年间，中国经济面临增速放缓和下行压力。2015年，中国央行实施了重要的汇率市场化改革，这一改革使得市场因素在人民币汇率形成中发挥更大的作用。尽管这一市场化改革短期内导致了人民币的贬值，引起了国际市场对中国经济健康状况的担忧，但从长远来看，这是中国深化经济体制改革、促进汇率机制市场化的重要一步。

在2017—2019年间，中国经济经历了一系列挑战和变革。在这个阶段，中国与美国之间的贸易关系出现紧张，贸易摩擦频发，这对中国的对外贸易构成了严峻考验。面对这样的国际贸易环境，中国政府采取了积极的宏观调控策略，特别是在汇率政策方面，灵活调整以维持经济的稳定增长。

进入2020年，全球经济形势迎来了新的挑战。遭遇疫情不仅对中国经济造成了巨大冲击，也深刻影响了世界经济格局。中国政府迅速采取了一系列严格的疫情防控措施，并同时实施了经济刺激政策。

在这段时间里，中国面临着多重经济挑战，包括持续的贸易摩擦、经济结构的调整等等。这些因素可能导致中国经济结构性的重大变化，并对汇率政策与通货膨胀之间的关系产生新的影响。因此，研究2005年以后中国的经济形势时，必须考虑到这些新的经济环境因素。

为了防止通货膨胀，货币政策需要关注汇率的波动。通过改革汇率机制，可以调节市场，从而达到缓解通货膨胀的目的。这样的政策调整不仅有助于稳定国内经济，还能在一定程度上平衡国际贸易关系，促进中国经济的持续健康发展。

第三节 人民币汇率波动对进出口的影响

随着我国经济的稳健与迅猛发展，人民币升值成为一个不可忽视的现象。这一趋势对我国的进出口贸易产生了显著的影响。为了深入了解这一现象，我们首先探讨人民币升值的根本原因，然后分析它对贸易领域的具体影响。

第八章　人民币汇率波动对我国经济的影响

一、人民币升值的原因及影响

人民币升值的背后有多种复杂因素。经过详细的实证研究，学者们普遍认为国内经济的强劲增长是主要原因之一。从国内角度来看，经济增长是影响汇率变化的关键因素。而从国际视角出发，外界对人民币升值的期待和压力也是不可忽视的因素。因此，只有从国内和国际两个维度全面分析，我们才能更准确地理解人民币升值的原因。

（一）人民币升值的国内因素

在分析本土因素对货币价值变动的影响时，我们可以聚焦于四个关键领域：经济发展态势、政府政策调控、产业结构的转型升级，以及货币储备情况。

①经济的快速发展对货币价值有着显著影响。国家经济的蓬勃发展往往吸引大量国际资本流入，这些资本追求较高的利润回报。改革开放以来，我国经济呈现出持续快速增长的态势，大量国际资本的流入增加了对本国货币的需求，进而推动了货币价值的上升。

②政府对经济的宏观调控也是影响货币价值的重要因素。政府通过调节政策影响货币汇率，从而达到宏观经济目标。例如，货币升值可以降低进口原材料的成本，减轻国内通胀压力，因此政府可能会倾向于推动货币升值。

③产业结构的调整对经济发展质量和货币价值都有重要影响。国家正从劳动密集型产业向知识密集型产业转变，从而促进经济向高质量发展转型。在这一过程中，对国际先进技术的需求增加，货币升值有助于降低引进这些技术的成本，从而支持产业结构的优化和升级。

④稳定的贸易顺差和庞大的货币储备也是推动货币升值的重要因素。长期的贸易顺差导致货币储备的大量积累，这种储备的增加反映了对本国货币需求的增加，进而促进了货币价值的提升。

因此，从国内角度分析，经济的快速增长、政府的宏观调控、产业结构的调整以及货币储备的增加共同作用，推动了货币价值的持续上升。

（二）人民币升值的国际因素

人民币的价值变动，除了受国内因素影响外，还深受国际因素的牵动。在全球范围内，影响人民币升值的主要因素可以归纳为三个方面：贸易顺差、热钱流入和国际压力。

①贸易顺差对货币价值有着重要影响。当一个国家的出口大于进口时，即形成了贸易顺差，这不仅是该国经济实力的体现，同时也反映了其与其他国家的复杂经济和政治关系。贸易顺差的存在加剧了对该国货币的需求，进而在供需关系的基础上产生了货币升值的压力。

②热钱流入也是影响货币升值的重要因素之一。所谓热钱，主要指那些追求短期高利润的投机性资金。这些资金常常流向那些货币价值坚挺或具有升值潜力的国家。由于我国经济快速增长以及货币政策调整，吸引大量外溢性资本流入。这些资本流动性较强，对货币市场产生重大影响，进而对人民币汇率产生升值压力。

③国际政治经济环境对货币价值同样有着不可忽视的影响。随着我国经济的快速发展和贸易顺差的持续扩大，国际社会对我国的经济政策和货币价值变动越来越关注。一些国家将我国的快速发展视为对自身利益的威胁，因此试图通过施加政治和经济压力来减缓我国的出口增长，并通过促使人民币升值来达成这一目的。这种国际压力不仅影响了我国货币政策的制定，也对人民币的价值产生了显著影响。

人民币升值不仅是国内经济发展的结果，也是国际政治经济环境相互作用的产物。贸易顺差、热钱流入和国际压力这三大因素共同构成了影响人民币价值的国际框架。在这个框架内，货币政策的制定和调整必须综合考虑国内外的经济环境，以确保货币价值的稳定和经济的健康发展。

二、人民币升值对进出口贸易的影响

谈及货币升值与进出口贸易之间的关系，便涉及一个多维度、复杂的经济现象。货币升值，作为经济政策的一部分，对一个国家的进出口贸易产生着深远的影响。因此，我们从两个角度分别分析人民币升值对我国进出口贸易带来的影响。

(一) 人民币升值的积极影响

人民币升值对我国进出口贸易产生的正面影响，主要体现在降低进口成本、推动贸易结构的转型与升级、改善贸易条件，以及减轻贸易摩擦和国际压力等方面。以下是对这些影响的详细分析。

1. 降低进口成本

鉴于我国自然资源的分布和储备状况，大量必需资源需依赖进口来满足国内需求。同时，考虑到当前我国经济发展的特点，许多企业对外国原材料的依赖显得尤为重要。原材料进口成本在很大程度上影响着企业的生产成本。在这种背景下，人民币升值能有效降低进口商品的价格，这不仅有利于国内企业引进先进的外国技术和设备，还有助于降低生产成本，进而提升企业的竞争力。从居民消费的角度来看，人民币升值使得国际消费品的价格相对降低，从而提高了居民的购买力。在外国产品价格稳定的情况下，人民币升值可以刺激消费者对进口商品的需求，提升消费者的福利，进而提高整个国家的福利水平。

2. 促进贸易结构的调整

从我国的贸易结构角度考虑，人民币的升值有刺激贸易结构调整的作用。历年以来，我国的进出口贸易过于依赖劳动密集型产品的出口，以此获得较为有限的利润，并且，所出口的产品在知识含量和技术层面表现不足。因此，大部分出口型企业陷入了低成本、低科技、低价值、低利润以及低端市场的窘境。此阶段下，人民币升值将催生贸易结构的变革，特别是传统的劳动密集型产品因为价格上涨，其在国际市场中的竞争力将减弱。这将推动出口企业的转型和升级，人民币的升值结果就是给我国的出口型企业带来更大的竞争压力，进而催生产业结构的调整和产品创新。竞争是市场平衡的重要手段，人民币的升值将激发企业内部的优胜劣汰机制，使得企业的合并和重组趋势更加明显。这将帮助产业结构向更加平衡的方向演变，国内出口企业的竞争力和抗风险能力进一步提高，这是人民币升值带来的另一种积极效应。

3.改善贸易条件

针对我国传统的进出口贸易模式，我们面临的挑战是贸易条件逐渐恶化。具体表现在，我国的出口产品价格普遍偏低，而进口产品价格则相对较高。这意味着，相同数量的本国商品只能换取有限的国际产品。国内出口企业为了获取国际市场上的高科技产品和稀有资源，不得不付出更高的成本。因此，改进贸易条件对于优化我国的进出口贸易至关重要。在这种背景下，人民币升值将可能提升我国产品的出口价格，从而有助于改善贸易条件。优化的贸易条件将进一步增强我国企业的市场竞争力，并有利于提升进出口贸易及产业结构的水平。

4.减轻贸易摩擦和国际压力

观察我国当前的国际贸易状况，我们不难发现，巨大的贸易顺差引发了频繁的贸易摩擦。特别是在中美和中欧的贸易关系中，这一问题尤为明显。分析这些贸易摩擦的本质，可以看出各国普遍关注本国的失业率和经济增长情况。在这种背景下，人民币的升值对于增加我国的进口有积极的推动作用，同时也能在一定程度上抑制出口贸易。这样的变化，有利于缓解国际贸易摩擦，促进贸易关系的和谐发展。值得一提的是，人民币的升值也对减轻外汇储备的快速增长起到了积极的作用。同时，它还能够改变其他国家对我国国际贸易模式的固有看法，从而建立一个更加平衡和健康的国际贸易环境。

（二）人民币升值的不利影响

①人民币升值可能导致我国出口产品在国际市场上的竞争力下降。人民币升值作为一个经济现象，对我国出口产品在国际市场的竞争力具有深远影响。我国是一个出口导向型的经济体，尤其以劳动密集型商品为主。然而人民币升值会导致我们的出口产品在国际市场上的价格相对提高，这在全球化的贸易环境中，无疑对我国的出口商品构成了打击。在国际市场中，竞争是极其激烈的。许多产品的市场地位，尤其是我国主导的劳动密集型商品，往往依赖于价格和劳动力成本的优势。然而，人民币升值意味着我国的出口商品的价格相对其他国家的出口商品会变

得更高。这样就会降低其在国际市场上的竞争力，使其在面临其他国家的劳动密集型商品竞争时处于劣势，最终影响我国出口的总体水平。

②人民币汇率的波动加大了企业面临的汇率风险。出口企业在国内购买原材料需用人民币支付，而出口所得收入则是外币。如果人民币在合同履行期间升值，企业可能遭受汇率损失。由于国内金融市场的不成熟，出口企业在利用外汇市场进行风险对冲方面能力有限，人民币升值会增加企业成本，甚至导致亏损。

③人民币升值降低出口量可能会导致就业机会减少。考虑到当前我国许多出口企业主要生产劳动密集型产品，产出下降可能直接影响就业率。传统上，出口企业为大量劳动力提供了就业岗位，如果这些企业产出减少或破产，可能会对就业市场产生重大影响，尽管长远来看可能促进企业转型升级，但短期内可能带来社会不稳定因素。

④人民币升值可能减弱外资流入的积极性。外资企业在我国投资的主要动因是较低的劳动力成本和价格水平。一旦人民币升值，这些优势可能减弱，导致外资企业转投其他劳动力成本更低的国家，或者改变投资方向，甚至撤资，这对我国长期经济发展可能不利。

第四节 人民币汇率波动对就业的影响

一、问题的探索

自人民币汇率制度改革实施以来，随着汇率浮动程度的不断加深，其对于我国就业市场的影响逐渐凸显。具体而言，国家汇率的变化通过影响企业的进出口价格，进而对企业的生产成本产生影响，进而影响到企业的生产力和对劳动力的需求水平。特别是在我国长期实行以"出口导向"为特征的经济模式下，这种影响尤为显著。另一个角度是，汇率的变动也可能间接影响劳动力需求，这主要是通过企业对生产和投资的预期。在国际贸易环境不确定性增强的背景下，这种预期变得更加明显。因此，当人民币升值时，国内就业形势可能出现不利变化。这种情况，加上外界对人民币汇率的压力，导致人们对人民币升值产生了一定的排斥情绪。这种心理状态反映了人民币汇率变化对国内经济及就业市场影响的复杂性。了解这些影响对于制定有效的经济和就业策略至关重要。

自2005年7月21日起，人民币汇率制度进行了重大改革。此后，人民币相对美元的汇率呈现出明显的上升趋势，累计增值超过30%。金融危机后，由于美国联邦储备银行实行了四次量化宽松政策，全球货币量大幅增加，同时也推高了大宗商品的价格。这一系列变化加速了人民币国际化的进程，同时也为遏制输入型通货膨胀提供了支持，使得人民币汇率保持了较强的升值动力。同时，国际经济的基础面相对薄弱，这种状况短时间内难以有所改变。我国在国际收支上的双顺差现象也进一步加剧了贸易摩擦。不论是在2011年2月的巴黎G20财长和央行行长峰会，还是2013年2月的莫斯科G20财长和央行行长会议上，其他国家均利用各种失衡指标对中国经济转型施加压力。这表明，国际社会对人民币升值的期望和压力持续上升。在这样的背景下，短期内人民币名义汇率的上升趋势不仅会继续，甚至可能会加速。

在当前全球化的经济背景下，人民币升值引发的就业问题，已成为社会各界关注的热点。人民币汇率的波动与就业市场的稳定性之间的关系，是一个复杂且值得深入探讨的课题。这一议题不仅在学术界引发广泛讨论，也成为政策制定者关注的焦点。在这样的情况下，客观分析人民币升值对就业的影响，对于破解公众心中的疑虑，正确认识和应对人民币升值带来的挑战具有重要意义。

我们需要分析人民币升值是否真的对就业市场造成了抑制作用。如果事实确实如此，公众对人民币升值的担忧自然是合情合理的。但如果我们深入研究后发现，人民币升值对就业的影响并非一概而论，其效应可能在不同行业、不同区域表现出差异性，这种情况下，我们对人民币升值的态度就应当更为审慎和客观。可能在某些出口导向型的行业，人民币升值确实会带来短期的就业压力，因为成本上升可能会降低产品的国际竞争力。然而，在其他行业，如高科技、服务业等，人民币升值可能反而带来积极效应，通过降低进口成本，提升消费者购买力，从而带动就业市场的发展。此外，也有可能人民币升值在某些行业造成的负面影响，被其他行业的积极影响所平衡，从而整体上对就业市场的影响并不显著。在探讨人民币升值与就业关系时，我们还应该考虑到长期与短期的差异。短期内，人民币升值可能会对某些行业的就业造成冲击，但从长期来看，升值有助于经济结构的优化和升级，促进产业向高附加值、高技术含量方向发展，这对提高就业质量和就业市场的长期稳定是有益的。

二、相关理论研究

关于汇率波动如何影响劳动力市场的问题，已成为国内外学术界的研究热点。这些研究多聚焦于探讨汇率变化影响劳动力需求的机制和途径。我们可以追溯到Laursen的就业理论，发现其核心仍旧是基于凯恩斯宏观经济理论。这些理论主要研究的是在浮动汇率制度下，不同经济体的隔离程度如何影响宏观经济。在探讨汇率与就业之间关系的研究中，货币理论家Mundell的工作尤为突出。他对比分析了浮动汇率制度和固定汇率制度下，不同经济政策对就业水平的影响。Mundell的研究指出，实行浮动汇率制度的国家在应对大规模失业时，更多依赖于货币政策和财政政策。此外，Lucas和Rapping提出的内生劳动供给模型也为理解汇率变动对就业的影响提供了新视角。这一模型认为，劳动者会作为理性的效益最大化行为人，根据当前的实际工资与预期未来工资来调整其劳动供给。尽管许多研究对此模型进行了实证检验，但大多基于封闭经济条件，因而无法充分反映开放经济条件下汇率变动对就业的影响。为了弥补这一研究空白，Gourinchas建立了一个小型开放经济下面临汇率波动的古典要素配置模型，重点分析了汇率波动对行业内外工作分配的影响。Faria和Ledesma则构建了一个开放经济下的内生劳动供给模型，推导出了均衡劳动供给与实际汇率之间的关系。

汇率机制与波动分析研究

在探讨汇率变动对就业影响的领域中，众多研究表明，一国货币的持续升值往往导致就业市场紧缩，而其贬值则助力于就业市场的扩张。这种影响随着国家行业开放度的增加而加剧。例如，Frenkel对拉丁美洲四国（阿根廷、巴西、智利、墨西哥）的研究显示，实际汇率的波动对失业率有显著影响，并伴有滞后效应。而Hatemi等人针对法国制造业就业与汇率波动之间的关系进行的长期研究也发现，实际汇率的升值对法国制造业就业量有显著的负面影响。同样，Demir基于1983至2005年间土耳其691家私营企业的数据进行研究，也发现汇率波动对土耳其制造业就业增长产生显著的负面效应。在中国，关于汇率对就业影响的研究历史悠久，多数学者认为人民币的升值会对国内就业产生抑制作用。例如，万解秋和徐涛的研究表明，人民币升值趋势加剧了就业的压力。范言慧和宋旺针对人民币汇率与制造业就业的关系进行的研究也支持这一观点，指出人民币的实际升值会导致制造业就业下降。此外，魏巍贤通过建立计算一般均衡（CGE）模型进行的定量研究发现，人民币升值对中国不同部门的影响存在差异，特别是劳动密集型制造业受到的冲击较大。王孝成在其研究中引入内生劳动力供给因素，基于个体跨期最优理论模型，也得出了相似的结论，即人民币贬值有助于促进中国的就业。袁志刚和邵挺探究了人民币升值对中国各行业利润率的变化及其对就业的影响，得出的结论也倾向于人民币升值在一定程度上会影响行业利润率，进而影响就业。

在讨论人民币升值对经济领域的影响时，一种观点认为，人民币升值对制造业等劳动密集型产业可能产生不利影响。然而，这种升值对服务业等新兴产业则可能产生积极的就业创造效应。这表明人民币升值对就业的总体影响存在一定的不确定性。在国际视角下，Campa和Goldberg研究了美国就业与汇率之间的关系，发现两者之间并无显著联系。国内学者张斌和何帆则指出，人民币汇率变化与就业之间的关联应该从部门的差异性出发来分析。他们认为，尽管人民币升值可能会导致贸易部门的就业机会减少，但同时也有可能促进非贸易部门的就业增长。因

第八章 人民币汇率波动对我国经济的影响

此，人民币升值对就业的最终影响，取决于其对贸易与非贸易部门就业效应的相对强度。姚大庆的研究进一步强调了汇率变动对就业影响的不确定性。他指出，这种影响取决于国家商品消费的相对风险规避系数与其临界值的相对大小。而巴曙松和王群则从长远角度分析了人民币有效汇率与产业、就业结构之间的关系。他们的研究表明，人民币有效汇率的长期上升有利于中国产业结构的优化，从而促进就业。但在短期内，这种升值可能会带来就业压力。姚远通过分析中国汇改后的数据，发现人民币实际有效汇率在经济稳定运行阶段每上升1%，就业水平会相应增加0.19%。这一发现提示我们，在分析汇率变动对就业的影响时，不仅要考虑不同产业部门，还需关注经济运行的阶段性特征。

第九章 "一带一路"发展与人民币国际化

第一节 人民币国际化区域经贸合作

在全球经济与金融领域的深度融合中,人民币走向国际化不仅满足了中国在这两方面的实际需要,而且映射出国际货币体系改革的必然趋势。中国在推进跨境贸易结算中,特别是在"一带一路"合作伙伴和地区的合作中,将人民币国际化视为一个关键策略。

一、中国与"一带一路"合作伙伴贸易

（一）贸易发展格局

自从中国加入世界贸易组织,她始终坚守该组织的核心理念:在提高生活质量和确保充足的就业机会的同时,推动商品与服务贸易的扩展,并遵循可持续发展的原则,致力于全球资源的高效配置。特别是与"一带一路"合作伙伴的贸易,发展势头迅猛。中国与这些国家的贸易额正呈现出快速增长的趋势。

在"一带一路"合作伙伴中,中国与东南亚国家的贸易联系最为紧密。在当前全球化的背景下,东南亚国家已成为中国周边外交的重点地区之一。自双方开始对话以来,双方签订了一系列贸易、投资协议以及冲突解决机制协议,这使得双边贸易合作不断加深,实现互利共赢。中国—东盟自贸区的建立更是推动了该地区经济和贸易的发展排在东南亚国家之后,中国与西亚、中东地区的国际贸易联系紧密。这些国家丰富的矿物资源与中国工业的需求形成互补,促进了双方的贸易往来。此

外，中国还与南亚、蒙古国、俄罗斯、中东欧国家及中亚地区的国家保持着稳定的贸易关系。

尽管全球经济环境的波动对中国与"一带一路"合作伙伴的贸易额有所影响，但总体来看，中国与这些国家的贸易关系持续增强，特别是与新兴市场国家的贸易发展势头强劲。这一切都表明，人民币国际化在中国的全球贸易策略中占据了重要位置。

（二）贸易商品结构及部门分析

自中国加入世界贸易组织以来，与"一带一路"合作伙伴间的贸易额实现了显著增长，这些国家在中国的对外贸易版图中扮演着越来越重要的角色。

1. 进出口份额

在中国与"一带一路"合作伙伴的贸易格局中，这些国家在中国的出口市场所占比重持续上升。但是，中国对这些国家出口的商品结构变化并不明显，仍以资源初加工产品和劳动密集型产品为主，这些产品的出口增长速度最快，而出口商品结构的优化相对缓慢。在进口方面，商品结构的变化更加显著，进口商品结构趋向集中，尤其是能源产品的比例持续上升，成为中国进口的主要组成部分。

中国主要出口的商品包括机械设备、纺织品和金属制品，但由于"一带一路"合作伙伴需求结构的差异，对不同国家出口的商品结构也有所不同。在进口方面，中国对能源产品的需求持续增长，这些产品一直是中国进口的重点。中国在进口商品时会考虑合作伙伴的资源特点和产业结构，根据这些国家的资源配置来调整进口策略。这种策略的调整，反映了中国对全球资源配置和国际贸易模式的逐步适应，也显示了中国在全球经济中的积极角色，特别是在推动人民币国际化方面的努力。

2. 部门分析

在探讨中国与"一带一路"合作伙伴的贸易关系时，各类企业的角色和表现呈现出独特的特点。特别是在出口方面，民营企业显示出强劲的增长势头,逐渐成为出口领域的主导力量。他们的市场份额在不断扩大,体现了民营企业在国际贸易中的日益重要地位。相比之下,其他类型的企业,在出口贸易中的占比却呈现不同程度的下降。外商投资企业和国有企业在总出口额中的比重逐年减少,这可能反映出这些企业在调整业务结构,或是在全球市场中面临的新挑战和竞争。在与"一带一路"相关国家的进口贸易中,外商投资企业占据了相对较大的比例,这可能是由于这些企业在全球采购和供应链管理方面具有特定的优势。然而,值得注意的是,国有企业在进口贸易中的比重逐年下降,而民营企业则呈现出稳步上升的趋势。这可能表明,民营企业在逐渐扩大其在进口市场的影响力,同时也反映出市场结构和企业策略的调整。这些变化和趋势揭示了中国与"一带一路"合作伙伴贸易关系中的深刻变化。企业的类型和运作方式正逐渐调整,以适应全球化的新趋势和挑战。这些变化不仅对企业自身,也对中国和"一带一路"合作伙伴的经济发展产生深远影响。

二、"一带一路"合作伙伴人民币贸易结算存在的问题及建议

在探讨"一带一路"倡议下的人民币贸易结算时,我们首先需要理解跨境贸易人民币结算的概念。该结算业务,是指当进出口企业进行货物贸易并以人民币计价时,商业银行将提供以人民币为结算货币的国际结算服务。尽管目前"一带一路"合作伙伴在人民币贸易结算方面呈现出积极的发展趋势,但其中仍然存在一些问题。

(一)存在的问题

1. 外部贸易需求萎缩制约人民币跨境结算规模

在国际贸易中,参与国的经济实力对于决定结算货币的选择具有决定性影响。通常,结算货币的转变仅在新货币相比旧货币有显著优势时才会广泛发生。自全球金融危机爆发以来,"一带一路"合作伙伴面临外需减弱的挑战。许多先进国家将"再工业化"视为重塑其竞争力的核心策略,这一趋势也预示着经济焦点正在向实体经济转移。随着信息技术、生物科技、环保等行业的技术和产业竞争愈发激烈,世界各国正在

第九章 "一带一路"发展与人民币国际化

通过提高产品的内在品质来开拓新的市场空间。在这样的背景下，中国面临的经济问题并非短期需求的缺乏，而是中长期有效供给的不足，因此，必须从供给端入手来刺激经济增长。但是，由于这种环境，中国的外部贸易需求不断减少，进而影响了人民币跨境结算的需求。

2. 沿线国家整体金融市场发展程度较低，不利于人民币跨境结算

"一带一路"倡议包括的国家多为新兴经济体和发展中国家，它们的金融市场普遍未充分发展，这对于推动人民币在跨境结算中的应用构成了一定挑战。若货币在外汇市场上拥有广泛的交易量，其在国际交易中的使用便会得到更大范围的推广。一旦某种货币被确立为主要的结算工具，其随之带来的市场交易增加和交易成本的降低会进一步加强其在结算领域的优势地位。目前，中国与"一带一路"合作伙伴在金融合作领域仍有较大的发展空间，这些国家的整体经济发展水平相对较低，金融市场的不成熟和深度不足限制了人民币国际化的步伐。此外，中国"走出去"的中资银行多为国有商业银行，其数量有限，市场广度不够，导致市场价格难以准确反映供需状况和未来走势。国内金融市场的成熟度和服务品种的不足，也制约了两国间贸易和金融服务的深入发展。

3. 中国的出口产品与贸易国差异化程度较低

中国的出口产品与其贸易伙伴国家的产品在差异化方面并不显著，这在一定程度上限制了人民币在跨境贸易结算中的应用。国际贸易中，使用某一货币进行结算往往与双方出口产品的差异化程度有关。目前，中国的出口商品大多集中在产业链的中低端，产品同质化现象较为普遍。这种现象不仅缩小了我国出口产品的利润空间，还制约了人民币在"一带一路"合作伙伴中的广泛应用，尤其是在跨境贸易结算方面。为了增强人民币的国际影响力，关键在于提高产品的差异化水平，同时在全球产业链中提升我国产品的档次和技术含量。通过加大研发投入，创新生产技术和提高产品品质，我们可以有效推动我国出口产品向产业链的中高端迈进。

4.美元、欧元作为主要跨境结算货币的惯性较大

在当前的国际贸易体系中，美元和欧元作为主流的跨境结算货币，其地位深入人心，形成了一种难以动摇的惯性。这种惯性来源于这两种货币在国际交易中的广泛使用，无论是作为计价还是结算工具，它们都占据着绝对的优势。美元和欧元背后的金融体系成熟、操作便利，这使得全球各国及地区在外贸活动中习惯于使用这两种货币。美国和欧洲的金融市场高度发达，提供了多元化的风险控制手段和丰富的投融资渠道，这进一步加强了其货币的吸引力。由于美元和欧元交易成本低，风险可控，使得持币者更加倾向于持有这两种货币。但是，随着"一带一路"倡议的推进和人民币在国际贸易结算中份额的逐渐扩大，美国和欧洲可能会出于维护自身货币霸权的考虑，采取各种措施来遏制人民币的国际化发展。这种竞争与对抗的态势，对于推动人民币国际地位的提升，构成了一定的挑战。

（二）促进"一带一路"合作伙伴贸易人民币结算的建议

根据以上人民币在"一带一路"贸易结算中存在的问题，现提出如下建议：

1.发展离岸人民币市场

发展成熟的金融市场和完善的金融体系对于促进"一带一路"合作伙伴的贸易发展至关重要。这样的金融环境将为人民币的跨境贸易结算提供坚实基础，有助于降低交易成本，提升交易效率，从而加速人民币在全球贸易中的应用和推广。通过这些措施，可以有效地推动人民币在"一带一路"倡议中的作用，进一步促进其国际化进程。

2.构建人民币计价、支付和结算的大宗商品交易市场

为深化"一带一路"倡议下的货币应用，提出打造以人民币为主导的重要商品交易平台，专注于人民币在定价、支付、结算等环节的运用。这一策略旨在加强人民币的定价及储备职能，同时也是增强其国际影响力和流通性的关键手段。自2015年8月起，中国启动了以人民币计价的石油期货交易，这一举措是积极推动人民币在重要商品定价中的应

第九章 "一带一路"发展与人民币国际化

用。在全球商品价格普遍不振的背景下，中国作为重要的商品进口大国，具备推进商品交易人民币计价和结算的有利条件。建议在上海自贸试验区及中东地区的人民币离岸市场中，开展以人民币作为定价货币的能源和商品期货市场。同时，建议在实施关键项目建设和提供国际贷款时，有策略地利用能源和资源类产品作为抵押和偿债保障。为实现这个目标，应迅速制定和完善一套围绕人民币在商品定价中的市场规则和框架，朝着获取石油、天然气等关键商品期货定价权的方向迈进。

3.完善人民币汇率形成机制

稳定且高效的货币汇率机制不仅可以降低企业在跨境交易中的汇率风险，而且有利于公众对汇率水平形成稳定预期，进而促进贸易和投资的便利化，有效实现货币的价值储存功能。人民币汇率的稳定性是促进其在国际贸易中被广泛接受的关键。在致力于人民币国际化的过程中，中国坚持推进汇率制度改革，旨在减少政府干预，促进汇率的市场化和稳定性，增强人民币汇率的适应性，并确保其反映真实的市场供需关系。

随着"一带一路"倡议的深入发展，中国与合作伙伴的经贸联系日益加强，为双边贸易提供了稳固的基础。在这些国家间的贸易往来中，持续优化人民币的计价和结算体系，增进人民币在国际交易中的便利性，这不仅加强了人民币在国际贸易中的计价和结算功能，也为其在全球经济中的地位提供了支撑。

第二节 人民币国际化与中国企业"走出去"

"一带一路"倡议的实施，为人民币的国际化开辟了新的道路，同时也为人民币在全球范围内的投融资及市场扩展提供了难得的机遇。这一倡议将促进人民币在海外直接投资和贷款领域的广泛应用，为人民币国际化探索新的发展路径。同时，随着"一带一路"的推进，预期人民币在基础设施融资以及电子商务等核心领域将实现创新性进展,进一步扩展其在国际经济中的作用和影响力。

一、中国企业境外投资

(一)人民币的国际化助力中资银行"走出去"

人民币的国际化与中资银行的全球拓展是相互促进的关系。从推动人民币国际化的视角看,一是中资银行的海外合作能吸引和引导更多客户。随着中国经济的增长,越来越多的中国企业开始把目光投向海外,进行境外投资和建厂。对这些企业而言,资金筹集往往是一大挑战。中资银行的海外扩张不仅能解决企业在投资地融资的难题,还能开展当地企业的金融业务。二是中资银行通过与国外水平高的金融机构合作交流,不仅积累了跨国经营的经验,还能学习先进的管理技术。这样不仅提升了银行的服务水平,还增强了金融产品的创新能力和经营管理的效率。三是在全球范围内,中国资本银行的扩展不仅增强了中国金融机构在全球金融市场的存在感,还为人民币国际化创造了良好的发展环境。此举不仅推动了人民币在国际舞台上的使用,而且为中国企业的全球扩张提供了强有力的金融支持。

当我们审视中国银行业在"走出去"的战略中的发展时,人民币国际化的重要性显得尤为突出。自从2015年12月人民币被纳入国际货币基金组织的特别提款权货币篮子之后,国际社会对中国在全球经济中的作用寄予了更高的期望。这一进程不仅标志着中国金融市场的成熟,还体现了中国在全球经济体系中日益增强的影响力。这一变化不仅增加了对人民币作为国际货币的需求,也激发了更多国家和地区与中国金融机构合作的愿望。人民币国际化为中国银行业开辟了广阔的发展空间,促进其在海外业务规模和收入来源上双重增长。中国银行业应把握这一趋势,加快国际化步伐。对于那些"走出去"的中国企业,银行能提供全面的金融服务,助力它们在国际市场上稳固立足、树立品牌。同时,银行业要根据自己的特点及外部的发展状况,调整其经营战略,拓展其产品与服务的范围,努力实现收益来源的多样化。这样的策略转变对于提

第九章 "一带一路"发展与人民币国际化

升其在全球金融市场的竞争力和影响力至关重要。特别是在近年,中国的银行业在深化与"一带一路"沿线各国的金融合作方面,已经取得了显著的进展,具体体现在以下几个方面:

1. 中资银行成为区域金融合作的主力军

中资银行已成为区域金融合作的领军者。在"一带一路"倡议的推动下,它们在众多合作伙伴设立了重要机构。与此同时,这些国家的金融机构也纷纷进入中国市场,在国内设立了多种形式的业务机构。

2. 提升跨境融资能力

中资银行在国际融资领域,采取了创新多样的贷款政策和策略。通过运用各种金融手段,如联合贷款、产业投资基金,以及对外工程项目的专项贷款等,这些银行有效地分配了信贷资金。这种策略不仅优化了资金的使用,还支持了众多跨国重点项目的实施。这些项目广泛涉及公路、铁路、港口、电力和通信等多个领域,对沿线国家的基础设施建设和经济发展起到了重要推动作用。

国家开发银行和进出口银行充分发挥了多边金融合作的优势,在"一带一路"合作伙伴和地区进行了大量贷款投放,为当地经济发展提供了有力支持。这些金融活动不仅促进了中资银行的国际化进程,也为中国与"一带一路"合作伙伴的经济合作搭建了桥梁。通过这样的国际合作,中资银行在全球金融市场中的影响力和竞争力得到了显著提升。

3. 提供综合化金融服务

在全球范围内的金融服务创新中,中资银行在"一带一路"倡议下展现了其多元化的金融服务能力:一是这些银行为国内外企业提供全方位的跨境贸易服务,涵盖了结算、清算、汇兑等关键环节,并在跨境投资领域提供财务咨询、并购支持以及股权融资等专业服务;二是利用互联网和大数据技术,以及其全球分支网络,中资银行组织了多场跨境投资研讨会,旨在助力企业拓展国际市场,并促进全球资源的整合和共享;三是它们还通过提供金融衍生产品如套期保值、掉期等工具,帮助客户有效评估和管理投资风险,从而实现风险对冲。

中资银行的广泛网络、强大的融资能力和完善的服务体系，正在推动人民币在国际金融市场中的地位，加速其国际化进程。通过这些努力，中资银行不仅增强了自身的竞争力，也为中外企业提供了更加便捷、高效的金融服务，促进了国际经济合作与发展。

（二）人民币国际化助力非金融企业"走出去"

在全球经济一体化的大潮中，中国企业的"走出去"战略逐渐成为促进国际经济合作的重要力量。特别是随着"一带一路"倡议的深入推进，中国企业在基础设施建设、能源资源、信息技术等多个领域的国际合作中日益加深。这些合作不仅促进了合作伙伴的经济发展，还加强了文化、教育、医疗等领域的交流，共同构建了一个经济繁荣、文化共生的多元化世界。

中国企业在海外的投资和运营成为推动全球经济增长的新动力。以国有企业为主的中国企业，在沿"一带一路"合作伙伴的投资中显示出强大的市场开拓能力和盈利潜力。这些企业不仅在传统的能源、交通运输领域发力，也在信息技术等新兴领域展现出强劲的竞争力。随着中国企业国际化步伐的加快，中国对外开放的空间也在不断扩大，为全球市场提供了更多元化的产品和服务。在这个过程中，人民币的国际化起到了关键的支持作用。人民币在跨境贸易结算中的广泛应用，提高了中国企业在国际市场上的竞争力，同时也减少了汇率波动带来的不确定性。企业使用人民币直接进行境外投资，有效解决了资金来源问题，降低了投资成本。随着人民币国际化程度的不断提升，人民币在国际金融市场上的地位也日益稳固。中国企业的海外投资不仅得到了资金的保障，还在国际债券和票据市场上获得了更多的融资渠道，进一步增强了企业的国际竞争力。

中国企业的"走出去"战略和人民币的国际化进程相得益彰，共同推动了中国与世界各国的经济合作和文化交流。这不仅为中国企业提供了广阔的国际市场，也为全球经济发展注入了新的活力。未来，随着中国企业在全球经济中的地位日益提升，它们在国际市场中的影响力将越

第九章 "一带一路"发展与人民币国际化

来越大，为构建一个互利共赢、共同发展的国际社会做出更大的贡献。

二、人民币国际化促进对"一带一路"合作伙伴投资的发展

(一) 完善"一带一路"合作伙伴的风险评估和预警机制

随着"一带一路"倡议的不断推进，中国与合作伙伴在政治、经济、文化等多个领域的合作日益加深。然而，合作伙伴在政治制度、文化信仰、经济发展水平上的多样性和复杂性，给中国的对外投资和贷款安全带来了不小的挑战。特别是在政治动荡、经济波动等不稳定因素的影响下，这些国家的投资环境和信用状况呈现出显著的不确定性。一方面，合作伙伴的政治环境多变，政府更迭、社会动乱等事件时有发生，这些因素可能直接影响到投资项目的稳定性和收益性。另一方面，这些国家在经济发展层面存在着显著的不平衡，有的国家经济体系相对成熟、资源丰富，而有的国家则面临经济转型和财政紧缩的压力。在"一带一路"倡议中，中国企业和金融机构在合作伙伴的大量投资和贷款行为，不仅关系到企业自身的利益，也关系到人民币国际化进程的顺利推进。因此，完善对合作伙伴的风险评估和预警机制显得尤为重要。针对合作伙伴的主权信用评级，可以发现存在着几个特征：

①这些国家的信用等级跨度较大。例如，欧元区内的主要国家，由于其经济实力和国际货币地位，普遍拥有较高的信用级别。而中亚、东盟等地区国家，则因资源丰富和经济体系相对成熟，信用级别也较高。但同时，也有很多国家因为内部的政治不稳定和经济转型的压力，面临信用评级的下调风险。

②在次级因素评分上，这些国家表现出明显的差异。部分欧洲国家尽管经济风险较低，但财政风险却较为突出。相比之下，中亚、东盟等地区国家的财政风险相对较低，但经济和债务风险则表现出严重的两极分化。此外，政治风险也是不可忽视的一个方面，多数合作伙伴都存在不同程度的政治风险。

③沿线若干国家面临主权信用等级下降的可能性。观察欧元区，我们发现主权债务危机依旧存在，特别是希腊，其财政与债务状况异常严

峻。主权债务问题和银行危机相互影响，形成了一个负面的连锁反应。信用评级的下降可能会削弱国内投资的前景，沿线国家由于信用风险的增大，融资变得更为困难，进而影响其主权信用评级。

在"一带一路"倡议下，促进对外投资的进程中，面临的种种挑战不容小觑。面对这一形势，政府相关部门有必要及时开展政治、经济以及金融市场的风险评估和预警工作，旨在为企业和金融机构在特定国家和地区的投资及信贷决策提供指导。同时，采取切实有效的措施，确保我国企业和金融机构的权益及投资安全得到充分保障，是当务之急。

（二）建立境外投资风险防控预警机制

在推进"一带一路"沿线的跨国经济合作区建设时，关注当地政治和经济波动的重要性不容忽视。必须构建一个全面的风险应对机制，以便在风险出现时，尽可能地减轻对我国企业的影响：一是应当建立并完善一个支持企业海外扩张的风险管理平台，密切关注接收国的政治、经济发展趋势，以及其金融、税制、外汇等方面的政策变化，定期向国内企业提供海外安全信息，并及时发布安全预警；二是加强与我国驻外使领馆的联系，充分利用他们对接收国安全信息的搜集和评估能力，为国内企业提供第一手的指导，帮助他们有效应对和规避风险；三建立一个权威的风险预警系统，根据接收国的政治、经济和法律环境的变化，制定一套观测指标体系，定期进行风险预测和分级应对方案制定，以增强企业的风险应对能力。

（三）推进资本和金融账户开放，拓宽人民币双向流动渠道

在资本和金融账户开放方面，目的在于推动人民币在资本项下的双向自由流动和交易，这对于人民币国际化是至关重要的。在资本项目下，人民币的出口和回流不仅顺应市场需求，也是我国经济发展的必然选择。通过连接国内外的人民币市场，一方面可以满足海外对人民币资产的需求，同时为人民币资金进入国内金融市场开辟更多渠道，增加人民币回流的途径。另一方面，这也有助于我国企业和金融机构更便捷地进行跨境人民币投融资活动。特别是在资金外流压力较大的背景下，这

些措施将有助于减轻资金外流的压力,并为人民币国际化提供坚实的基础。

(四)以对外直接投资推动人民币资产由简单的货币储存向资产配置转变

对外直接投资不仅促进了人民币结算的集中效应,还有助于替代其他国际货币。大规模的对外投资及其对进出口贸易的正面影响,有助于推动各接收国货币与人民币之间的交易与兑换,扩大人民币在国际结算中的使用额度和范围。同时,以人民币为结算货币的金融及实物资产的积聚和配置,将促进形成国际范围内的人民币资产池,为全球人民币资产配置提供便利。

对外投资的人民币使用可以密切联系出口贸易,增加人民币在出口中的应用比例。这将促使中国企业在对外投资过程中,更广泛地运用人民币进行全球资源配置、销售和定价。为了促进人民币在国际交易中的广泛使用并推进其国际化,重点需放在平衡跨境人民币结算在常规项目中的应用,这涉及将人民币更广泛地作为国际结算货币。在目前及未来一段时间,应当着力于加强与"一带一路"倡议合作伙伴企业的合作与并购活动。这样的举措有助于增强人民币在并购企业资产评估中的计价作用,从而提升其作为定价工具的功能。此外,推动跨境人民币贷款、发行境外人民币债券等多元化金融活动也至关重要。同时,发展以人民币为主要投资货币的基金,专注于投资海外基础设施建设、矿产资源开发等关键项目。在适当情况下,这些基金还应支持购买中国制造的产品和设备,进一步助力国内企业的国际化步伐。

在推广人民币在"一带一路"合作伙伴的贸易和投资中的应用时,必须遵循市场规律。避免在对外融资和海外投资中强制性地绑定人民币,因为这可能带来不利影响。总体而言,这些策略的目的是在全球范围内增强人民币的影响力,同时确保其在国际市场中的稳健和可持续发展。

第三节 人民币国际化与"一带一路"金融合作

随着"一带一路"倡议的推进,中国在国际经济与金融合作方面迈出了更深远的步伐。这一倡议的实施,不仅加强了与各国的经济联系,还极大地促进了人民币在跨境交易中的应用,为其走向国际化铺平了道路。在此背景下,为了更好地支持"一带一路"项目,亚洲基础设施投资银行(简称"亚投行")和丝路基金等金融机构应时而生。这些机构在推动"一带一路"建设的过程中发挥着关键作用,它们不仅为相关项目提供资金支持,还为人民币国际化提供了新的契机。通过这些金融机构的活动,人民币在全球范围内的使用和认可得到了增强,这对于加强中国与世界其他国家的经济联系以及提升人民币在国际金融市场中的地位具有重要意义。

一、"一带一路"与亚洲基础设施投资银行

(一)亚洲基础设施投资银行的设立

2014年10月24日,中国联同印度、新加坡等多国,在北京签署了一份重要协议,宣布共同成立亚洲基础设施投资银行。该银行自成立之初便吸引了众多国家的加入,迅速扩展成员范围,涵盖了多数西方大国(美国和日本除外)。作为一家由政府间合作成立的区域多边发展机构,亚投行的主要宗旨是促进亚洲区域内的基础设施建设,加强区域内的互联互通,推动经济一体化进程。这一行动体现了中国政府在区域金融体系中扮演领导角色的意图,旨在提升其资本在国际金融市场中的影响力。亚投行的运作架构分为三个层级:理事会、董事会和管理层。理事会作为最高权力机构,包含各成员国的正副理事。董事会由12位董事组成,负责日常管理和决策。而管理层则由行长和五位副行长构成,负责银行的日常运营和管理。这种层级分明、职责明确的治理结构,确保了银行在推动亚洲基础设施建设方面能够高效、专业地运作。

经济学理论普遍认为,基础设施对经济发展具有决定性作用。罗斯

第九章 "一带一路"发展与人民币国际化

托在其著作《经济成长阶段》中提到,基础设施是社会变革、生产力提升和经济增长的基础:一是基础设施建设是经济发展的关键;二是政府在基础设施投资领域应承担重要职责,考虑到基础设施投资的大规模资金需求、长期回收周期以及直接投资者获利有限的特点,以及其带来的显著外部效益;三是基础设施投资是各种经济活动的重要支撑。以农业为例,其规模化发展离不开水利、交通、电力等基础建设的先行铺设,这些基础设施的完善不仅有助于农业生产,还能有效减少人力需求。

美国经济学家赫希曼在其著作《经济发展与战略》中,深入探讨了基础设施与经济增长的密切关系。他认为,在确保基础设施供应的基础上,应将资本主要用于生产领域,并将部分生产收益再投资于基础设施建设,从而形成良性循环。基础设施的完善被视为生产的关键要素,如果国家的基础设施状况不佳,将直接影响生产效率。此外,许多经济学家也发现,特别是通信基础设施的改进,对国家经济增长有显著推动作用。例如,农村地区通信环境的改善,有助于农产品信息的传播,进而促进农业发展。

亚洲基础设施投资银行的成立主要基于以下两个方面的考量:

①促进亚洲基础设施的建设和经济发展。由于基础设施投资通常规模巨大,周期长,且伴随较高不确定性风险,因此难以仅靠国家资金来满足这一需求,跨区域项目更是如此。亚洲开发银行的研究指出,2010年至2020年间,亚洲地区经济发展需要大约8万亿美元的基础设施投资。亚投行的成立,旨在动用各国的资金储备,为基础设施项目提供资金支持,以满足亚洲地区对基础设施融资的巨大需求。

②补充现有区域或多边开发银行在资金支持上的不足。举例来说,世界银行主要聚焦于为全球贫困国家提供资金,支持医疗、卫生、教育等领域,而在基础设施方面的资助相对有限。亚洲基础设施投资银行的设立,正是为了填补这一空缺,增强对亚洲基础设施投资的支持力度。

(二)亚投行为人民币国际化提供了重要机遇

亚洲基础设施投资银行(简称亚投行)的建立,为中国的货币国际化战略提供了一个新的发展方向，为中国提供推动货币国际化的重要平台。

①亚投行的运作将促进人民币在国际储备货币中的地位提升。随着亚投行的活动展开，中国与东盟及亚洲其他国家的经济联系将日益加强。这样的发展趋势将增加人民币与这些国家之间的互换协议数量，进而在亚洲国家的国际储备中扩大人民币的比重。这种提法不仅是对人民币全球储备地位的肯定，更是对其国际化的重要贡献和基础的认可。此外，亚投行还将支持"一带一路"合作伙伴或地区的建设项目，提供必要的融资。随着项目的推进，成员国缴纳的资金可能不足以满足发展需求，因此吸引私人投资者投入变得尤为重要。亚投行通过发行人民币计价的债券等金融产品，在国际资本市场上吸引更多的资金流入，从而增大国际投资者持有的人民币资产。

②亚投行的成立，对于推动"一带一路"合作伙伴的区域经济合作具有重要意义。它与"一带一路"倡议的共同推进，有助于加强不同国家间的连通性，降低贸易壁垒，从而深化中国与区域内其他国家的经济合作。这些合作伙伴在经济发展水平和产业结构上具有多样性，通过优势互补，可促进资源优化配置。基于亚投行的融资，沿线基础设施项目得以实现，保障了贸易往来的畅顺。

③拓展人民币的计价支付功能。加强人民币功能，对提升其国际地位具有积极效果。亚投行的建立激发了中国企业在基础设施建设领域的资本和技术优势，加强了中国与亚洲各国的经济金融联系，促进区域内跨境贸易和投资规模的扩大。这一过程中，贸易和投资成本的显著降低，为人民币国际化创造了更多机遇。同时，"一带一路"倡议的推进正促使合作伙伴的贸易往来日益频繁，加深了贸易自由化进程。

④亚投行的成立还促进了合作伙伴之间的投资合作。亚投行与"一带一路"倡议在加强基础设施建设方面的重合，有助于聚集各国力量，满足资金需求。一方面，亚投行作为专业的基础设施投资银行，利用其专业知识和规范机制，筛选投资项目，有效预防投资风险，确保资金安

全。另一方面，其在"一带一路"建设中的角色，将激发各国的投资热情，促进合作伙伴之间的投资合作。

⑤亚投行的成立有助于提高发展中国家在全球经济贸易中的话语权。2008年的金融危机给全球经济带来了巨大挑战。在这种形势下，许多发展中国家通过挖掘自身潜力，实现了经济快速增长，对世界经济产生了显著影响。因此，它们理应在全球经济格局中占据更为显著的地位。当前，这些国家的经济贡献与其在全球经济中的话语权并不相称。亚投行的出现，能有效弥补区域和多边金融机构的空白，提升亚洲及其他发展中国家在金融领域的影响力，优化全球金融治理体系，改变目前的国际金融不平衡状况，为发展中国家带来更多机遇。

⑥提高人民币在跨境贸易中的计价结算比例。作为亚投行最大的出资国，中国有机会推动人民币在国际贸易和投资中的应用。通过亚投行支持的跨国基础设施建设，可以增加人民币在贸易和投资中的计价与结算比例，进一步推动其国际化。中国的建筑企业在海外基础设施建设方面拥有丰富经验。利用亚投行这一平台，推动更多建筑材料交易使用人民币进行计价和结算，不仅能增加人民币的国际流通，还能促进人民币国际化进程。

⑦通过亚投行推动中国企业的国际化，并助力人民币走向国际舞台。当今亚洲，许多国家正处于工业化和城市化的加速阶段，对能源、通信、交通等基础性设施的需求日益增长。然而，这些国家的普遍困境在于缺乏充足的资金以及技术经验的不足。一方面，亚洲的许多发展中国家迫切需要基础设施建设和资金支持；另一方面，中国企业凭借丰富的资本储备和国际工程承包经验，能够满足这些需求。借助亚投行这一平台，两者之间可以建立联系，实现互利共赢。国内企业的国际化不仅有助于推进人民币的国际化，而且人民币的国际化也可以降低企业在海外运营中的货币交易成本和投资汇率风险，为企业的全球化提供坚实的支持。从这两个角度来看，亚投行可以成为这一平台的有机组成部分。

面对上述机遇与挑战，亚投行的决策层、执行层需不断提升其投融资管理能力，汲取和融合领先的管理理念。在挑选投资项目的过程中，应深入分析每个项目的投资回报前景。此外，还应综合考虑全球政治、经济等多方面的宏观因素，并与其他金融机构保持紧密合作，以提高应对风险的能力。

二、"一带一路"与丝路基金

丝路基金作为一项重要举措，由中国外汇储备、中国投资公司、中国进出口银行以及国家开发银行共同设立。它主要承担着在"一带一路"框架下寻找和支持具有潜力的投资项目，并提供必要的投融资服务。这一基金的成立，旨在促进合作伙伴的经济发展，增强投资合作。

在经历了多年的发展后，中国已积累了庞大的外汇储备。这些储备过去主要用于购买美国国债，投资回报相对较低，且很少涉足实体经济。因此，成立丝路基金，将这部分外汇储备投入到需要的地区，不仅有助于中国规避外汇风险，同时也能推动"一带一路"项目的发展。当前，"一带一路"合作伙伴面临着巨大的投资基础设施资金缺口，现有的区域性或多边金融机构很难满足这些庞大的需求。丝路基金的设立恰好能为这些合作伙伴的投资项目提供必要的投融资服务，有力地促进了"一带一路"基础设施建设的进程，为这一宏伟项目的完善贡献力量。

丝路基金在"一带一路"建设中扮演着至关重要的角色。一方面，由于丝路基金是基于国家战略和政策而成立的，它不仅能享受到国家在税务等方面的优惠政策，还能在投资和融资活动中获得政策上的支持与保障。此外，通过运用丝路基金的资源，可以吸引更多资本参与到"一带一路"的建设中，进而发挥出杠杆效应。另一方面，丝路基金与其他金融机构和组织之间存在着协同互补的关系。自成立之初，丝路基金就持有开放与包容的理念，其目标是成为连接社会资本、国际金融机构资金及各经济体发展性金融机构资金的桥梁。这样做旨在集合各方力量，更有效地支持"一带一路"沿线的建设与发展。

在推动"一带一路"倡议的过程中，丝路基金扮演着关键角色。为了更有效地发挥这一作用，丝路基金需吸取管理上的先进经验，构建健全的决策体系和合理的利益分配机制。该基金的核心宗旨是增进"一带一路"参与国之间的相互信任和联系，打造稳固而持久的跨国合作伙伴关系，从而为区域经济的整体一体化提供坚实基础。因此，丝路基金应致力于创新其运营模式，扩大服务的广度和深度，以更有效地满足沿线各国的发展需求。

三、"一带一路"与人民币国际化

(一)"一带一路"与人民币国际化互相促进

在当前全球经济增长放缓及中国经济进入新常态的背景下，"一带一路"倡议显得尤为重要，彰显了中国作为大国的责任感和历史使命。目前，全球正面临公共物品供应短缺与结构不均的困境，尤其是发展中国家对全球公共物品的需求尚未得到充分满足，这一问题严重影响了世界经济与金融的稳定和发展。

"一带一路"倡议与人民币国际化紧密相连，共同构成了一种倡议协同。这种倡议协同体现在两者之间的相辅相成：一方面，"一带一路"旨在促进政策交流、基础设施互联互通、贸易畅通、资金融通以及民众之间的心灵相通，其中资金融通是关键环节。这不仅涉及基础设施建设、资源开发和贸易合作，更关乎资金流动的高效性。另一方面，人民币国际化为这些领域提供了坚实的金融支持，加强了区域间的经济联系。此外，在实施层面，两者互为促进。一方面，"一带一路"提供了推动人民币国际化的重要机遇；另一方面，人民币的国际地位提升为"一带一路"倡议的实施提供了有效的货币保障和发展空间。这种相互作用不仅体现在商品贸易和跨境直接投资上，还涵盖了经常项目和资本项目的开放合作。展望未来，随着"一带一路"倡议的深入推进，跨境信贷、金融市场和货币市场的开放将迎来更广阔的发展空间。同时，人民币国际化在为"一带一路"提供货币支持的同时，也将进一步推动这一倡议的发展进程。

(二)"一带一路"为人民币国际化提供重要契机

①该计划的实施需要为人民币走向国际市场提供强有力的推动力。

该计划涵盖了基础建设、能源资源和制造业等广泛金融领域，集中了多种国际经济和金融合作项目，其中包括融资、投资和贸易等方面。在贸易和投资结算、跨境融资等方面，人民币的跨境使用需求将显著增长，这将有助于扩大人民币的应用范围和流通量，并加速其国际化进程。

②"五通"将助力人民币国际化。倡议中的"五通"策略——政策沟通、设施联通、贸易畅通、资金融通、民心相通，将成为推动人民币国际化的重要力量。这一全方位的合作模式不仅加深了区域经济的一体化，还促进了经济、政治和文化层面的深度融合，为人民币国际化提供了坚实的基础。

③通过"一带一路"的建设，人民币国际化找到了创新的路径。人民币的国际化将与中国的贸易结构和金融体系的完善密切相关，逐步实现。在这一过程中，"一带一路"将作为桥梁和纽带，为人民币的国际化创造有利条件，突破现有的路径局限。特别是亚洲基础设施投资银行和丝路基金这样的重要机构，在推动人民币国际化方面将扮演关键角色。

（三）人民币国际化为"一带一路"提供资金保障

在讨论"一带一路"倡议时，人民币的国际化角色显得尤为关键。作为中国对外开放的一个标志性项目，"一带一路"倡议深度涉及跨国贸易和资金流通。人民币国际化不仅为该倡议提供了稳固的资金支持，同时也大大优化了服务流程，积极推动了国际投资和区域合作的均衡发展。

①人民币国际化在资金支持方面为"一带一路"起到了举足轻重的作用。这一倡议主要包括民生相关的基础设施建设，如公路、铁路、通信网络和港口物流等，这些项目通常需要大量资金，建设周期长，且直接的经济效益并不显著。在现有金融机构之外，金砖国家新开发银行、亚洲基础设施投资银行以及丝路基金等机构是为"一带一路"提供资金支持的主要机构。人民币的国际化有助于增加对外投资，为上述基础设施项目提供必要的信贷资金支持。若无人民币国际化，这些项目很可能

面临资金短缺的困境。

②人民币国际化在服务方面为"一带一路"提供了极大的便利。随着"一带一路"建设的不断推进，该区域的贸易和投资呈现出快速增长的势头，市场潜力巨大。为了满足中国与合作伙伴在贸易和投资方面的需求，人民币的国际化能够有效降低成本，促进经济贸易合作，实现互利共赢的局面。

③人民币国际化将降低"一带一路"项目风险。国际贸易的货币选择受到货币供应波动、汇率波动、交易成本以及利率收益等多种因素的影响。自2008年金融危机以来，美元的大幅波动和美联储的量化宽松政策导致了美元的持续贬值，给国际交易双方带来了巨大的汇率风险。因此，推广人民币的使用，甚至实现人民币的国际化，将有效避免由于美元汇率波动带来的风险。

（四）实现"一带一路"与人民币国际化协同发展

1.大力发展国内债券市场，满足全球人民币资产配置和避险需求

一个成熟的债券市场，对于满足海外机构对人民币资产的配置和风险管理需求至关重要，同时也是推动"一带一路"与人民币国际化的重要支撑。以美国为例，其成熟、庞大且开放的债券市场，为国际投资者提供了重要的资产配置和避险平台，这也是美元长期作为全球主要国际货币的基础。

随着人民币在国际舞台上的影响力不断增强，预计全球机构和个人对于人民币资产的需求将逐步上升，这不包括资产的多样化配置，还包括对风险管理方案的追求。为了响应这种需求，打造一个具有国际视野、深度与广度并重、开放性强的人民币债券市场显得尤为重要。这样的市场不仅为"一带一路"倡议提供了稳固的融资平台，而且满足了全球对人民币资产配置和风险管理的多元化需求。

未来，国内期货市场和衍生品市场的发展也尤为关键。通过推广如套期保值、掉期合约等金融工具，可以为各类机构提供有效的汇率风险防范机制。此外，进一步完善和升级我国资本市场的层次结构，提高资

本市场的开放程度，不仅能为国内外投资者提供更广泛的交易工具和投资途径，而且有助于人民币在全球范围内的流通和使用，真正实现其"走出去"与"回流"的目标。这是人民币成长为一种国际货币的核心步骤。

2. 加强"一带一路"合作伙伴人民币离岸中心建设，优化离岸市场布局

目前以中国香港、新加坡和韩国首尔为主的人民币离岸中心布局需要更广泛的拓展和优化。随着"一带一路"倡议的深入实施，中亚、南亚、中东等地区的资本流动和金融需求将催生新的人民币离岸市场。建议选定与中国有密切经贸往来、金融市场较为发达、具有较强影响力和辐射力的区域中心城市，稳妥推进人民币离岸中心的建设。

3. 吸引鼓励"一带一路"合作伙伴使用并储存人民币

运用"一带一路"倡议这一平台，向这些国家提供各种形式的支持，如政府援助、优惠贷款、混合融资以及基础设施项目债券。这些措施不仅帮助这些国家解决了基础设施建设的资金难题，也推动了人民币的广泛应用和国际化进程。自2016年10月1日人民币被正式纳入国际货币基金组织的特别提款权货币篮子后，人民币已经成为新兴市场中的关键货币，标志着中国在国际货币体系改革和全球金融治理方面的显著进展。目前，人民币在"一带一路"相关国家的流通和使用已经形成一个有效的循环，为这些国家提供了低风险、低成本的融资选择。

4. 充分发挥中资金融机构载体作用

大型金融机构，特别是国际化程度较高的银行，不仅是"一带一路"倡议的支持者，还是人民币国际化的推动者。它们提供了包括跨境结算、企业投融资在内的全方位金融服务。在"一带一路"建设中，这些中资金融机构应当在人民币国际化业务中发挥主导作用，比如通过发行熊猫债券和绿色金融债券等方式。此外，这些机构在全球各主要国际金融中心的人民币市场中应占据主导地位，成为人民币国际化的关键通道。因此，应进一步支持这些中资金融机构在全球范围内的网络布局，

特别是"一带一路"合作伙伴，以加强其在管理人民币方面的优势，同时促进"一带一路"建设与人民币国际化的协同发展，实现双赢。

第四节 人民币国际化的目标与国际化战略

货币国际化是经济发展、金融发展和国际贸易拓展的必然结果，不同货币成为国际货币则取决于多元货币的竞争。人民币国际化作为中国经济和金融国际化的关键组成部分，是一个客观的、自然发展的过程。我们应在尊重货币国际化的基本规律的同时，采取积极的态度，优化人民币的国内外环境，以促进其向国际货币的转变。

一、人民币国际化的目标层次

（一）人民币国际化的渐进式推进和目标层次

1. 人民币国际化只能渐进式推进

在推动人民币走向国际舞台的过程中，中国采取了稳健而谨慎的策略。这一策略遵循了国际货币化的普遍模式，即根据国家的经济条件，逐步实现货币的国际化。人民币国际化不仅是货币领域的一个自然演变过程，也是中国经济与世界经济融合的重要组成部分，标志着中国在经济金融全球化中的积极参与。

在全球范围内，国家或地区在其货币国际化的道路上，根据自身的经济特点和开放策略，采取了不同的路径。其中，两种主要的路径包括渐进式和激进式。激进式路径虽然能快速推动经济开放，但往往伴随着较大的经济波动和社会政治风险，有时会以牺牲其他方面利益为代价。相比之下，渐进式路径虽然步伐较慢，但能为经济体制改革提供必要的缓冲时间，让各种经济机制和利益主体有时间逐步适应和平稳过渡，从而降低改革的社会成本，提高改革的成功率，更加符合经济发展的客观规律。

中国的实践证明了渐进式改革的有效性。通过这种方式，中国的经济实力稳步增长，人均国内生产总值持续提升，经济增长速度保持在较高水平。这种稳健的改革策略不仅增强了中国进行深层次经济体制改革的信心，也为人民币的国际化提供了坚实的基础。通过这样的渐进式推进，人民币在国际金融市场上的地位逐渐提升，标志着中国在全球经济治理中的重要作用日益增强。

人民币国际化，作为中国金融开放的核心环节之一，显然是一个逐步发展的过程。依据货币一体化和最优货币区的理论，货币国际化的实现需在经济、政治等多个领域进行协调与合作，这无疑是一个缓慢而稳健的进程。尽管货币国际化的全面实现意味着该货币具备了贸易计价结算、金融计价结算和官方储备等多重功能，但历史经验也显示，一种货币若在国际交易中能有效承担其中部分职能，尤其是贸易计价结算职能，同样可被视为国际货币。因此，对于人民币来说，关键在于不急于一步到位，而应逐步推进其国际职能的发展。

由于货币金融问题牵涉到国内国外的利益和宏观经济的方方面面，其本身具有联动性和复杂性。一国货币成为国际货币，意味着该国与全球其他国家在经济金融上的深度融合，其经济金融政策将不仅影响本国，也将对其他国家造成显著影响，反之亦然。这表明，货币国际化的影响是双向的。因此，在推进人民币国际化的过程中，应采取更为审慎和渐进的策略，任何人为或激进的推动都可能带来显著的经济金融风险，对经济体制改革产生不利影响。在推进人民币成为国际货币的进程中，市场需求的作用不容小觑，它应成为这一进程的核心驱动力。以人民币在跨境贸易中的计价和结算为例，这一政策的实施正是基于市场对稳定货币结算机制的强烈需求。虽然政府的引导和推动起到了关键作用，但在货币的其他国际职能形成过程中，政府的政策制定应更加注重市场需求的指引。

在全球经济一体化的背景下，货币国际化的进程遵循其内在逻辑：一国货币在国际市场上的影响力，与其经济实力和国际信誉密切相关。这一点与经济开放的其他领域有所不同。货币国际化不仅能为本国带来经济上的特定利益，还在一定程度上涉及国际竞争。这种竞争不仅局限于经济领域，还涉及政治、战略等多个层面。一个国家在这些方面的综合竞争力，直接影响其货币在国际市场上的地位和影响力。因此，在推动人民币国际化的过程中，应综合考虑经济、政治等多方面因素，以确保货币国际化的稳健和有效进展。

2.人民币国际化的目标层次

观察全球范围内各国货币的国际化历程，可以发现它们都经历了一个由初级到高级的发展过程。这个过程与各国的经济状态、开放程度以及金融体系的演进紧密相连。显然，货币的国际化过程是分层次的，每一个更高的层次都是在之前层次的基础上进一步发展的成果，而这个过程是持续变化的。货币国际化是一个分阶段的深入过程，其中每个阶段都会达到一定的稳定状态。以人民币的国际化为例，这一过程呈现出逐级提升的特征。基于对多国实践的研究，学者们通常将货币国际化分为以下五个阶段：

①初期阶段：在这个阶段，货币主要在发行国和邻近国家之间用于民间交易。由于地理和文化的亲近，邻国更容易接受这种货币进行交易。央行的作用主要是监管货币的兑换过程，确保交易的顺利进行。这个阶段的关键是建立信任和认可，为货币的进一步扩展打下基础。

②发展初期：随着货币使用的增加，它开始在更广泛的邻国流通。边境贸易活跃，政府开始介入货币兑换，以保障货币的稳定性和兑换的公正性。在这个阶段，货币开始在区域内扩展其影响力，政府的支持和监管成为推动国际化的关键因素。

③发展中期：此阶段标志着货币跨越邻国界线，广泛应用于更远距离的跨境贸易。货币实现自由兑换，即能够在国际市场上自由兑换成其他货币。这要求货币具有足够的稳定性和国际市场的接受度。自由兑换的实现是货币国际化的重要里程碑，表明它开始被更广泛的国际社会接受。

④高级阶段：在这一阶段，货币不仅用于贸易，还扩展到资本项

目，包括金融投资和借贷。这意味着货币被用于更广泛的国际金融活动，包括股票和债券市场。这一阶段的货币通常具有较高的稳定性和信用度，被国际投资者广泛接受。

⑤成熟阶段：在这个阶段，货币被多国接受和使用，成为重要的国际储备货币。这表示货币在国际金融体系中占有重要地位，具有广泛的流动性和稳定性。成为储备货币是国际化的最高阶段，表明该货币在全球经济中扮演着关键角色。

对于人民币国际化，我们可以将其划分为三个形态：初级形态是指人民币在国际范围内，尤其是与发行国相邻的国家和地区得到使用，并在经常项目和资本项目下完全可兑换；中级形态是指作为地区性国际货币的人民币在国际经济交易中得到广泛应用，保持稳定和强势地位；高级形态则是指人民币成为全球其他国家储备资产的主要形式，跻身为国际储备货币。

人民币国际化的过程涉及从经常项目可兑换到资本项目有条件可兑换，最终实现资本项目完全自由兑换的全面转变。这一过程需要遵循由不可兑换货币到有限制可兑换货币，再到完全可兑换货币的路径，最终演变为国际货币。

然而，人民币的自由兑换性与其国际化是两个不同的概念。自由兑换性是国际化的必要条件，但国际化是自由兑换发展的终极目标。即使人民币达到自由兑换阶段，也不代表它立即成为国际货币。成为自由兑换货币只是国际化旅程的开始，实现国际化需要更长时间的努力。人民币自由兑换与成为国际货币的区别在于应用范围和职能上的不同。作为可兑换货币，人民币主要用于中国与其他国家的贸易往来，而作为国际货币，则可以在全球经济市场中自由使用。此外，国际货币还具备价值尺度、国际结算和储备等多重功能。成为国际货币的人民币将成为国际支付和外汇储备的重要工具。

人民币走向国际货币的路径是一个循序渐进的过程，需要分阶段谨慎推进。具体来说，这一过程可划分为三个主要阶段，即初级、中级和

第九章　"一带一路"发展与人民币国际化

高级阶段。在初级阶段，人民币国际化的目标是实现完全自由兑换并在亚洲国家及地区得到广泛使用。中级阶段的目标则是让人民币成为一种区域性国际货币，在全球经济交流中扮演重要角色，特别是在亚洲地区作为广泛接受的交易、投资、结算和储备货币。在高级阶段，人民币的目标是成为一种国际储备货币，并在全球范围内承担起储备货币的职责。人民币国际化的最终目的并不是单独主导国际货币市场，而是与其他主要储备货币一道，在世界经济中发挥共同作用，共同构建一个多元化的国际货币体系。

目前，人民币已经在经常项目中实现了自由兑换，并在部分资本项目中取得了一定程度的可兑换性。在推进人民币国际化的过程中，应将实现人民币的完全自由兑换与国际化的初步目标相结合，并把资本项目的兑换能力提升与国际化步伐紧密相连。在具体操作上，需要加强人民币在邻近国家和地区的流通与使用，以促进其在国际舞台上的地位和影响力。

在推进人民币国际化的过程中，重点是将初级目标与中级、高级目标有效结合，分阶段、有序地推动人民币国际化进程。当前的重点在于稳步推进人民币资本项目自由兑换，同时促进人民币的初步国际化。这一进程已经有了一定的基础，关键在于维持中国经济的良好发展势头和人民币的相对稳定，进一步增强人民币在区域内的影响力，扩大其使用和流通范围，从而在战略层面积极推动人民币的区域性国际化。

（二）近期内人民币国际化应重点定位在亚洲区域

在当前的全球经济格局中，人民币国际化的战略定位应主要聚焦于亚洲区域。观察全球三大货币体系的发展动向，即美元、欧元以及亚洲货币圈，不难发现人民币在亚洲的国际化首要任务是成为广泛认可和使用的国际通货，进而形成与美元圈、欧元圈的平衡态势。

自1997年亚洲金融危机以来，尽管美元在亚洲的主导地位有所减弱，但由于东南亚等地区对美国贸易的深度依赖，美元仍然占据主导地位。尽管日元在国际货币中的地位并不显著，且受日本经济增长放缓和其他因素影响，其国际化趋势有所减弱，但日元在亚洲依然具有一定影响力。因此，在短期内人民币取代美元和日元在亚洲的地位将面临挑战。一个可行的方案是，人民币在较长时间内与日元共同作为亚洲的补充国际货币，以此支撑起国际货币体系的"第三极"。

人民币作为亚洲的核心货币，其地位的提升不仅体现了中国在全球经济版图中的显著角色，也标志着中国作为一个大国在全球化进程中的深度参与。若人民币汇率能够维持长期稳定，并在其国际化的道路上稳健前行，它极有可能成为亚洲经济的关键支柱。作为区域金融的枢纽，这将助力中国在全球金融资本的竞争中获得有利地位。然而，这同时也赋予中国更大的责任，作为亚洲的主要货币金融力量，中国需要在制定国际收支政策和货币政策时，充分考虑其对亚洲其他国家的金融和经济影响。鉴于人民币国际化的关键在于亚洲，推动亚洲金融合作与联动对于人民币国际化的成功至关重要。

二、人民币介入国际货币领域的战略路径

（一）构筑人民币国际化的宏观和微观基础

宏观层面而言，中国经济的持续迅速发展及其经济总量的全方位增长，构成了推动人民币国际化的核心推力。因此，中国的宏观经济运行需要维持稳定，以确保经济的持续、快速且健康发展。国民经济的全面提升，不仅提高了国家的经济实力，还为人民币的长期稳定性和在邻国及区域内树立信心提供了坚实基础。同时，金融体系的全面改革和市场机制与国家宏观调控的有效结合，是维持人民币强势地位的基础，也是提高人民币国际声誉的关键。

在微观层面，国内企业及其产品和技术在国际市场的竞争力是人民币国际化的经济支柱。这些微观经济实体，如生产和流通企业、金融机构，需要具备强大的国际竞争力和适应国际市场变化的能力，这些是实现货币自由兑换并获得经济效益的重要条件。货币自由兑换的实现将使企业面临国内外的激烈竞争，其发展状况将直接影响货币自由兑换的实施效果。若微观经济实体竞争力不足，可能导致财政补贴增多、财政状

况恶化、银行不良资产积累，并可能在实现货币自由兑换时因竞争不足而使国际收支恶化，难以保持经济的内外平衡。相反，强大的微观经济实体可以通过拓展对外贸易、增加对外投资等方式，促进人民币在国际上的使用，从而提升其国际地位。显然，宏观经济的稳健状况建立在微观经济主体的坚实基础之上，长期来看，前者依赖于后者。因此，中国应当重视提升企业的国际竞争力，推动企业转型和创新，加快技术和制度创新的步伐，增强企业参与国际竞争的实力，为人民币国际化奠定坚实的微观基础。

(二) 启动金融强国战略

为了实现金融强国的战略目标，我们必须认识到，在现代化经济体系中，金融强国的地位是不可或缺的。没有金融强国的支撑，经济强国的地位很难得以巩固。因此，建立一个稳健且强大的金融体系对于提升并巩固国家的经济实力具有不可替代的重要性。当前，面对西方发达国家在金融领域的竞争和对国际金融资源配置权的控制，我们亦面临着重大的挑战。

金融强国的关键要素涵盖金融机构的成熟度、金融市场的完善程度，以及本币在全球舞台上的影响力等多个方面。此外，金融强国战略的实施还应包括消除国内金融领域的潜在风险，并加快构建一个全球化的金融体系。为实现这一目标，我国需从以下几个重要方面着手：

1.继续努力提高和保持人民币在国际上特别是在亚洲的信誉

一个国家的整体声誉对其货币在国际市场上的接受程度具有至关重要的影响。这种影响不仅反映了全球其他国家对该国综合评价的态度，更深刻地反映了人民币能够在国际市场得到广泛接受的内在因素。

尽管保持人民币稳定存在一定成本，但从长远来看，其收益远超成本。因此，央行应采取相应措施，保障人民币长期稳定，同时积极构建有利于国际社会持有和使用人民币的政策环境。此外，作为区域性金融大国，中国应积极利用国际政治和外交平台，为人民币国际化营造良好环境，从而提升人民币的国际地位。在区域和国际经济金融活动中，中国应发挥积极和建设性的作用,逐步增强人民币在区域乃至全球的影响力。

2.建设现代化的国际金融市场

打造一个现代化的国际金融市场是人民币国际化进程中的关键一环。一个高效、与国际标准接轨的金融市场,能够便利地促进金融资产流通,为投资者提供多样化的风险规避途径,从而增强市场对货币的信任和积极预期。历史经验表明,拥有国际货币地位的国家都拥有高效且成熟的金融市场,以支撑其货币和金融资产的全球交易。

要建设一个成功的现代国际金融中心,必须具备以下要素:聚集金融人才、合理的金融法规体系、便捷的金融信息获取渠道、先进的金融通信技术和交易系统,以及强大的金融创新能力。相较之下,我国金融市场虽起步较晚且尚存在不完善之处,如市场规模有限、市场广度与深度不足、金融工具单一、金融法规未完善、市场监管不充分等问题。因此,为实现现代化国际金融市场的建设,我们应从以下几方面着手:

①加快国内货币市场的发展,以形成调节人民币需求与供给的"流动资产池"。人民币的自由兑换不仅是货币市场发展的重要基础,也是宏观金融调控的关键环节。人民币国际化的目标在于确保其在全球范围内的流通和储备,并赋予其国际竞争力。因此,增强人民币在交易中心市场的职能显得尤为重要。与美国国债市场相比,股票市场的国际化程度还有待提升,因此,人民币及其相关资产的国际推广应侧重于建立一个国际化的货币市场,以国债等金融工具为主导。中央银行可通过动态调整对国际投资者的负债,以此来干预外汇市场。

目前,我国外汇市场的有效运作受限于缺乏合适的人民币公开市场业务工具,这限制了中央银行在外汇市场的干预能力。货币市场的发展和完善将有助于中央银行进行有效的公开市场操作,从而保持人民币价值和金融资产价格的稳定性。在国债市场发展方面,我们需改善国债市场的投资环境,增加国债品种,提升国债交易的透明度和流通性,为境外投资者使用人民币资产创造更多便利。

第九章 "一带一路"发展与人民币国际化

②进一步发展和完善我国的外汇市场。外汇市场的高效运作是人民币自由兑换的核心环节,其效能和稳定性对于实现人民币的完全可兑换性至关重要。在推动人民币国际化的过程中,关键在于逐渐增强市场对人民币汇率的调节能力,并提高外汇市场的市场化水平。通过市场机制来调节外汇供求关系及人民币汇率,降低直接行政干预对外汇市场的影响。中央银行应充分利用外汇平准基金,来调控外汇供需,稳定汇率,为人民币自由兑换营造良好的市场环境。

③改革证券交易结算系统,建立统一的结算体系。为了让海外投资者更加安心地持有和操作人民币资产,建立一个高效便捷的证券交易结算系统显得尤为重要。我们应借鉴欧美等国家的先进经验,迅速搭建一个覆盖股票、公司债券、国债等多种有价证券的统一化结算平台。这样的系统不仅提高了交易的便捷性,还能提升市场的透明度和安全性,为国内外投资者提供更为稳定和高效的金融服务体验。

④积极创造条件,发展离岸金融市场。离岸金融市场的建设有助于实现内外资金的有效分离,从而降低外部资金对人民币的冲击。离岸金融市场的建立不仅丰富了金融市场的交易品种和业务范围,而且为国际资本进行套期保值、规避风险提供了多元化的选择。此外,对于便利人民币的国际借贷、使用、兑换和流动性也有积极的促进作用。但是,建立离岸金融市场所需要的宽松监管环境和优惠税收政策需要我国不断提升金融管理水平,使其趋于完善。因此,对于中国金融管理部门而言,必须持续优化金融市场的监管环境,并且通过制定更加具有吸引力的税收政策来促进离岸金融市场的发展,以此为国家经济发展注入新的动力和活力。

3.加快全球化银行体系的建设步伐

全球化银行体系对于实现人民币国际化至关重要。只有在全球范围内建立起遍布的银行体系,人民币在海外的存储、流通和转换才能得到保障。一个发达的、遍布全球的银行体系,不仅是人民币在海外流通的关键支持者,还对促进我国的对外贸易和海外投资起到积极作用。很难

| 汇率机制与波动分析研究

想象一个国家的货币在未在国际上获得稳固地位时，就已成为世界通行货币。在全球化方面，我国银行业相比发达国家仍有较大差距，国内许多商业银行尚处于发展初期。

企业的国际化投资与银行的跨境业务紧密相连，其中，跨国企业与跨境银行之间自然形成了互助合作的关系。对于跨境银行来说，跨国企业是其理想的客户群体，反之，跨国企业也依赖跨境银行的强有力支持。特别是考虑到我国企业在海外投资方面的经验相对有限，银行在海外的分支机构提供的全面服务显得尤为关键。因此，我国应当激励国内银行采纳更为国际化的发展策略，拓宽人民币在海外的业务领域，从而为人民币的国际化创造更多可能性。同时，提高国内银行业的服务质量，为人民币及相关资产在海外的运用提供便利条件。在短至中期，国内银行应特别注重在邻国和亚洲其他地区设立分支机构，这不仅为当地政府、企业和民众提供人民币的储存和流通服务，同时也助力提升国内银行的竞争力。

（三）强化制度约束，保持人民币内外价值的稳定

在推动人民币国际化的过程中，必须在严格的制度规范和约束下进行深思熟虑。面对经济实力尚待增强的背景，构建健全的货币金融体系和高效的宏观经济调控机制，发挥制度创新在金融开放领域的关键作用，是提升人民币在国际舞台上地位的关键路径。要实现人民币国际化的有效制度支撑，需从以下两个方面出发：

1.控制本国货币供给，保持币值稳定

经验表明，有效控制国内货币发行量，确保货币价值的稳定性，是国家经济和金融稳健发展的基础。独立的中央银行体系和恰当的货币政策策略，是维护货币价值稳定的重要保障。实行适度紧缩的货币政策，保持经济持续健康增长和国际收支平衡，有助于增强人民币的国际信誉，使之成为一种可靠的国际货币。作为人民币发行机构——中央银行，在市场上必须树立并保持其信誉和品牌形象。因此，在推进人民币国际化的过程中，不应以政府信用替代人民币作为"一般等价物"的本

第九章 "一带一路"发展与人民币国际化

质信用。政府需在维护货币稳定方面承担明确的责任，以减少人民币波动性。中国经济的稳健发展和人民币价值的稳固性构成了人民币国际化的重要基石。当人民币面临较高的通货膨胀时，可能会引发其名义汇率下跌和市场不确定性增加，这会影响到人民币在国际上作为价值衡量和记账单位的效能。同时，通货膨胀的提高也会加大持有人民币的风险，从而降低国际社会对人民币的预期和信心。因此，政府应采取有效措施，确保人民币价值的稳定，以增强其在国际市场上的地位和影响力。其他国家在货币国际化过程中的经验教训值得深思，恶意贬值本国货币会对其国际地位造成严重打击。历史上，德国曾经历恶性通胀，但通过近一个世纪的努力，德国成功维护了本国货币的地位，重建了国际形象，马克的信誉也对欧元的成功推出起到了关键作用，这一点已为世界公认。

进一步而言，中央银行在宏观金融调控与监管方面的能力提升，对于维护货币价值稳定发挥着至关重要的作用。在当前金融市场全球化融合的背景下，国际资本的大规模流入与流出，对于国家货币供应会造成显著的扰动和冲击。因此，在控制国内货币供应时，必须充分考虑到这些干扰因素。这就要求中央银行在调控货币供应方面必须具备高超的技术和策略，在感知到其他国家的经济金融政策产生的溢出效应时，能够通过开展公开市场操作等手段，迅速采取逆向操作，以中和这些干扰。

就我国而言，中央银行在金融宏观调控和监管方面的能力和水平仍有待提升，尤其是在外汇和汇率调控方面，需要进一步积累更多的经验和技巧。近年来，随着对外开放程度的不断提高，出口对我国经济的影响越来越大，连续多年的贸易顺差导致外汇储备不断增长，进而对货币政策产生了显著的影响。因此，中央银行需要加强对外汇和汇率市场的监管和管理，采取更为精准的调控措施，以实现货币政策的稳健运行，维护国家的经济安全和发展利益。同时，还应加强与其他相关部门的协调合作，构建完整的金融监管体系，共同维护金融市场的稳定和健康发展。从宏观角度来看，外汇储备的增长可能导致本国货币供应的扩张，对货币政策产生影响。在目前外汇"储备池"较为有限的背景下，中央银行通常以被动方式参与外汇市场，购买过剩的外汇导致相应的本币发行。鉴于人民币还未普及为国际通用货币，这种因外汇储备增加而产生的本币流通主要限于国内，可能会带来通货膨胀的风险。为控制通胀，央行可能采取一系列对策，如限制向商业银行的再贷款、购回国债等。然而，这些措施的执行可能面临挑战。随着储备增加的副作用日渐显现，中央银行进行的对冲操作面临着越来越多的限制。因此，提高金融监管机构在宏观金融调控方面的能力，掌握有效管理国际货币的技术，是推动人民币国际化的关键。首先，需要加强中央银行的监管和政策调控能力，建立健全的监管法规体系、组织结构、信息监测系统和操作执行机制。通过这些措施，可以有效地应对外汇储备增长带来的挑战，确保人民币的稳定性和国际地位。

2.改革汇率管理体制

为了推动人民币的国际化，关键在于对汇率管理体系进行深度改革，进一步优化人民币汇率的形成机制，并全面发展外汇市场。我们要逐步向间接的市场管理模式转变，建立一个健全的汇率调控体系。这个体系应当以美元、欧元、日元为主要参考，同时也要考虑英镑、港元、加元、澳元等一系列货币，以构建一个基于这些货币篮子的浮动汇率制度。在逐渐放宽管制的过程中，监管机构需密切监控人民币作为国际交易工具在国际金融市场上的表现和竞争力。

要确保浮动汇率制度的有效运作，一个面向外部市场的国内金融市场是关键。货币交易通常涉及金融资产的交易，金融资产在国际市场上的替代性越强，其稳定性也就越有保障，汇率的波动也会相应减小。但是，大多数发展中国家发行的证券种类有限，规模较小，且通常缺乏国际化特征。这些国家金融市场的相对封闭和不完善，使得短期汇率难以通过资本市场实现稳定。因此，推进金融市场的改革，扩大交易工具的种类，完善交易机制成为必要之举。

第九章 "一带一路"发展与人民币国际化

（四）进一步发挥人民币的国际作用

人民币在全球范围内的流通与应用，其扩展依赖于我国与世界各国在贸易和投资领域的增长。通过加大对外贸易和直接投资的力度，拓宽我国与国际社会的经济联系，促进人民币在全球经济活动中的广泛应用，成为推动人民币国际化的关键动力。

在中国的国际经济交往中，鼓励国内企业在周边地区进行贸易和投资时使用人民币结算是关键策略。这种人民币结算不仅是企业走向国际化、全球化的重要步骤，也是增强人民币在区域经济中地位的有效途径。同时，可在一定条件下，向相关国家和企业提供人民币的中短期出口信贷支持。

在国际投资、政府和金融机构的外债发放及国际援助中，也应充分利用人民币的角色。通过这种方式，可以促使借贷国和援助国用人民币购买中国的商品和服务，或与中国银行进行货币兑换，并鼓励他们在第三国使用人民币进行交易。

然而，人民币在海外流通也可能带来一些问题：一是当海外持有的人民币数量达到一定规模，可能会产生兑换需求，影响国内货币供应，加剧通胀；二是海外持有的人民币可能会形成离岸市场，其价格机制可能与国内市场不同，导致汇率水平的差异；三海外流通量的增加可能会影响国内宏观经济政策的效果；四是海外持有的人民币如果回流到国内金融市场，可能会引发市场波动。因此，随着人民币国际化的推进，也需要综合考虑和应对这些潜在的挑战。虽然人民币在海外流通可能引发一些问题，但中国央行应该支持其在邻国和地区的广泛使用。为了应对这些挑战，建议成立一个特殊的外汇基金，用于购买异常回流的海外人民币，以此来稳定汇率并保持国内货币供应的正常水平。

目前，扩展人民币在周边国家和地区的应用是其国际化进程的关键环节。这需要中国的货币管理机构与周边经济体签署关于人民币海外流通的双边协议。借助这些协议，可以以边境贸易和投资为突破点，推动人民币在该区域内的广泛使用。同时，应当合法化和规范化人民币在这些国家和地区的民间流通，确保其海外流通和使用是合法且正式的。此外，加强与周边国家和地区的经济合作，推动人民币在这些地方的流通至关重要。进一步放宽人民币现钞出境的限制，以增加其在国外的流通量，提高国际接受度，鼓励更多的海外金融机构接纳人民币并进行兑换业务。这不仅有利于人民币的国际化，还能加强区域内的经济联系和互利合作。

（五）"一带一路"倡议推动人民币国际化发展

"一带一路"倡议在推动人民币国际化的发展中扮演着重要角色。这一倡议包括丝绸之路经济带和21世纪海上丝绸之路，旨在通过政策沟通、加强基础设施建设和促进多边贸易发展，实现合作伙伴的资金融通。中国提出的这一倡议为合作伙伴创造了新的发展机遇，促进了共同繁荣的新格局，同时也为人民币国际化的进程提供了助力。

在"一带一路"建设中，人民币的使用范围得以扩大，促进了与合作伙伴的贸易往来，并加强了人民币的区域影响力。亚洲基础设施投资银行（亚投行）作为"一带一路"计划中的重要资金来源，对人民币国际化的流通和区域影响力的提升起到了关键作用，为人民币国际化提供了机制保障。但是，在"一带一路"倡议的实施过程中，也存在一些挑战。合作伙伴普遍经济实力不足、发展水平较低，货币价值波动较大，抗风险能力有限，这可能导致金融市场出现频繁波动，给人民币国际化带来风险。因此，在推进人民币国际化的过程中，必须注意防范这些风险，确保稳健推进。

第五节 人民币国际化进程中的风险防范

人民币国际化的进程，既是中国经济持续增长和深度融入国际经济体系的自然结果，也反映了全球货币金融领域中的竞争与选择。这一进程在自然发展中伴随着诸多不确定性和风险。如果这些风险未得到妥善

第九章 "一带一路"发展与人民币国际化

控制和防范，可能对中国的经济金融发展造成严重不利影响。因此，在推进人民币国际化的道路上，有效地预防和控制这些风险，成为确保人民币国际化成功的一个重要环节。

一、人民币国际化进程中可能遇到的风险

（一）人民币国际化的逆转风险

①人民币在国际化进程中，必然会受到在位国际货币的排挤。尽管中国经济的稳步增长和中央银行有效的货币政策对提升人民币地位至关重要，但其他主要货币发行国的经济政策和状态对人民币的国际地位同样有着显著影响。在这些国家经济稳定的情况下，人民币要想成为主导国际货币还面临一段较长的时间和挑战。

②人民币在周边国家和地区的流通范围显著扩大。这一现象部分得益于中国经济的持续增长和人民币币值的稳定。同时，中国政府的信誉也在一定程度上促进了人民币在国际市场上的强势地位。值得注意的是，国内外对中国政府在人民币政策上的责任和稳健预期，成为人民币稳定运行的关键因素。这种信心和预期既能正向加强，也可能逆向作用。一旦出现逆向效应，信心和预期的动摇将加剧货币市场的波动性。特别是当市场对政府货币政策的信心不足时，悲观的逆向预期可能导致人民币国际化进程中出现逆转风险，甚至可能触发货币金融危机。在国际货币竞争中，相比于美元、欧元和日元这些主要货币，人民币在经济基础和国际信用方面仍显得脆弱。因此，若人民币国际化的步伐过快，可能会面临不小的挫折和风险。

③在推进人民币国际化的道路上，我们不仅要应对经济挑战，还要面对来自地缘政治等非经济领域的外部压力。中国经济的稳步发展对于亚洲乃至全球的经济与金融稳定扮演着关键角色，但这一快速增长也引起了一些国家的关注与警觉，这可能给人民币的国际化带来一定的偏见和阻碍。随着人民币影响力的逐步提升，作为主导储备货币的美元地位可能会受到挑战，这不仅可能影响美国的政治和经济利益，还可能触动其全球战略布局。在这种背景下，美国可能会对人民币的国际化采取一

· 255 ·

定的制衡策略。鉴于这些复杂情况，我们在推动人民币国际化的同时，应该保持审慎和克制，避免激化大国竞争情绪。这不仅有助于降低潜在的逆风风险，也有利于人民币在国际货币体系中稳健、和谐地发展。通过这样的方式，可以更好地推动国际金融体系的多元化，同时保持国际关系的平衡和稳定。

（二）货币替代和资本外逃的风险

1.货币替代的风险

货币替代现象，与著名的"格雷欣法则"（即"劣币驱逐良币"）相反，体现为"良币驱逐劣币"，这可以视为格雷欣法则的逆向应用。在纸币体系中，我们常见到这种"良币驱逐劣币"的情形。显然，一个国家货币的"优劣"是相对而言的。在开放型经济体系中，货币替代是一种特有的货币性动荡现象，它体现为强势货币对弱势货币的驱逐。在这种背景下，一些经济体的居民可能会更倾向于使用外币进行储蓄、交易和支付。这种偏好可以导致本国货币被外币替代，尤其是在储备或支付商品和服务费用时。在一些情况下，甚至可能出现商品和服务以外币标价的情况。随着时间的推移，这种趋势可能导致大量资金交易使用外币结算，企业可能通过外币交易来规避税收，引发广泛的货币替代现象。在不同的国家和地区，货币替代的动因也有所不同。发达国家可能更多的是为了规避外汇风险、实现投资多样化和降低交易成本，而在发展中国家，这种现象通常反映出对本币的信心不足，导致人们选择持有外币。

美元作为全球主要的国际储备货币，其货币替代现象主要表现为美元化。当其他国家的居民对本国货币的稳定性失去信心，或认为本币资产的收益率低于美元资产时，会发生大规模的货币兑换为美元。这种现象导致美元在多个方面部分或完全替代了本国货币，包括作为价值储存、支付手段、交易和计价标准等。货币替代的现象，在全球化的经济背景下，显得尤为复杂。它的发生依赖于多种因素，包括本国货币的可兑换性、外汇市场的交易成本、国际贸易的规模、国内外金融市场的融合程度、本币与外币的实际收益率差异、本币汇率的评估情况以及国内的通

第九章 "一带一路"发展与人民币国际化

货膨胀压力等。普遍来讲，人们倾向于持有收益较高的货币，而避免持有收益较低的货币。若本币的实际收益率下降，本币存款便失去了吸引力，国民便会转向持有收益率较高的外币资产。随着收入水平的提升，国民对外币的需求增加，进而可能引发货币替代现象。货币自由兑换的程度越高，货币替代的途径便越畅通，人们更容易在外汇市场上进行外币兑换。而当货币兑换交易成本较低时，人们更倾向于用本币购买外币，而不是商品，这也会加速货币替代的进程。外贸量的增加，意味着需要更多外币作为支付手段，从而增加了货币替代的可能性。

在开放型经济体系中，货币替代现象对一个国家的宏观经济结构有着深刻影响。这一过程主要体现在两个方面：一方面，货币替代可能削弱货币政策的自主性和效力，进而影响国家的金融稳定。这是因为，当居民开始偏好外币而非本币时，政府在利用货币政策调控经济时的手段和影响力会受到限制。通常情况下，政府依靠对本国货币的控制来把握经济脉搏，使用政府信用作为货币发行的支撑，从而有效地进行宏观经济管理。但是，一旦发生货币替代，这种控制力就会减弱，甚至部分或完全丧失，这对于政府来说无疑是一个巨大的挑战。另一方面，货币替代还会导致国家失去一部分铸币税收入。在出现货币替代的地区，本国货币在作为价值储存、交易媒介和计价单位等方面的需求减少，导致货币当局无法通过发行货币来获取原本的铸币税收益。尽管对于普通国民来说，持有本国货币和外币之间的成本差异可能不明显，但对于政府而言，这种变化意味着财富的流失。

目前，中国人民币尚未实现资本项目下的完全可兑换，因此大规模的货币替代问题还未成熟。但随着人民币的进一步国际化和自由兑换进程的推进，未来这一领域可能面临新的挑战和变化。

①中国的金融改革相较于经济体制的全面改革显得更为谨慎。这种谨慎的改革步伐有其内在逻辑：一方面是为了防止系统性金融风险，另一方面则是为了确保经济平稳过渡。然而，这种改革策略也可能导致民众为了减少交易成本，更倾向于持有外币计价的资产。特别是在国际贸

易和跨境投资活动日益频繁的背景下，企业和个人持有外币资产可以有效降低因汇率波动带来的风险。

②在推进人民币国际化的过程中，中国银行系统面临的不良贷款问题依然存在。这些不良贷款可能对银行系统的稳定性构成威胁，进而影响公众对人民币的信任。在此情况下，民众可能会更倾向于持有外币及其相关资产，以规避潜在的人民币贬值风险。

③随着中国经济的对外开放和人民币自由兑换的快速发展，金融市场的成熟度也在不断提升，投资选择变得更为丰富。这种情况下，公众对于外币的需求，特别是对美元的需求，有望上升。美元作为全球主要储备货币，其稳定性和普遍接受程度使得它成为避险资产的首选。在国际贸易和投资中，美元的重要性也使得持有美元成为了许多企业和个人的必然选择。

④随着金融意识的增强，经济主体开始更加理性地考虑投资决策。他们可能会因为对通货膨胀、人民币贬值的预期，以及美元存款与人民币存款之间的实际利率差异，加速推动人民币的自由兑换。这种情况下，为了保值和增值，民众可能会通过多种途径兑换美元，以降低货币转换成本。例如，他们可能会通过外汇市场、境外投资等多种方式进行货币转换。

2.人民币国际化进程中可能引起资本外逃的风险

在讨论人民币国际化的过程中，我们必须审慎考量资本外逃所带来的风险。资本外逃，即资金流向海外以寻求更高的安全性，常常由货币的不稳定性触发，如汇率的波动。一般情况下，通过资本市场的监管手段，可以有效遏制资本外逃的发生。在货币兑换不自由的情况下，资本流动受限，成本较高，从而降低了资本外逃的可能性。相对而言，在货币自由兑换的环境中，资本外逃的风险显著增加。货币的自由交换和流通易成为资本外逃的漏洞之一，有时甚至通过伪造贸易票据来实现。

对中国而言，资本项目可兑换所带来的主要风险之一便是货币替代和资本外逃。资本外逃不仅直接减少了国内的资本积累，还可能迫使中央银行提高利率以吸引资本流入，但这同时也可能抑制国内的投资热情。

资本外逃有多种形式，它与货币替代并非等同。货币替代可能仅涉及外币在国内的资金存留，而资本外逃则意味着资产流失，对国家经济造成直接损害。

（三）"特里芬悖论"的困扰

"特里芬悖论"是一个描述国际货币体系困境的重要经济概念，它源于20世纪中期的布雷顿森林体系。这一体系下，美元成为了主导的国际货币，其角色从20世纪30年代的紧缺演变为70年代的过剩。特里芬悖论揭示了国际货币体系的一个根本性矛盾：作为全球主要储备货币的国家必须提供足够的货币供应以满足全球需求，但这又不可避免地导致该国的长期贸易逆差。在布雷顿森林体系下，美国面临了一个复杂的局面。一方面，美元作为全球主要的储备和交易货币，增强了美国在国际经济和政治领域的影响力。这使得美国能够在制定外交政策或管理国内经济时，相对忽视国际收支的平衡。美元作为国际结算货币，为美国提供了显著的"流动性优势"，同时也使得美国能够更容易地融资和运行巨大的贸易逆差。另一方面，美国为了维护其在国际贸易和收支中的地位，面临着不能让美元大幅贬值或调整美元与其他货币的汇率的限制。这种情况下，美国出口竞争力下降，加剧了国际收支逆差的问题。随着时间的推移，美国巨大的贸易逆差和持续的国际支付不平衡，对全球经济稳定构成了威胁。特里芬悖论的核心在于，国际支付能力的需求不能长期依赖于国际货币国家的逆差。这意味着，一国如果持续运行贸易逆差以提供国际流动性，其货币最终将面临信任危机。而一旦信任危机爆发，可能会导致全球金融市场的动荡，甚至引发金融危机。这正是20世纪70年代初美元金本位制结束的主要原因之一。特里芬悖论还揭示了国际货币体系设计的固有缺陷。一个国家的货币同时作为国内和国际货币，在满足国内经济需要和国际贸易需求之间往往难以取得平衡。这一矛盾在全球化的今天变得更加突出。随着国际贸易和跨国投资的不断增长，对国际储备货币的需求也随之增加。然而，这种需求的增加又可能导致国际货币国家面临更大的贸易逆差和债务累积。

人民币国际化的过程确实可能会面临类似于"特里芬悖论"的挑战。随着中国经济的不断增长和全球影响力的提升,人民币作为一种国际货币的地位正在逐渐上升。然而,这一过程中,中国需要在维持贸易顺差、满足国际市场对人民币需求,以及保持货币政策独立性之间找到平衡。出口是中国经济增长的关键推动力之一,长期以来中国依靠出口驱动型的经济模式实现了快速增长。为了维持这一增长模式,中国需要保持一定的贸易顺差。然而,持续的大额贸易顺差会导致大量外汇储备的积累,这可能增加国内通货膨胀的压力,并对汇率政策造成挑战。随着人民币在国际交易中的使用日益增加,越来越多的国家可能会将人民币纳入其外汇储备。这就要求中国不仅要维护贸易顺差,还要为其他国家提供足够的人民币流动性。为了满足这种需求,中国需要扩大对外投资和提高人民币的可兑换性。然而,如果中国持续保持高额的贸易盈余而在对外投资方面不作充分发展,可能会导致人民币在国际市场上的短缺,从而推高人民币的价值。这种人民币升值可能会对中国的出口产生不利影响,进而影响经济增长。相反,如果中国的国际收支出现逆差,可能会导致货币资金不断流出,影响人民币的稳定价值。这种状况可能会降低投资者对人民币的信心,削弱其作为国际货币的地位。此外,人民币国际化的过程中还需要考虑到货币政策的独立性。在追求人民币国际化的同时,中国需要保持一定程度的货币政策灵活性,以应对国内外经济环境的变化。过度依赖外部市场可能会限制中国央行在货币政策制定上的自主性。

(四)宏观金融调控更趋复杂化的风险

人民币在全球市场扮演着双重角色,既是中国的主要流通货币,又成为国际交易的重要媒介。这样的地位使得其汇率稳定性成为关键,任何剧烈波动都可能引发国际社会的关注。人民币的价值和利率水平不仅受中国国内经济环境的影响,也与全球经济形势密切相关。因此,制定货币政策时必须兼顾国内外因素,这加剧了国内经济与国际经济之间的平衡难题。随着人民币在国际市场的角色增强,中国需要在制定其利率、汇率和经济增长政策时,考虑全球经济的波动,这使得货币政策的决策

第九章 "一带一路"发展与人民币国际化

变得更加复杂。此外,人民币的国际角色也对中国国内的货币和财政政策产生了影响。国际市场上的人民币投机行为可能扰乱中国金融体系的稳定。作为一种国际货币,人民币的跨国流动(包括常规和投机性流动)将直接影响国内的利率、汇率和物价,进而对中国的国际贸易和国际收支产生显著影响。

此外,人民币在全球市场上的流通可能减弱中国央行对国内货币供应量的控制,影响国家宏观经济政策的执行。例如,中国在控制通货膨胀时可能需要采取紧缩货币政策,提高利率。但国际上的人民币流通可能导致国内货币供应增加,从而削弱紧缩政策的效力。相反,当需要实施宽松货币政策以刺激经济时,大量的人民币资金可能流向国外,降低了国内货币政策的效果。因此,人民币的国际化给中国货币政策带来了新的挑战和考量。

人民币在全球市场的影响力不断增强,随之而来的是国际社会对人民币资产的变化需求,这可能导致人民币汇率波动。随着中国金融市场的进一步开放和纯金融性资金交易的增加,本币与外币的转换频繁度也将提升。这将导致外汇市场中资本项目性质的交易比重增加,人民币汇率影响因素将从目前的经常项目收支转向经常项目和资本项目的综合收支状况。因此,人民币汇率将更多地受到国际金融市场变动的影响,国际短期资本(热钱)更容易通过外资金融机构流入中国市场,对人民币汇率造成波动。

需要特别注意的是,资本项目开放可能会增加外部经济冲击的风险。随着人民币国际化的深入,中国经济与全球经济的联系更加紧密。由于货币管制的放宽,国际经济和金融危机、通货膨胀等问题可以通过货币兑换直接影响中国国内经济。在资本自由流动的环境下,国际短期资本对市场的冲击风险显著增加。这些资金,作为金融市场上最不稳定的因素,对宏观经济波动极为敏感,经常通过迅速调整资本流向和投资策略以谋求高额利润,同时还可能产生显著的群体行为效应。利用现代电信技术、金融衍生工具和投资策略,大量资本的流动大大增加了国家的金融风险。此外，外部资本对投资或投机前的预期变化，在资本项目可兑换的背景下，可能对汇率产生显著影响，这反过来使得宏观金融政策调控变得更加复杂。

二、人民币国际化进程中的风险防范

在推进人民币国际化的过程中，对潜在风险的有效防范是确保我国经济金融持续、稳定、健康发展的关键。因此，我们必须采取一系列措施，以确保在全球化的背景下，人民币的稳定和我国经济的持续增长。

（一）正确处理币值稳定与经济增长的关系

在历史的长河中，众多国家在实施货币政策时，都着重强调了货币价值稳定的至关重要性。比如，有的国家为了抑制通货膨胀，制定了限制货币供应量增长的目标，或者执行独立的货币政策，从而实现了货币价值的长期稳定。这些案例向我们展示了，一国货币的稳定性是其国际化的关键基础。因此，保障人民币价值的稳定，防止其发生剧烈波动，成为推动人民币国际化的一个重要环节。为此，中央银行应采取恰当措施，确保物价水平保持在理想区间内，并独立地规划及执行货币政策，增强政策的信誉度。

此外，宏观经济稳定的一个重要标志是较低的通货膨胀率，这依赖于财政政策与货币政策的有效配合。中国的货币政策目标是维持货币价值的稳定性，以促进经济增长。控制货币供应总量，保持货币价值稳定是中央银行的关键职责。通货膨胀不只会影响经济稳定性，还可能削弱公众对本币的信心。因此，政府需要实施连续而稳健的财政和货币政策，恰当处理货币稳定性、经济增长以及国际收支之间的多重目标，以确保宏观经济的持续稳定增长。

（二）加大资本市场监管力度，控制货币替代和资本外逃

为了提升资本市场的监管效率，同时控制货币替代现象和资本外逃，我们需要在保持宏观经济和货币价值稳定的基础上，采取一系列综合措施。这些措施旨在优化金融市场的资源配置功能，减少经济中的不稳定因素，并稳妥推进人民币的自由兑换和资本市场的开放。

第九章 "一带一路"发展与人民币国际化

1.防止货币替代对国内经济的冲击

在应对货币替代及其对国内经济带来的影响方面，可以采纳一系列策略。首先，可以限制或禁止持有及在国内使用外币；其次，对外币存款实行更高的准备金比率。但这些策略可能带来一些副作用，比如可能助长现金和地下经济，或增加金融机构的运营成本。为此，实施稳健的宏观经济政策，增强民众对本币的信心，是防止货币替代的关键途径。同时，保证汇率的实际性和国际支付工具的充足性也很重要，以减少投机行为，保护国内经济免受货币兑换波动的影响。具体措施包括：

①维持政治和经济环境的稳定性，减少市场的不确定性：政治和经济的稳定性是吸引投资和增强货币吸引力的关键。稳定的政治环境可以增强投资者对国家经济前景的信心，而经济的稳定则减少了市场参与者面临的风险。通过实施透明的政策和保障法治，政府可以减少市场的不确定性，增强本币的吸引力。

②提升国内银行体系的质量：强健的银行体系是增强本币吸引力的重要因素。通过提高银行体系的透明度、加强监管和风险管理，可以增加公众对银行系统的信任，从而增强储蓄者对本币的偏好。同时，通过改革银行体系，可以提高其服务质量和效率，更好地满足储户和投资者的需求。

③促进本币金融资产的发展，扩大本币资产的投资选择：通过发展多样化的本币金融资产，如债券、股票和其他金融工具，可以为投资者提供更广泛的投资选择。这样不仅可以吸引更多的本土和国际投资者，而且还可以提高本币资产的流动性和吸引力。

④利用市场机制进行资源配置，减少对数量控制和行政手段的依赖：市场机制能够更有效地分配资源，促进经济的健康发展。通过减少对行政手段的依赖，可以提高经济效率，增强国家经济的竞争力，进而增强本币的吸引力。

⑤维持有竞争力的利率水平：合适的利率水平可以吸引储蓄并鼓励投资。通过调整利率，可以影响本币资产的吸引力。高利率可能吸引更

多的存款和投资,但也可能增加借贷成本和压制经济增长。因此,需要谨慎平衡,确保本币在价格和利差方面具有优势。

⑥鼓励金融创新,提供新的投资渠道:金融创新可以提供新的投资机会和工具,如数字货币、金融科技产品等。这些创新不仅可以吸引新的投资者,还可以增加市场的深度和广度,提高本币的吸引力。

通过实施这些策略,可以有效地促进居民对本币资产的持有,减少对外币的依赖。这需要政府、金融机构和市场参与者的共同努力,以及适时的政策调整和市场监管,以确保这些措施能够在不同经济环境中有效实施。

2.适当控制人民币的国内可自由兑换,限制资本外逃

人民币的国内自由兑换可以激励居民将手中的外币现金化或存储,同时,让居民持有以外币计价的资产能引导私下持有的外汇进入正规银行体系,将非法交易转为合法渠道,这不仅降低交易成本,还有助于汇率的统一化。然而,在缺乏合适的宏观经济政策和必要条件下,国内自由兑换可能带来使用本币换取外汇的风险,并可能耗尽国家的外汇储备。此外,居民外汇存款的过度膨胀也会增加货币政策的决策复杂度。鉴于当前我国尚未完全具备实现人民币完全内部可兑换的条件,适度控制人民币的国内自由兑换是限制资本外流和防止外汇储备流失的有效策略。

3.加大对资本市场的监管力度,防范国际热钱的冲击

面对日益增长的国际资本流动,特别是国际热钱的活跃,加强资本市场监管显得尤为重要。有效管理资本流动并建立一个敏锐且高效的风险预警和应对机制是关键。

①监管部门应密切关注金融市场的变化,及时发布可靠的金融数据,合理引导公众进行投资决策。

②市场干预应具有预见性,能在金融动荡初期迅速采取行动,有效遏制危机向国内蔓延。

③对国际热钱的流入和流出采取控制措施,包括提高短期资本流入成本和实行数量限制。政府可通过征收短期资本流入税、设定外商直接

投资和外国银行贷款的上限等方式,提高外国投资者的成本。然而,需注意过度地直接控制可能引发资本外流,影响国家经济发展。因此,间接控制手段如利率调整、汇率政策、外汇市场干预和财政政策调整等更应受到重视。

④合理运用和优化各种政策工具的使用顺序,有助于降低国际短期资本流动的风险。由于国际热钱往往聚焦于短期资本市场,通过政策调整鼓励其向中长期投资和实体经济投资转移,有助于控制资本流向,防止经济泡沫的形成。

(三)提高微观金融主体的竞争实力

为了提高微观金融主体的竞争力,面对资本项目实现自由兑换后的挑战,我们必须关注银行体系的稳健性。一旦银行持有大量不良资产,便可能依赖国内外贷款来维持运作,这种做法可能会导致国家的对外债务过度膨胀,增加偿债风险。在竞争激烈的环境中,这种情况还可能促使国内存款者将资金转移到外国银行。

因此,解决和化解我国金融机构巨额不良债权的问题变得尤为迫切。这对于维护金融系统稳定和推动人民币国际化具有关键意义。金融市场的快速变化加剧了系统风险,这就要求政府部门采取措施保障金融机构的信贷自主权,强化信贷管理,提升信贷资产质量,从而有效预防和化解金融风险。同时,金融监管部门需要加大监管力度,货币当局应专注于保持金融体系的稳定,完善监管法规,建立健全的市场运作规则,确保金融市场的自由与有序。

此外,规范和发展资本市场,稳步增加直接融资比例也非常重要。相较于国际主要国家,我国企业的融资渠道较为有限,信用风险集中于银行体系。因此,加快资本市场的发展和深化是必要的,以拓宽企业的融资渠道,减轻银行的中长期贷款压力。我们需要建立完善的资本市场运作机制,扩大资本市场的流通规模,增加上市品种和数量,提高市场流动性。同时,提升投资者抵御市场风险的能力,推动经济体系中资产结构和投资主体的多元化,实现风险主体和风险结构的优化。

在经济金融全球化和容易引发金融危机的大背景下，如果国际金融市场的稳定性和完善度不足，过早推进货币国际化将面临巨大风险。当前，我国金融市场仍处于成长阶段，存在不少短板和发展难题，例如人民币的非自由兑换性和流动性问题。为推动人民币国际化，我们应采取逐步推进的策略，构建一个完善、高效、开放的金融体系，提升金融市场的稳定性和完善程度。此外，还需强化人民币交易结算网络，利用我国在亚洲区域内的贸易和直接投资优势，扩大人民币在进出口贸易结算中的使用比例，为人民币的国际化提供坚实支撑。

（四）加强货币金融领域的国际协调与合作

在当前经济金融全球化的背景下，一国货币国际化的重要挑战在于货币政策的稳定性，特别是保持经济的平稳快速增长。国内经济和金融市场的波动可能导致货币需求的剧烈变化和不可预测性，这对宏观管理机构的调控能力和实现政策目标提出了严峻挑战。因此，中国政府需要加强宏观调控能力，以有效应对人民币国际化的挑战，实现高效灵活的宏观管理。

中国可以参考德国历史上的货币汇率区域联动机制，通过与主要贸易伙伴国家建立货币互换协议等方式，开展区域货币合作。这样的合作有助于减轻人民币升值对出口贸易和外商直接投资的负面影响。同时，中国应致力于完善人民币汇率形成机制，逐步推动资本项目的自由兑换。在这一过程中，应采取循序渐进的改革策略，周密规划，确保改革的稳妥有序进行，把握好改革的节奏和顺序，维护资金流动的正常有序，并防范国际投机资金的恶意冲击。

由于各国经济政策的溢出效应，一国的经济金融政策往往会影响其他国家，反之亦然。这导致各国货币政策的自主性受到限制。不同的溢出效应通常不能相互抵消，因此非协调的经济金融政策可能会导致相互损害的结果。历史上的墨西哥金融风暴和亚洲金融危机就是由一些发达国家实施的非协调性货币政策所引发的。这些危机表明，国际宏观经济政策的协调至关重要。因此，加强货币金融领域的国际协调与合作，对于稳定全球金融市场和促进各国经济健康发展至关重要。

在推动人民币国际化的过程中,不仅要看重国际货币间的竞争和较量,更要注重合作与协调的重要性。单凭中国自身的努力是不够的,还需要加强与国际社会,尤其是周边国家和地区的合作。在国际货币协调和合作方面,中国应特别加强与亚洲国家的货币合作。推动亚洲内部的区域货币合作,对中国经济的贸易和金融方面都大有裨益。中国作为东亚地区的重要国家,其外交和对外经济活动主要集中在亚洲,中国参与亚洲金融合作可以在多方面受益:

一方面,面对世界经济的全球化趋势,任何国家都无法完全独立于外部影响和干扰之外。各国不仅能从市场扩张、技术传播和资本流动中获益,也更容易受到外部不利因素的冲击。区域货币合作的优势之一在于,它有助于形成和加强多边干预机制,作为对国际货币体系的有效补充。尽管中国经济多元化、具有较大的发展空间,但随着经济全球化的发展,包括亚洲地区在内的外部世界对中国经济的影响日益显著。中国经济与亚洲经济相辅相成,互有依赖,具有强烈的互补性。中国积极参与亚洲金融合作,并发挥大国作用,这符合中国的长期经济利益。

另一方面,中国积极参与亚洲货币合作有助于加速人民币成为区域性国际货币的过程。通过参与亚洲货币合作,中国可以提高人民币的地位,加快其国际化。随着中国对外开放程度的不断加深,人民币随着中国经济实力的增强和其价值的稳定,将日益受到其他国家,尤其是亚洲国家和地区的认可。

结束语

汇率机制与波动分析是全球经济体系中至关重要且充满挑战的领域。这项研究不仅揭示了货币价值变动的深层次机制，还对国际贸易、投资决策以及宏观经济政策产生了深远影响。通过本书的阅读，我们对汇率制度的历史演变、当前实践及其对全球经济的影响有了更为深刻的认识。我们也清晰地看到，尽管汇率理论和实践在过去几十年里取得了长足的发展，但这一领域仍然面临诸多挑战和不确定性。例如，数字货币的兴起、国际贸易紧张局势的增加以及全球金融市场的不稳定性都对传统的汇率机制提出了新的问题。

面向未来，我们必须进一步深化对汇率波动的理解，并不断调整和优化汇率机制，以适应不断变化的全球经济环境。这需要我们在学术研究、政策制定以及实际操作层面上进行更为紧密的合作和交流。同时，我们也应当关注新兴技术如何改变传统的汇率体系，以及如何利用这些技术来促进更为有效和稳定的国际经济交流。本书仅仅是对这一复杂领域的初步探索，未来的研究将需要更加深入地挖掘汇率机制背后的经济原理，以及它们如何适应和塑造我们的世界。笔者将继续投身于这一领域的研究，不断更新和丰富我们对汇率机制与波动分析的认识，并为全球经济的稳健发展贡献自己的力量。

参考文献

[1] 陈瑶雯,莫敏,张桢林等.新发展格局下出口产业结构升级的汇率机制[J].管理世界,2023,39(04):63-88.

[2] 阿卜杜凯尤木·赛麦提,白玉兰,卢秀茹.人民币汇率机制改革对货币政策目标的影响研究[J].黑龙江金融,2023,(01):31-37.

[3] 袁晓云,向雅萍.中美贸易摩擦下人民币汇率制度改革路径探析[J].武汉理工大学学报(社会科学版),2021,34(04):104-110.

[4] 谢雅妮.人民币汇率波动对中国对外贸易的影响[J].投资与创业,2021,32(16):63-65.

[5] 张礼卿.人民币汇率形成机制改革:主要经验与前景展望[J].中国外汇,2021,(13):16-18.

[6] 王宇,曲承东.以人民币汇率机制改革促境内人民币外汇市场业务发展[J].中国外汇,2021,(13):19-21.

[7] 孙文艳.人民币汇率波动对中美贸易的影响[J].知识经济,2019,(30):51-52.

[8] 管涛."一波三折"的人民币汇率形成机制改革[J].中国经济周刊,2019,(18):132-133.

[9] 龚林波.新汇率机制下人民币贬值趋势难改[J].中国石化,2017,(04):68-70.

[10] 刘方,杨庆峰.浅析人民币汇率形成机制改革的历程、特征与改革指向[J].经济师,2017,(04):160-16.

[11] 王珺勤,李绍.新形势下人民币汇率变动对我国进出口的影响分析[J].知识经济,2017,(08):52-53.

[12] 邢庆伟,朱建明.完善人民币汇率"稳定锚"机制——基于参照点效应理论的研究[J].南方金融,2017,(01):39-46.

[13] 余永定,肖立晟.人民币汇率形成机制改革方向[J].中国经济报告,2017,(02):4-5.

[14] 刘煜辉.汇率机制的闯关之路[J].金融博览(财富),2016,(04):18-19.

[15] 许潇文.基于中长期经济预测下汇率利率联动机制的研究[J].中国市场,2015,(21):17-20.

[16] 王欣蕾.人民币汇率机制改革与进出口贸易问题探索[J].金融经济,2014,(20):115-116.

[17] 傅人意.人民币汇率上升对我国经济的干预探索[J].现代经济信息,2014,(16):21-22.

[18] 赵建斌.人民币汇率机制调整和利率市场化推进对经济增长的影响[J].金融教学与研究,2014,(03):8-11.

[19] 张明珅.对外开放对金融安全的影响机制及政策建议[J].吉林金融研究,2014,(05):4-8.

[20] 李飞.人民币升值给国际贸易带来的问题及对策[J].中外企业家,2014,(11):36-37.